세 계 를 읽 다

타이완

우 링리, 크리스 베이츠 지음
정해영 옮김

가지
KINDS BOOK

가기 전에 먼저 읽는 인문여행 시리즈

〈세계를 읽다〉에 대하여

한국에 본격적인 세계여행 안내서가 만들어진 것은 1980년대 후반, 해외여행 자유화 조치 바람을 타고 일본 책을 번역 출간한 〈세계를 간다〉(당시 중앙일보사 펴냄) 시리즈가 원조 격이었다. 그 후로 30년 가까이 된 지금, 매우 다양한 세계여행 안내서가 출간되고 있지만 더 세련되고 세분화된 정보서로 거듭났을 뿐 유명 여행지 중심의 관광 정보가 주를 이룬다는 점에서 큰 차별은 없다.

그에 반해 이 시리즈 〈세계를 읽다〉는 장소보다는 사람 그리고 그들의 삶에 초점을 맞춘 본격적인 세계문화 안내서로서, 이방인의 눈에 낯설게 느껴질 수밖에 없는 현지인의 생활문화, 관습과 예법들을 역사적 배경지식과 함께 쉽고 친절하게 알려준다. 첫 출간 후 30여 년이 지난 지금까지도 꾸준히 업데이트되며 세계적인 명성과 권위를 누리고 있는 〈컬처쇼크CultureShock〉 시리즈를 번역한 책이라는 점에서 콘텐츠에 대한 신뢰성도 높다.

컬처쇼크, 즉 '문화충격'이란 익숙한 장소를 떠나 낯선 환경에 던져진 사람이라면 누구나 겪을 수 있는 문화적 혼돈 상태를 말한다. 이 시리즈는 해외에 거주하거나 일정 기간 머무는 사람들이 새로운 환경에서 겪을 수 있는 문화충격을 완화하는 데 도움을 주어왔다. 실제로 그 나라에서 살아보며 문화적으로 적응하는 기쁨과 위험을 몸소 체험한 저자들이 그런 혼란스러운 감정에 좀 더 효과적으로 대처하기 위한 모든 정보를 알려준다. 글은 읽기 쉬운 문체로 쓰였으며, 독자들을 충분한 조언과 암시, 정보로 무장시켜 낯선 곳에서 최대한 정상적이고 즐거운 생활을 영위할 수 있도록 돕는다. 책 안에는 현지 문화와 전통에 관한 통찰력 있는 해설, 적응에 필요한 모든 조언들, 현지인들과 소통할 수 있는 언어 정보, 여행 경험을 더욱 깊숙하게 연마해줄 방법 등이 포함되어 있다.

목차

제6장 타이완의 음식

제7장 타이완 즐기기

제8장 타이완의 언어

제9장 타이완에서 일하기

제10장 타이완 속성 노트

和風洋蔥 40
麻油海鮮麵 90
炒泡麵 70
拌烏龍 (牛豬雞) 90
咖哩飯 90
親子丼 90
錄影中
請勿丟垃圾
早市營業
台灣省
JTL-981

© Chester77

타이완은 기업가의 땅이다. 스스로 사장이 되어 손수레나 가판대, 음식점 등을 운영하는 것이 거의 모든 사람의 소망이다. 그래서 타이베이에서는 어떤 거리, 어떤 골목길에서나 즐비하게 늘어선 작은 상점들을 만날 수 있다.

서문

타이완은 탐구하고 즐기고 깊이 생각할 것이 많은, 어찌 보면 서로 상반된 모습을 간직한 모순적인 곳이다. 자동차로 몇 시간만 달리면 눈 덮인 산봉우리와 넓은 평야, 열대 해변까지 다양한 자연을 모두 즐길 수 있다. 문화적으로도 무척 다채롭다. 사원과 축제를 보러 가거나 공원에서 도道와 교감하며 태극권을 수련하는 사람들을 만나면 고대 중국의 전통을 물씬 느낄 수 있다. 그런가 하면 전 세계 다양한 물건과 유명 브랜드 제품을 판매하는 백화점과 부티크에서는 활기찬 북적임을 느낄 수 있다.

타이완은 열심히 일하고 열심히 노는, 중국어로 말하는 사람들의 삶의 터전이다. 그들과 타이완이라는 나라에 대해 많이 알수록 머무는 시간이 한결 더 즐거워질 것이다. 우리는 독자들에게 타이완과 타이완 사람들에 대해 소개하면서 언제나 외국인에게 좌절감을 안겨주는 의사소통 문제를 강조했다. 외국어로 소통해야 하는 어려움 말고도 타이완은 언어 외적인 수단을 통해 많은 의미가 전달되는 '고맥락' 문화다. 목소리와 표정, 손과 눈의 움직임, 신체 접촉, 의식이 모두 대화의 일부가 된다. 당사자들이 사용하는 보디랭귀지의 의미가 서로 다르면 의사소통이 어려울 수 있다. 타이완에서는 다양한 소통 방식이 실제로 언어만큼이나 중요하다. 이 책이 당신의 메시지를 분명하게 표현하는 데 도움을 줄 것이다.

타이완에 사는 외국인은 대부분 일하러 온 사람들이다. 많은 외국인이 입시학원에서 외국어(특히 영어)를 가르친다. 학원은 타이완에서 대단히 큰 규모의 산업이다. 어떤 외국인은 해외 본사에서 관리직으로 보낸 사람이고, 어떤 이는 본국에서 할 수 있는 일보다 의미 있는 일을 찾아서 이곳에 왔다. 이들은 모두 타이완에 정착하면서 겪은 문화충격이나 생소한 점에 관해 저마다의 이야기를 갖고 있을 테지만 여전히 영어를 가르치거나 공장을 관리하거나 중국어, 한의학, 중국 무술 등을 공부하면서 여러 해 동안 머물고 있다. 이유가 무엇이건 타이완은 매혹적인 곳이기 때문이다. 일단 정착해서 현지인들에게 익숙해지면 타이완의 매력을 하나둘 발견하며 이곳을 평생 좋아하게 될 것이다.

이 책은 타이완 사람들에게 무엇이 중요하고 왜 중요한지에 대해 이야기한다. 문화충격의 주된 요인 중 하나는 외국 문화에 대한 생경함에서 온다. 책에는 타이완에 체류하는 동안 맞닥뜨릴 수 있는 상황들이 구체적으로 묘사되어 있다. 실제로 그와 비슷한 상황을 마주하게 될 사람들이 느낄 충격을 조금이나마 덜어주고 그들이 새로운 환경을 이해하고 대처하는 데 도움이 되기를 바란다.

우리 부부는 각각 미국과 타이완 출신으로, 40년 동안 서로의 문화와 긴밀하게 접촉하면서 쌓은 경험을 기초로 이 책을 썼다. 경험을 확신할 수 없는 부분에서는 다른 외국인과 타이완인들의 조언을 구해 폭넓은 관점을 소개하려 했다.

타이완에 머무는 동안 즐겁게 지내기를 바란다. 그리고 이 책으로 인해 즐거움은 배가되고 불안과 오해는 반감되어 타이완 방문이 성장의 경험이 되기를 바란다. 부디 행복한 여행길이 되시기를!

타이완 *Taiwan*

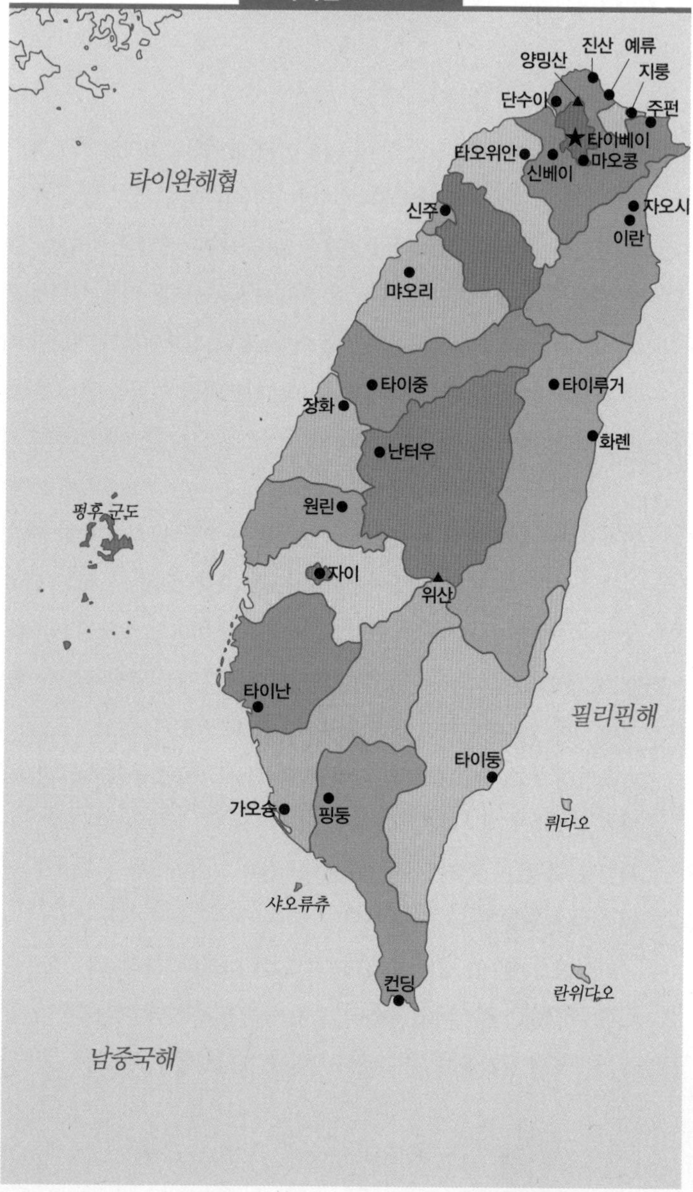
진산
예류
양밍산
지룽
단수이
주펀
타이베이
타오위안
마오콩
신베이
타이완해협
신주
자오시
이란
먀오리
타이중
타이루거
장화
화롄
난터우
원린
펑후 군도
자이
위산
타이난
필리핀해
타이둥
가오슝
핑둥
뤼다오
샤오류추
컨딩
란위다오
남중국해

1

첫인상

천리 길도 한 걸음부터

– 고대 중국 속담

1970년대 타이완의 첫인상

1976년 7월 크리스가 1년간의 대학 유학을 위해 타이완에 처음 도착했을 때 이곳은 지금과는 사뭇 다른 모습이었다. 국제선 항공기는 타이베이 도심에 있는 쑹산嵩山 공항에 착륙했다. 공장과 자동차, 오토바이들이 배출한 배기가스로 대기오염이 워낙 심각해서 도착한 지 몇 주가 지나서야 타이베이가 산들에 둘러싸여 있다는 사실을 알아차렸을 정도다. 그때는 서양식 패스트푸드 음식점도 국제적인 호텔도 없었고 대형 백화점도 하나뿐이었으며, 민중은 국민당의 계엄령 하에서 살고 있었다. 상당한 규모의 미군이 타이베이와 타이중에 상주했고 미국 국무부의 표준중국어 교육이 중국 본토가 아닌 이곳 타이완에서 실시되었다. 타이완은 에어컨이 보급되지 않아 무덥고 습하고 냄새 나는 곳이었다. 많은 집들은 불청객을 막기 위해 높다란 회색 담에 날카롭게 깨진 유리를 빙 둘러 박아놓고 있었다. 시골 지역에서는 논에서 물소의 등에 올라탄 아이들을 흔히 볼 수 있었던 반면 고급 자동차는 보기 힘들었다. 남북을 가로지르는 대형 고속도로가 공사 중이었지만 아직 완공되지 않은 상태였다. 영어를 할 줄 아는 사람도 드물었다. 크리스는 미국에서 중국어를 배웠지만 막상 이곳에 와서 보니 효과적으로 의사소통을 하기가 어려웠다.

그러나 타이완에서 맞은 첫 점심시간에 그런 어려움은 별것 아니라고 생각할 만한 이유가 생겼다. 그는 동급생들과 함께 당시 타이베이의 시먼딩에 있었던 '톈신 스제(딤섬 세상)'라는 유명한 음식점에서 식사를 했다(지금은 타이베이 중앙역 식당가로 이전했다). 그 집의 대표 메뉴는 '궈티에鍋貼'라는 수제 군만두였는데 서양이나 일본 음식점에서 만드는 것들보다 맛이 훌륭했다. 돼지고기와 골파로 속을 채우고 팬에 구워 소스에 찍어 먹는 이 전형적인 중국식 만두는 바닥 부분은 갈색으로 바삭하고 김이 모락모락 나는 윗부분은 부드럽고 쫄깃해 예나 지금이나 맛이 일품이다. 열 개가 담긴 한 접시가 겨우 0.12달러(현재 가격은 1.5달러)였다. 그것은 향긋하고 새콤하고 뜨거운 수프와 함께 제공되었으며, 반찬으로 고추-마늘-오이 절임이 곁들여졌다. 후식은 인근 과일 가판대에서 신선한 타이완산 망고 반쪽에 얼음을 갈아 얹은 것으로 해결했다. 단돈 1달러로 만찬을 즐길 수 있었다.

크리스는 처음에 한 중국인 가정에서 생활했다. 부모는 저장성浙江省과 장쑤성江苏省 출신이고 아이들은 타이완에서 태어난 가족이었다. 크리스는 그 집 아들과 한 방을 썼는데, 삐걱대며 돌아가는 선풍기의 더운 바람 아래서 땀을 흘리며 잠드는 날이 많았다. 그렇게 몇 달이 지나고 나서야 크리스는 집주인 가족이 하는 말을 자신이 알아듣지 못하는 이유가 단지 표준중국어 실력이 부족해서가 아니라 그들이 표준중국어를 쓰지 않기 때문이라는 사실을 깨달았다. 그들은 장쑤성 방언을 쓰고 있었던 것이다.

그 집 아버지는 매일 아침 욕실에서 마치 의식처럼 길게 가래를 토해내곤 했다. 크리스가 만난 한 노련한 중국통은 그 주인 남자가 저장성 출신이라고 정확하게 추측했다. "저장성 사람들은 가래를 많이 뱉어요." 그는 자신 있게 말하며 그 지역

사람들은 후두암 발병률이 높다고 했다. 지역 관습과 작은 온수기 때문에 크리스는 욕조에 몸을 담그지 않고 젖은 욕실 바닥에 서서 물 몇 바가지로 목욕을 끝내는 방법을 체득해야 했다. 한번은 태풍철에 다가오는 태풍의 힘을 과소평가하고 밖으로 나가려 했다가 주인 가족에게 꾸지람을 듣기도 했다.

그가 경험한 첫 백중고사 때 저녁 메뉴는 통째로 삶은 닭이었는데, 식탁 위에 놓인 냄비 너머로 흉측하게 머리가 삐져나온 닭이 자신을 똑바로 노려보고 있는 것만 같았다. 이 요리를 포함한 다른 요리들은 배고픈 조상의 영혼들에게 먼저 바쳐졌고 그동안 가족은 향을 피우고 동서남북 방향으로 절을 했다. 영혼들이 포식을 하고 나서 주인집 가족과 크리스는 앉아서 '남은 음식'을 먹었다.

크리스는 중국의 언어, 역사, 문화를 공부했지만 그가 만난 타이완 사람들에게 중국 문화가 얼마나 깊이 배어 있는지를 발견할 때마다 놀라곤 했다. 타아완 현지인들은 자신의 문화적 전통과 정체성을 절실하게, 의식적으로 인식하고 있었다. 그런 문화적 자기인식은 그가 미국에서 자랄 때 미국인들에게서는 발견하지 못한 것이었다. 타이완 사람들의 문화적 정체성은 그들이 옷을 입는 방식과 먹는 음식, 집안을 배치하는 방식, 서로(그리고 정부와) 상호작용하는 방식, 기도하는 방식, 자녀를 키우는 방식을 비롯해 기본적으로 삶의 모든 측면에 영향을 미쳤다. 그들은 서양인과 서양의 문화 및 관습에 호기심을 갖지만 그런 것을 비굴하게 모방하거나 채택하려는 의도는 없었다.

오늘날 타이완의 첫인상

오늘날 타이완을 처음 방문한 사람들은 타오위안桃園 공항에서 이층버스를 타고 타이베이까지 펼쳐진 고속도로를 달려, 인상적인 타이베이 101 근처의 그랜드하얏트 같은 호화로운 국제 호텔에서 묵을 수 있다. 한때 세계에서 가장 높은 건물이자 복합쇼핑센터였던 타이베이 101에는 유행의 첨단을 걷는 부티크와 현지 상점들이 그득하고 현지 음식을 파는 대형 식당가가 들어서 있다. 인근에는 현대식 복합영화관인 비쇼시네마가 있어 이제 블록버스터 영화 입장권을 구하기 위해 암표상과 실랑이를 벌일 필요가 없다.

그동안 몇몇 시장들이 타이베이의 도시 재개발 의제를 강력하게 추진해온 덕에 타이베이의 대기오염은 한결 양호해졌다. 타이베이는 이제 남북과 동서로 통하는 고가도로와 현대식 모노레일, 그리고 현대화된 버스 시스템이 연결된 빠른 교통망을 갖추고 있으며, 이 모든 교통수단을 한 장의 이지카드(통합형 선불 교통카드)로 이용할 수 있다. 또한 눈치 빠른 여행객이라면 에이서, HTC, 자이언트, TSMC, 에버그린해운 같은 타이완의 유명 브랜드들이 등장했음을 알아차릴 것이다. '메이드 인 타이완'은 이제 최고 품질, 최고 기술의 제품을 의미한다.

섬 남부 지방의 변모는 그야말로 극적이다. 1970년대에 핑둥 현의 미작지대로 여행을 가면 오토바이를 타고 다니는 수수한 농민들을 볼 수 있었지만 최근 방문객들은 BMW와 메르세데스벤츠, 볼보 대리점을 여기저기서 목격할 것이다. 전국적으로 부가 널리 분산되어 있고 실업률은 서양이나 아프리카 기준으로 볼 때 낮은 편이며 극빈자와 노숙자도 극히 드물다. 또한 수십 년 전에 계엄령이 철폐되어 여러 정당이 국회와 총통 자리를 두고 경쟁하고 있다. 정부는 모두가 감당할 수 있는 보건의료 서비스와 의약품을 제공하는 전국적인 공공 의료보건 제도를 도입했다. 또한 환경 관리도 강화되었으며, 동쪽 해안의 타이루거 국립공원과 타이베이 외곽의 양밍산 국립공원, 섬 남단의 컨딩 국립공원 같은 곳은 결코 놓칠 수 없는 자연경관을 자랑하는 명소가 되었다.

아마도 타이완을 처음 방문하는 사람들이 인상적으로 느낄 만한 가장 눈에 띄는 변화는 소매 경제다. 1970년대에는 특정한 필요에 부합하는 수천 개의 구멍가게들이 차지하던 거리를 이제 세븐일레븐, 니코마트, 맥도널드, 코스메드, 왓슨스, 스타벅스 등의 체인점들이 점령하고 있다. 미츠코시 같은 세계적인 백화점과 에스리트 서점, 인테리어 전문매장 홀라(HOLA), DIY 전문매장 B&Q, 이케아, 까르푸 같은 대형 매장도 많다. 동시에 타이완의 기업가정신은 '버블티 가판대' 같은 사업의 열풍을 타이완 밖으로까지 밀어붙였다. 특히 요식업에서 기

© Surachet Jo

타이완 사람들은 아침, 점심, 저녁을 모두 밖에서 먹는다.

업가들이 성공하고 있다. 타이완에서는 모든 사람이 아침, 점심, 저녁마다 외식을 한다. 현지 간이식당과 작은 음식점에서 외식을 할 용의가 있다면 도쿄나 미국에서 지불해야 할 금액의 몇 분지 1의 가격으로 영양 많고 맛 좋고 푸짐한 음식들을 즐길 수 있다. 또한 즐비하게 늘어선 상점과 가판대, 손수레와 제과점에서 국수와 볶음밥, 구운 고기류, 찬 음식, 야채볶음, 만두, 찐빵, 어류, 신선한 과일을 쉽게 구입할 수 있다.

물론 변하지 않은 것들도 있다. 타이완 사람들은 여전히 열심히 일하고 열심히 노는 사람들이다. 아이들은 좋은 고등학교와 대학교에 가기 위해 입시학원에 다닌다. 어른들은 남자건 여자건 승진을 앞당기기 위해 장시간 일한다. 바쁘고 혼잡한 가운데서도 타이완 사람들은 영적인 전통을 지키고 있다. 거리에서는 현지인들이 영혼에 바치는 종이돈을 넣어 태우는 용도의 붉은색 깡통을 곧잘 볼 수 있다. 많은 건물이 여전히 밖에서는 때가 묻어 보이고 미완성 느낌이 나지만 내부의 방들은 안락하고 현대적이며 시원한 천국 같다. 타이완 사람들은 아직도 외국인을 빤히 쳐다보고 외국인이 사생활 침해로 느낄 만한 질문을 하고 마치 외국인이 그 자리에 없는 것처럼 그에 대해 중국어로 말하곤 한다. 그러나 피하지 말고 되도록이면 그들이 시간을 보내는 곳에서 당신도 시간을 보내시라. 현지 음식점과 술집, 찻집, 노래방, 당구장, 볼링장, 등산로와 자전거 길, 아침에는 공원도 좋다.

그리고 기억하시라. 문화충격에 맞서려 할 때 최고의 무기는 인내와 아량과 편안한 미소임을.

2
타이완의 역사

17세기 중엽 아시아 해안에 유럽인들이 도착하고
중국 남부에서 만주족이
명나라 유신들의 저항을 진압하려 할 때까지,
중국의 제국들은 타이완에 대해
그리 큰 관심을 표현한 적이 없었다.

– 게리 마빈 데이비슨,
《타이완에 관한 짧은 이야기: 독립 옹호론》 중

타이완에 대해 이야기할 때, 지리가 역사를 만들었다고 해도 과언이 아닐 것이다. 여러 문화에 둘러싸여 있는 타이완 섬은 국가들 간의 지정학적 게임에 휘둘리곤 했다. 지금 우리가 보는 경제적 기적의 상당 부분이 이러한 사실 덕분이기도 하다. 역사를 통틀어 다양한 단계에서 그런 지정학적 위치는 타이완이 첫 번째 '아시아의 호랑이'로 발전하는 토대를 놓았다(이어서 싱가포르, 한국, 홍콩이 그 뒤를 따랐다).

타이완은 길이 400킬로미터, 폭 145킬로미터의 남북으로 뻗은 나뭇잎 형상을 한 섬이다. 이 섬은 남중국해와 태평양 사이에 끼어 있다. 서쪽으로 160킬로미터 거리에는 중국 푸젠성福建省이 있고, 북동쪽에는 오늘날 오키나와에 속하는 류큐 제도가 있으며, 거기서 약 1000킬로미터를 더 가면 일본 본토가 있다. 타이완 최남단 수평선에는 필리핀 제도의 북쪽 첫 번째 섬이 있다.

타이완은 환태평양 지진대, 일명 '불의 고리'에 속하기 때문에 근본적으로 화산 활동이 많고 지진이 자주 발생한다. 이 섬의 중심부를 따라 웅장한 산맥이 남북으로 뻗어 있는데, 이 산맥에는 해발 3000미터가 넘는 고봉들이 100개 넘게 늘어서 있다. 북회귀선이 동서로 통과하는 타이완은 사계절을 누리지만 사실상 열대 섬이다. 타이완의 동쪽 면은 맑고 파란 태평양에서 가파르게 솟아올라 있는 반면, 비옥한 서부 평야는 남중국해를 향해 완만하게 경사를 이루며 내려간다. 타이완은 태풍이 가장 빈번하게 드나드는 통로에 위치해 있어서 태풍철에는 주기적으로 피해를 입는다. 타이베이는 뜨겁고 습한 여름철을 제외하면 날씨가 변덕스러워서 "타이베이 날씨는 새엄마의 기분 같다"는 말도 있다.

초기 정착민들

타이완 최초의 정착민들은 필리핀, 말레이시아, 오세아니아 사람들 같은 인종집단들과 언어적, 유전적으로 연결된 오스트로네시아 어족 사람들이었다. 타이완에는 뚜렷하게 구분되는 여덟 개의 언어 집단이 있는데, 이는 초기 정착민들이 여러 지역에서 왔음을 암시한다. 이들은 주로 해안 지역에 살면서 사냥과 기초적인 농경 생활을 했고, 부족 간에 전쟁과 '인간 사냥'도 했다. 그들은 문자는 없었지만 이야기와 춤, 의식의 전통이 있었다. 오늘날 이 원주민의 후손 25만 명 정도가 타이완에 남아 있으며 1945년 이래로 정부의 보호를 받고 있다.

중국인들

제일 먼저 타이완 땅에 주목한 정치 세력은 중국이었다. 중국은 오랜 세월동안 '中國', 즉 세계의 중심 나라로 불려왔다. 중국 제국의 황제들은 통치 기간 동안 인접한 국가들에게 사대의 표시로 조공을 요구했다. 몽골, 티베트, 미얀마, 태국, 베트남, 한국, 일본이 모두 조공을 바쳤다. 거부하는 국가들은 때때로 공격을 당했다. 또한 중국의 공주를 이웃 국가의 통치자와 혼인시켜 자기편으로 끌어들이는 책략도 썼다. 중국은 자국이 정치적, 문화적으로 세상의 중심이라고 느꼈다. 수천 년에 걸친 정치적 성숙과 도시 상업주의, 절묘한 예술은 이런 자기 이미지를 더욱 강화시켰다. 심지어 몽골족과 만주족이 지배할 때도 이런 우월주의는 줄어들지 않았다. 중국인들은 새로운 제국들을 동화시켜 조화를 이루었다.

그러나 우리가 '중국인'이라고 말할 때 그것은 과연 누구를 지칭하는 것일까? 현대 중국은 티베트족을 포함한 많은 소수민족에 대해 주권을 주장하고 있다. 여기서 말하는 중국인은 양쯔 강(장강)과 황하(황허) 유역의 계곡과 범람원에서 기원한 한족을 의미한다. 그들은 항상 자신들이 '중화민족'임을 강조해왔고 중국 문화와 관련한 많은 전통을 창조했다. 한족은 지금의 많은 중국 지방으로 뻗어나가서 고유한 방언과 음식 문화를 발전시켰으며, 그들이 현재 중국 인구의 96퍼센트를 구성한다.

중국은 7세기에는 타이완 섬을 탐험하기 위해, 그리고 14세기에는 중국 상선을 약탈하려 타이완의 자연항을 기지로 삼은 일본과 오키나와 해적을 격퇴하기 위해 타이완에 제국 원정대를 보냈다. 15세기에는 농민과 상인들의 이주가 시작되었다. 이 초창기 이주자들은 주로 푸젠성 원주민과 하카족이었다. '하카客家'라는 이름은 손님을 뜻한다. 하카족은 중국의 다른 민족 집단들과 달리 그 이름이 특정 지역에서 나오지 않았다. 정착하지 못하고 이리저리 떠돌던 역사를 가진 유대인들과 마찬가지로, 하카족은 살 곳을 찾아 중국과 동남아시아를 떠돌았다. 아마 그들은 타이완에서 영원한 집을 찾을 수 있다고 생각했을 것이다.

유럽인의 도착

16세기와 17세기에는 타이완을 개척하려는 움직임이 부쩍 늘었다. 1517년 포르투갈 사람들이 배를 타고 타이완에 왔다가 매료되어 '일랴 포르모자'(아름다운 섬)라고 이름 붙였다. 그들은 이 섬에 작지만 중요한 무역 거점을 구축했다.

1622년에는 인도네시아에서 이미 기반을 확립한 네덜란드인들이 북쪽으로 항해하다가 타이완과 중국 본토 사이에 있는 펑후 군도에 도착했다. 그리고 1년 뒤 다시 돌아온 그들은 푸젠성 성주를 압박해 타이완 섬에 요새를 세워도 좋다는 허락을 받아냈다. 이 합의의 결과로 질란디아 요새와 프로비덴티아가 세워졌고, 네덜란드 사람들은 즉시 원주민과 합세해 지배력을 확대할 음모를 꾸미기 시작했다. 유럽 제국주의가 팽창하던 시기에는 개신교도인 네덜란드인이 항해하는 곳마다 어김없이 천주교도인 스페인인도 뒤따랐다. 1626년 스페인 사람들은 지금의 단수이淡水와 지룽基隆에 요새를 세웠다.

타이완은 중요한 수출입항이 되어갔다. 타이완은 일본과의 주요 통상로가 될 것으로 예상된 지역의 한가운데에 있었다. 중국 본토와의 교역은 여전히 연안에서 이루어졌기 때문에 타이완은 중국 시장으로 통하는 관문이었으며 장뇌 같은 값비싼 물건들의 주된 공급원이었다. 그런데 1628년 일본인들은 그들의 교역 기지를 철수하고 일본으로 돌아갔다. 새로운 막부가 쇄국정책의 일환으로 명령한 것이었다(일본의 쇄국정책은 이후 250년간 이어진다).

1642년 네덜란드인들은 원주민의 도움을 받아 타이완에서 스페인인을 쫓아낸다. 그리고 이후 중국에서 발생한 중요한 사건들로 인해 네덜란드인도 결국 축출된다. 1644년, 중국 본토에서는 한족이 세운 마지막 나라인 명나라가 멸망했다. 중국 땅은 북방에서 침입한 만주 기마민족의 손에 넘어가고 이어서 청나라가 세워졌다. 물론 그것은 하룻밤에 일어난 쿠데타가 아니었다. 수많은 책과 소설, 가극, 영화에서 어떻게 명나라 유신들이 남쪽으로 퇴각하며 명왕조 재건 운동을 벌였는지를 보여준다(월병을 이용해 밀서를 전달한 이야기와 중국 비밀결사의 형성에 관한 이야기는 모두 이들과 연관되어 있다).

이들의 동맹 중에 정성공鄭成功이라고 알려진, 재력과 영향력을 겸비한 인물이 있었다. 정성공은 1624년 푸젠성의 부유한 무역상과 그의 일본인 아내 사이에서 태어났다. 정성공의 부친은 선박 3000척으로 구성된 거대한 선단을 소유해 일본으로까지 진출, 거대한 무역 제국을 세웠다. 정성공은 명나라 유신들의 편에 서서 타이완까지 항해해 네덜란드와 싸웠다. 1662년 네덜란드를 몰아낸 정성공은 타이완에 자신의 나라를 세웠다. 그는 평생 청나라에 대한 저항을 계속했다. 그의 아들과 손자가 권력을 넘겨받았지만 1683년 그들의 저항 운동은 무참히 진압되었다.

이후 200년 동안 청나라 조정은 총독을 임명하고 특정 물품의 교역에 세금을 부과하는 것 외에는 타이완에 별 관심을 두지 않았다. 유럽 열강들과 교묘한 전술 싸움을 벌이고 있는 청나라 입장에서 타이완을 정치적으로 통치하는 것은 부담으로 작용했을 터다. 유럽 열강들은 갖은 구실을 들어 청나라 정부에 손해배상을 요구했다. 여기서 배상이란 아편전쟁의 사례에서 볼 수 있는 것처럼 강제적인 교역 수락과 여러 가지 불평등 조약을 뜻했다.

타이완은 또한 다른 면에서도 중국에 부담이었다. 섬의 동

17세기 타이완에서 네덜란드인을 몰아내고 자신의 나라를 세운 정성공.

해안은 겉보기와 달리 위험하고 태풍이 빈번하게 몰아쳐서 이 항로를 항해하는 서양 무역상들이 종종 배를 잃곤 했다. 그들은 타이완의 험한 지형에 대해 정부에 불평할 입장이 아니었지만 원주민들이 난파선 선원들을 잡아서 참수하기 시작하자 구실이 생겼다. 영국인들이 나서서 원주민 처벌을 요구했다. 그러나 당시 타이완은 황제의 마음에서 멀리 있었다. 그는 타이완에 와본 적도 없고 이 '비중국인 고산족'에 대해 할 수 있는 일이 별로 없었다. 황제는 이의를 제기했지만 영국인들이 물러서지 않자 몇몇 원주민을 처벌했다. 그러나 선원들의 실종이 계속되자 영국은 결국 토벌대를 보냈다.

일본의 식민 통치

타이완을 둘러싼 정치적 다툼의 역사를 고려하면, 청일전쟁이 끝나고 1895년 시모노세키 조약에 따라 중국이 일본에 전쟁 배상을 할 때 청나라 황제가 타이완 사람들과는 아무런 상의도 없이 이 섬을 일본에 영구적으로 양도한 것은 놀랍지 않다. 일본인들은 일본의 아들(어머니가 일본인이므로) 정성공이 가장 좋아한 섬을 마침내 소유하게 되었다고 자랑스럽게 선전했다.

타이완은 즉시 타이완민주국을 선포했지만(아마 청나라 황제의 부추김도 있었을 것이다) 저항은 실패로 끝났다. 일본인들은 지룽에 상륙해 체계적이고 신속하게 싸우며 남하했다. 일본인들은 친절하지 않지만 효율적인 식민 통치자였다. 타이완은 일본의 첫 식민지로, 일본인들은 자신들이 서구열강 세력들보다 식민 통치를 더 잘할 수 있음을 세상에 입증하고 싶어했다. 청나라 정부가 했어야 할 모든 것을 새로운 주인이 되어 해나갔다. 역사학자들은 쇄국정책에서 막 벗어난 일본이 서구열강을 모방하고 더 나아가 능가하려 했으며, 그래서 타이완을 모범적인 식민지로 만들고자 했다고 말한다. 이 시기에 타이완에 도로가 건설되고 학교가 세워지고 검역소가 유지·보수되었으며 철도가 부설되고 산업이 발전했다. 농업은 말할 것도 없고 계획적인 임업, 탄광업, 철강 생산이 주요 산업으로 성장했다.

그러나 타이완 사람들은 대가를 치러야 했다. 학교에서는 일본어로 수업을 했고 정부와의 모든 사업은 일본어로 이루어졌다. 비밀경찰이 계속 타이완의 독립 시도를 진압했다. 타이완 징집병들은 해외로 보내져 일본 제국군을 위해 강제노역을 해야 했고 여성들은 성노예로 보내졌다. 제2차 세계대전 중에 타이완 징집병들은 고국에서 멀리 떨어진 만주와 인도네시아 같은 곳으로 파병되었다. 일제강점기에 한 타이완 사람이 죽으면서 "일본의 태양(떠오르는 태양을 상징하는 일본의 욱일기) 아래서 묻히기 싫으니 관을 무덤에 묻을 때 검은 우산으로 가려달라"는 유언을 남겼다는 이야기도 전한다.

한편 중국 본토에서도 상황이 긴박하게 돌아갔다. 1911년 신해혁명으로 청나라가 무너졌고 1912년에는 의원 출신인 쑨원孫文이 중화민국을 선포했다. 그러나 1932년부터 제2차 세계대전이 종전될 때까지 당시 여당이었던 국민당을 비롯해 군부와 중국 공산당, 일본에 이르기까지 다양한 파벌들 간에 끊임없이 이어진 전투 속에서 이 젊은 공화국은 굳건히 뿌리 내리지 못한 채 몸살을 앓고 있었다.

이 시기에 중국에 등장한 중요한 인물이 국민당 지도자 장제스蔣介石였다. 이 노련한 기회주의자는 중국에서 가장 유력한 집안의 여성과 혼인했다. 그의 아내 쑹메이링宋美齡은 쑨원의 미망인 쑹칭링宋庆龄, 부유한 은행가 쿵샹시孔祥熙의 아내 쑹아이링宋藹齡의 자매였다. 이 혼인을 통해 장제스는 중국 동부에서 가장 부유한 쑹 씨 가문, 쿵 씨 가문과 인척 관계를 맺었다. 그는 화려한 인맥과 서구식 분위기, 확고한 반공주의 입장으로 미국 의회의 절대적인 지지를 받았다. 미국은 수년에 걸쳐서 그의 대의명분에 수십억 달러를 투자했다. 국민당 군대가 중국 전역에서 패배를 거듭해 중국 국민들을 일본 수중에서 공포에 직면하게 했을 때도 미국은 장제스를 지원했다. 미국은 중국 남서부에 기지를 둔 유명한 비행대대, 비호대(Flying Tigers)를 창설해 기총소사와 폭격으로 일본군을 공격했다. 또한 인도에서 중국까지 히말라야 산맥을 넘는 공수 보급로도 만들었다.

전쟁이 막바지에 이르면서 미국은 타이완을 일본 공격의 교두보로 삼을 계획을 세웠다. 타이완에는 사용할 수 있는 항구가 세 개뿐이라는 점이 문제였지만 위치가 매우 전략적이었다. 그곳을 점령함으로써 일본의 보급로를 차단하는 동시에 장제스에게 효과적으로 보급품을 전달할 수 있다는 점을 감안하면 타당성 있는 계획이었다. 미국 국무부에는 대원수 장제스를 경계하는 사람들이 많았기 때문에 일단은 타이완을 미국의 신탁통치령으로 관리하다가 나중에 중국으로 반환할 셈이었다. 그러나 그 계획은 필리핀 사람들에게 필리핀 방어를 최우선 의제로 삼겠다고 약속한 맥아더 장군에 의해 폐기되었다. 이후 일본 식민지인 타이완은 연합군으로부터 대공습을 당했다.

돌아온 미국

1945년 8월 미주리 전함 선상에서 일본이 항복 문서에 서명하면서 타이완은 중국에 반환되었다. 식민 통치의 굴레에서 벗어난 타이완 사람들은 자유로운 중국의 일원이 된다는 기대에 부풀었다. 그러나 전후 중국은 그야말로 혼란의 소용돌이였다. 제2차 세계대전이 끝나자마자 장제스는 공산당에 대한 공격을 시작했고, 그러자 공산당은 구 소련의 수장인 스탈린의 지원을 얻어냈다.

국민당은 타이완이 일본인 부역자로 가득하며 그들의 재산을 빼앗아 응징해야 한다고 믿었다. 장제스는 외교적 수완이 부족한 장군들 중 한 명을 행정장관 겸 총사령관으로 보냈으며, 미국과 유엔 관리들은 새로운 국민당 행정장관이 조직적으로 타이완 현지인(본성인)들을 소외시키는 모습을 당혹스러운 눈으로 지켜보았다. 그러나 장제스에 대한 미국 국무부 관리들의 비판은 의회의 반공산주의 세력에 의해 잠재워졌다.

그런 가운데 1947년 2월 28일, '2 · 28 사건'이라고 부르는 타이완 주민들의 봉기가 일어났다. 두 명의 전매청(담배와 주류의 판매를 독점하는) 직원이 작은 나무판 위에 담배와 잔돈을 늘어놓고 장사하는 할머니에게 다가갔다. 그들은 물건과 돈을 압수하고 할머니를 폭행했다. 성난 군중이 모여들자 전매청 관리가 총을 발포했고 이와 함께 6주간 유혈사태가 이어졌다. 이 사건으로 총 2만 명의 타이완인이 학살되었고 그들 중 상당수는 의사, 변호사, 교수를 포함한 지식인들이었다. 행정장관이 소환되었으나 사망자 수가 축소 보고되고 이후 이 사건을 언급하는 것조차 금지되었다.

1948년, 갑자기 국민당에게 타이완이 중요해졌다. 중국 본토에서 마오쩌둥毛泽东이 지휘하는 공산당이 국민당보다 우세해지자 장제스는 타이완 섬이 유일한 피신처가 될 수 있겠다고 생각했다. 그의 기회주의적 천재성을 보여주는 또 다른 예가 있다. 장제스는 총통 직에서 물러나(그러나 자신이 원하면 언제라도 복귀한다는 조건으로) 타이완으로 후퇴한 뒤 본토에 남아 공산주의자들과 싸우던 군대에게 돌아가야 할미군 원조를 타이완 섬으로 돌렸다. 마침내 중국 본토가 공산주의자들의 손으로 넘어가자 그는 중국은 자기 소관이 아니라며 타이완에서 다시 총통으로 취임하고 재기를 도모했다.

마오쩌둥의 홍군이 승리해 1949년 중화인민공화국(PRC)이 수립되자 주로 군인과 그 가족으로 이루어진 200만 명의 중국 본토인들이 해협을 건너 타이완으로 물밀듯이 들어왔다. 이들은 대부분 가진 것도 없고 혁명과 구체제의 부패한 사고방식

외에는 머릿속에 든 것도 없는 무지하고 전쟁에 지친 오합지졸들이었다. 이들은 중국 각지에서 왔고 저마다의 관습과 전통, 음식 문화를 가지고 있으며 서로 다른 10여 개의 방언을 사용했다. 타이완 본성인들은 이들을 침입자로 보았고 그들의 투박하고 무뚝뚝한 태도에 반감을 느꼈으며 섬의 자원을 그들과 나눠야 한다는 것을 못마땅해 했다. 그리고 그들을 '외성인'이라고 불렀다.

장제스는 몇 가지 사실을 깨달았다. 우선 그가 계속해서 본성인들을 함부로 대하고 부하들이 제 주머니를 채우는 것을 허용하고 지역경제를 발전시키지 않는다면 후원자인 미국이 더 이상 자신을 지원하지 않을 것이라는 점이다. 미국의 지원이 없다면 그의 대의명분은 죽은 거나 다름없었다. 영국은 이미 중화인민공화국을 외교적으로 인정했고 장제스는 유엔에서 지지를 잃고 있었다. 중국 본토에서 퇴각한 수십만 명의 군인들이 빈둥거리고 있는데 그가 조심하지 않으면 그들도 가만히 앉아 있지만은 않을 것이었다. 더욱이 본성인들은 일본 패배 이후 급격하게 악화된 자신들의 생활환경을 계속 참고만 있지 않을 것이었다. 또한 국민당에 반대하는 타이완 정치인들은 국민당의 강경진압 때문에 자국 내에서의 독립운동이 힘들어지자 일본과 미국으로 망명해 타이완 독립을 위해 싸우기 시작했다.

장제스는 본격적으로 타이완 개발 활동에 착수해 오늘날 우리가 말하는 경제 기적을 가져왔다. 계엄령 하에서 타이완 기업들은 번성했고 토지는 농민들에게 재분배되었다. 농산물 생산도 증가했다. 남아도는 군대 인력을 흡수하기 위해 공기업이 세워졌다. 이런 기업들은 건설(RSEA), 철강(차이나스틸), 조선(중국조선공사), 전력(타이완전력공사), 양조(타이완담배주류전매청), 설탕(타이완설탕공사), 여행과 관광(중화항공) 같은 대형 산업과 프로젝트에 집중되었다.

경치는 좋지만 전략적으로 의미 없는 동서간선도로 건설에 수만 명의 노동자가 투입되었고, 공사 중에 산사태와 터널 붕괴로 수천 명이 사망하기도 했다. 국민당 정부는 '본토' 수복에 대비해 많은 공립학교를 세우고 본성인들에게 중국의 역사와 지리, 언어와 사상, 충성심을 주입시켰다. 이를 통해 전달하고자 한 메시지는 기본적으로 이것이다. "우리는 번영을 이룰 수 있지만 국민당 노선에서 이탈하는 것은 결코 용납하지 않을 것이다." 뤼다오綠島('다오'는 섬을 뜻한다)에 정치범 수용소가 세워졌다. 그곳의 환경은 열악했고 탈출은 꿈도 꿀 수 없었다. 현재 관광객들에게 개방되고 있는 뤼다오에는 "섬에 수감된 자식들을 위해 긴긴 밤을 울었던 어머니들을 위하여"라고 간략하게 적은 추모 현판이 걸려 있다.

불과 20년 전까지만 해도, 국민당 정부가 '모든' 중국인을 위해 합법적으로 선출된 유일한 정부라는 것이 공식적인 입장이었다. 그때까지 시민들은 이런 입장에 대해 어떤 의문도 제기할 수 없었고, 1940년대에 선출된 원로 입법의원들을 위협하는 총선거도 용납되지 않았다. 1980년대까지 그런 의원들이 휠체어를 타거나 팔에 주사기를 꽂은 채 이동식 병원 침대에 누워 국회 회기에 참석하는 사진이 신문에 종종 실리곤 했다.

한국전쟁과 무엇보다 베트남전쟁은 장제스 정부에 엄청난 호재로 작용했다. 미국이 아시아의 반공산주의 전쟁에 개입하고 있는데 어떻게 옛 친구의 침몰을 보고만 있을 수 있겠는가? 1950년대와 60년대에 막대한 군사적, 경제적, 기술적 원

중정기념당에 있는 장제스 동상.

조가 타이완에 투입되었다. 타이완에 주둔하는 미군들에게서 흘러나온 달러도 경제에 보탬이 되었다. 베트남전쟁 당시 북베트남으로 출격하는 B52 폭격기도 타이중에 있는 공군기지에서 발착했다. 그 덕분에 수십 년 동안 빠르고 균형 잡힌 경제 성장이 이루어졌다.

타이완의 홀로서기

이후 몇 차례의 큰 외교적 타격이 있었다. 첫 번째 타격은 1971년 유엔의 창설 회원국인 중화민국(ROC, 타이완의 공식 명칭)을 유엔에서 축출하고 대신 중화인민공화국(PRC, 중국의 공식 명칭)을 받아들이자는 알바니아가 제기한 유엔 결의안이 힘을 얻었을 때다. 미국은 이 결의안에 반대하고 그 대신 양국 모두에게 유엔의 지위를 줄 것을 제안했다. 이 제안이 거부되자 ROC 파견단은 발끈하며 자신들은 이 총회의 절차에 더 이상 참가하지 않겠다고 선언했고 이로써 결국 ROC는 유엔에서 축출되었다. 최근 몇 십 년 동안 타이완이 다시 유엔에 가입하려는 노력이 있었지만 모두 실패로 끝났다.

두 번째 타격은 헨리 키신저와 리처드 닉슨의 '핑퐁 외교'와 함께 시작되었다. 미국은 중국에 문호를 개방했고 1972년 상하이 코뮈니케가 발표되었다. 이 선언문은 짧지만 오늘날에도 여전히 중국, 타이완, 미국의 관계에 영향을 미치고 있다. 그 핵심은 타이완이 중국의 일부이며, 따라서 평화적 방법으로 해결해야 할 중국 내부의 문제라고 인정한 것이다. 이로써 미국이 언젠가 타이완의 독립을 지지할 것이라는 타이완 독립 옹호자들의 희망은 꺾여버렸다. 그것은 국민당에게도 불길한 조짐이었다.

세 번째 타격은 1978년 미국의 지미 카터 대통령이 중화민국(타이완)과의 외교를 단절하고 중화인민공화국(중국)과 전면적인 수교를 맺은 것이다. 1979년 타이완 국방에 대한 지원을 포함해 미국과 타이완 간의 실질적이지만 비외교적인 관계를 법으로 규정한 타이완관계법이 의회를 통과함으로써 이 타격은 다소 완화되었다.

이미 외교적으로 고립된 타이완은 '달러 외교'와 경제 근대화에 착수했다. 10개의 사회기반시설 프로젝트가 거의 완공 단계였고 다른 프로젝트들도 계획되었다. 이를 통해 타이완은 투자지로서 번듯한 외양을 갖추었고 우방국 기업들과 대규모 계약을 체결할 수 있게 되었다. 타이완은 저렴한 제품을 생산하는 주요 제조국으로 입지를 확립했고 정부는 공장과 산업시설에 대한 투자를 장려했다. 신타이완달러(NT$)는 계속해서 약세를 유지해 수출이 장려되고 수입이 억제되었으며 그 결과

두자리수 GNP 성장이 유지되었다.

1980년대는 중요한 경제적, 사회적, 정치적 개혁의 시기였다. 1980년대 초에 타이완은 여전히 계엄령이 유지되고 장제스의 아들 장징궈蔣經國가 권력을 잡고 있었다. 제대로 된 민주주의 야당도 없었다. 중국 본토와의 계약은 금지되고 위반시 징역형에 처해졌다. 환율은 달러당 40타이완달러 정도.

1980년대 말에는 타이완 본성인 출신 국민당 의원 리덩후이李登輝가 총통 자리에 올라 계엄령을 해제했다. 국민당을 부정적으로 묘사하는 역사책이 암시장에 나타나더니 서서히 암묵적으로 출판이 허가되었다. 그중에는 장제스를 조롱한 스텔링 시그레이브의 《송가 왕조The Soong Dynasty》를 번역한 책도 있었다. 다양한 풀뿌리 정당 출신의 국민대회(최고의결기구 역할을 했으나 현재는 폐지되었다) 야당 의원들이 입법원(의회의 역할) 의원들과 난투극을 벌이기도 했다. 2 · 28 사건에 대한 공공연한 논의가 이루어지며 정부가 그 일에 대해 사죄했다. 중국 본토와의 법적 계약이 시작되어 수십 년 전 타이완으로 이주한 늙어가는 외성인들이 고국과 가족을 한 번 더 볼 기회가 생겼다. 또한 신타이완달러의 가치가 달러당 25타이완달러로 60퍼센트나 상승했다.

1990년대에 타이완은 과거와 미래를 조화시키려는 어려운 과제와의 씨름을 시작했다. 35년간의 계엄령 치하에서는 정치적인 문제만 아니라면 사람들이 무엇을 해도 용인되고 무시되었다. 도시 계획의 부재로 환경은 점점 악화되어 교통·산업 공해가 도시 경관을 흉물스럽게 만들고 대기를 심각하게 오염시켰다. 과거에 비해 덜하다고는 하지만 여전히 부패가 만연했다.

그러나 1990년대 중반 야당인 민주진보당(DDP)의 후보 천수이볜陳水扁이 타이베이 시장으로 선출되면서 변화가 가속화되었다. 본성인 출신인 천수이볜은 도시정화사업을 통해 타이베이를 좀 더 살기 좋은 곳으로 만들려는 노력에 착수했다. 그는 결국 국민당 정권을 교체하고 총통 직에 올랐지만 불행히도 야당의 세력이 입법원까지는 미치지 못해 입법원은 여전히 국민당과 그 분파인 신당이 장악하고 있었다. 천수이볜의 두 번째 임기는 부패 스캔들로 치욕스럽게 끝났고 이 사건으로 그는 지금도 복역 중이다. 마잉주馬英九가 그의 후임자가 됨으로써 다시 국민당이 집권 여당이 되었다.

천 총통은 타이완의 독립을 주장함으로써 중국으로부터 강한 비난을 샀다. 중국에서 코카콜라 스프라이트 광고에 출연했던 타이완의 인기 가수 장후이메이가 천수이볜의 첫 번째 총통 취임식에서 국가를 부른 이후 그녀의 음악이 중국에서 9개월 동안 금지되었을 정도다(국가의 노랫말이 통일에 관한 내용이었다는 것은 신경 쓰지 말자!).

마 총통은 중국에 대한 유화 정책을 펼쳤고 이로 인해 중국의 신흥 부유층이 관광객으로 엄청나게 유입되었다. 2015년 마잉주 총통과 시진핑 주석이 싱가포르에서 만나 악수를 나눔으로써 이런 노력은 정점을 찍었다. 마 총통은 이런 유화적인 태도로 인해 타이완의 경제 상황이 좋아지고 중국 역사에서 자신의 위치가 공고해지기를 희망했지만 오히려 많은 역효과를 낳았다. 2014년 양안兩岸[1]서비스무역협정을 날치기 비

1 중국과 타이완의 관계를 뜻하는 말. 자연적인 군사분계선 역할을 하는 타이완 해협을 사이에 두고 서안(대륙)과 동안(타이완)으로 마주보는 관계라 해서 붙여진 이름이다. 두 개의 국가지만 한반도 남북관계처럼 특수한 관계에 있기 때문에 이 말을 자주 쓴다.

준한 것에 반대해 50만 명의 학생 · 시민단체 시위대가 입법원 점거 농성을 한 해바라기 학생운동이 벌어졌고, 궁극적으로 2016년 선거에서 국민당은 충격적인 참패를 맛보았다. 다시 민주진보당 후보 차이잉원 박사가 총통으로 선출되고 그녀의 정당 역시 입법원에서 다수당이 되었다.

지금은 훨씬 많은 국민들이 정서적으로 타이완의 독립을 지지하고 있으며 전과 다르게 자신의 견해를 표현할 자유가 있다. 사람들은 토크쇼에서부터 커피숍 잡담에 이르기까지 온갖 방식의 토론을 통해 미래에 대해 논의하고 있다. 민진당과 국민당 양측에서 집회가 자주 열리고 입법위원을 꿈꾸는 사람들이 거리 곳곳에 포스터를 붙인다. 젊은 활동가들은 독립적이고 고유한 문화적, 역사적, 정치적 주체로서의 타이완에 초점을 맞춘 '국가적 정체성'에 대한 인정과 지지, 교육을 촉구하고 있다. 중국이 국제 스포츠 행사 등에서의 영향력을 이용해 타이완을 세계무대에서 정치적으로 소외시키려는 시도는 비난을 사고 있다. 2017년 타이베이에서 성공리에 개최된 국제 하계 유니버시아드 대회에서 중국은 타이완을 '중화 타이베이'라고 지칭해야 한다고 주장하며, 자신들은 선수단 파견을 대폭 축소했다. 이에 타이완의 일부 흥분한 전문가들은 타이완이 이 기회에 독립을 선포하고 유니버시아드를 위해 특별 제작한 국기에 경례를 해야 한다고 주장했다.

차이잉원이 총통에 선출된 것은 타이완 경제와 특히 젊은이들의 고용 전망을 개선하겠다는 공약과 추가 원전 투자에 대한 반대, 중국에 대한 강하고 동등한 협상 태도 때문이었다. 그러나 지금까지는 성공이 그녀를 비껴간 것으로 보인다. 지난 10년 동안 타이완의 경제 성장은 다른 아시아 국가들보다 더뎠고 임금은 17년간 오르지 않고 있다. 민진당은 주당 근무 시간을 단축시키고 초과근무 수당을 요구하려 했지만 거센 반대에 부딪쳤다. 게다가 지독히 무더웠던 2017년 여름, 전력 과부하로 발생한 대대적인 정전 사태로 '추가 원전 반대' 주장에 대한 의문이 제기되었고 각료 중 한 명이 해임되었다.

중국은 타이완을 계속 소외시켜 항복을 받아내기 위해 외교적 힘을 행사해왔다. 이런 중국에 대한 타이완의 경제의존도가 점점 커지는 것도 문제다. 1980년대 후반부터 양안 간 교역이 재개되었지만 초기엔 홍콩과 마카오 같은 제3의 항구를 통해서만 가능했다. 이후 직접 교역을 개방하려는 움직임이 시작되어 마침내 2008년 양안 간 해운(CST) 조약이 체결되었다. 이제 직통전화 서비스가 중국과 타이완을 연결하고 타이완과 중국의 항공사 모두 두 나라를 정기적으로 오가는 직항편을 운영하고 있다. 현재 중국에서 살며 타이완에서 사업을 하는 42만 명(가족까지 합하면 거의 100만 명)의 사람들에게는 더없이 고마운 일이다. 생계를 중국에 의존하고 있는 이 집단은 타이완의 독립을 그다지 원치 않는 경향이 있다.

양안 관계에 대한 의견은 매우 다양하며 아주 미묘한 문제이다. 따라서 외국인들은 어설프게 자신의 의견을 표현하기 전에 두 국가간 상황을 완전하게 이해하고 상대방의 정치적 입장도 알아둘 필요가 있다. 심지어 타이완에 장기간 거주해서 상황을 잘 아는 외국인의 의견도 자칫 오만함이나 냉담함으로 오해받을 수 있다. 정치에 관한 대화를 할 때 외국인들은 상대의 이야기를 잘 듣고 편견 없이 질문하는 것이 최선이다.

결론적으로 타이완은 중국의 일부이기도 하고 중국의 일부가 아니기도 하다. 어쨌든 타이완은 생활하고 사업하기에 좋은 자유롭고 흥미로운 곳이며 풍부한 문화적 경험을 제공한다. 그리고 여전히 아름다운 섬 '일랴 포르모자'다.

전통의 영향력

중국 문명의 유구한 역사는 그 후손들이 가진 문화적 자긍심의 주된 원천이다. 역사에서 비롯된 전통들은 중국인들에게 고유한 정체성을 부여한다. 19세기 중반에서 20세기 중반까지 중국이 쇠퇴했던 기간에도 그들이 자존감을 유지할 수 있었던 것은 순전히 전통 덕분이다. 외교와 전쟁에서 모두 패배하고, 부패하고 무자비한 군벌들에게 시달리고, 동서양의 굶주린 제국주의 국가들에게 착취당하는 암울한 현실에서, 중국인들은 그저 과거를 돌아보며 위안을 삼을 수밖에 없었다.

수천 년 동안 축적된 중국의 전통은 '모든' 중국인에게 큰 중요성을 갖는다. 그것은 그들의 가족관계와 사회적, 상업적, 정치적 관계뿐 아니라 현실 세계와 영적 세계 간의 관계를 규정한다. 공동체의 기대를 벗어나는 행동을 하면 꼬리표가 붙고 낙인이 찍히고 괴롭힘과 조롱을 당하게 된다. 타이완 사람들은 중국의 문화유산을 완전히 자신들의 것으로 받아들이고 있어서 누군가 타이완의 독립을 말할 때 그것은 철저히 정치적인 독립일 뿐 문화적인 독립을 의미하지는 않는다.

예를 들어 미국에서 태어난 중국인은 이런 전통을 거부할 수도, 또는 스스로 전통을 마음속 깊이 간직하고 있다고 생각할 수도 있다. 그러나 어떤 경우건 그들이 어려서부터 받은 교육 때문에 온전한 중국인으로 보이지는 않을 것이다. 실제로 그들은 중국 사회에 적응하려 할 때 이런 문제로 자주 좌절감을 느낀다. 그와 달리 예전부터 그랬지만, 특히 국민당의 세뇌 교육 이후에 타이완 사람들은 문화적인 차원에서 스스로를 중국인으로 규정하고 있다.

중국 전통을 공부한 외국인들은 '개화된 오랑캐'는 될 수 있지만 결코 중국인과 똑같은 존재로 받아들여지지 않는다. 중국 유산이 가진 모순적 측면들 때문에, 외국인들은 중국 문화가 가진 미묘한 차이를 이해하지 못한다는 말을 들을 수 있다. 이로 인해 답답함을 느낄 수도 있겠지만 타이완의 문화유산에 대해 충분히 공부한다면 최소화할 수 있는 문제다. 흥미로운 사실은 타이완 사람들에게 큰 영향을 미치는 세 개의 주요한 전통이 모두 기원 전 5세기경 동시에 탄생했다는 사실이다. 하나는 인도에서, 다른 두 가지는 중국에서 탄생했다.

유교

공자는 기원전 551년 베이징에서 남쪽으로 480킬로미터 떨어진 산둥山東의 곡부曲阜에서 태어난 학자이자 철학자다. 그는 여러 왕과 군주를 섬겼고, 중국인들이 교육과 관료체계를 중시하도록 만드는 데 큰 역할을 했다. 그의 사상은 오늘날《논어》로 알려진 책들을 통해 전파되었다.

공자는 관계의 중요성과 관계를 유지하기 위해 요구되는 의식적인 노력의 중요성을 가르쳤다. 모든 사람과 사물은 저마다의 목적과 본분이 있으며, 그들이 모두 목적과 본분을 알고 도리를 다할 때 조화를 이룰 수 있다. 공자는 또한 인仁이 지도자의 핵심 덕목이며, 아랫사람들에게 잘 대접받으려면 본인도 아랫사람을 잘 대접해야 한다고 말했다. 송나라(860~1279) 때는 도교의 명상적인 측면과 연단술을 어느 정도 받아들인 성리학이 학파로 발전했다.

공자가 말한 '조화'는 '올바른 행실'의 의식적 실천을 통해 이루어지는 것으로, 군자와 군주가 추구해야 할 선한 결과다. 자신의 본분을 이해하지 못하고 부적절한 행동을 하는 사람은 제대로 배우지 못한 사람이다. 의도적으로 본분을 무시하는 사람은 나쁜 것에 물들어 있다. 가령 '아내답게' 행동하지 않는 아내나 '군주답게' 행동하지 않는 군주는 조화를 깨뜨릴 수 있다. 올바른 관계란 윗사람(황제의 경우에는 윗사람이 '하늘'이 될 것이다)의 필요와 명령에 관심을 갖고 복종하는 것이다. 이런 이기심 없는 헌신은 효孝와 비교되는데, 다만 효는 가족관계로 한정된다.

일본과 타이완은 사회의 중심이 되는 단위가 서로 다르다. 유교의 영향을 강하게 받은 일본에서는 중심 단위가 전통적으로 윗사람과 소속 집단(막부, 영주, 군대, 지금은 회사)인 반면 타이완에서는 가족이다. 가족은 자율적이고 자치적인 집단이다. 문제가 생기면 주로 가족 내부에서 해결하며, 저마다의 생각을 가진 개별 구성원들이 가족 내에서 합의를 이룬다. 그래서 타이완 사람들은 시민의식이 높지 않고 가족을 이롭게 하는 것을 가장 중시한다. 가화만사성과 비슷한 의미로 '자선은 가정에서 시작된다'는 말이 있는데, 여기에 '그리고 가정에서 끝난다'를 덧붙여야 할 것 같다.

가족이건 집단이건 사회의 중심 단위가 존재한다는 것이 꼭 나쁜 것은 아니다. 일본 기업들은 목적을 위해 단결하는 경향이 있고, 타이완은 가족이 운영하는 기업이 많다. 이와 대조적으로 중국 공산주의자들은 공산당(또는 적어도 사회주의 노동 단위)의 거대한 장막 아래서 사회 자체를 중심 단위로 만들려 했다. 그 시기에는 자식이 부모를 고발하는 패륜적인 사건도 있었다. 중국에서는 오늘날에도 직장에 전화를 걸어 누군가를 찾으면 "어느 단위죠?"라고 묻는다. 중국 본토의 젊은 세대가 느끼는 환멸감은 그들의 사회적 단위가 제대로 정의되지 않은 데서 오는 것일 수 있다. 특히 사회적 단위로서의 가족을 파괴하려 한 문화혁명(1966~1976년)[2] 같은 격동기에 교육을 받으며 성장한 세대는 개인으로도, 집단의 일부로도 제대로 준비되어 있지 않다.

오늘날에도 남편과 아내, 부모와 자식, 사장과 비서, 정부와 민중, 노인과 젊은이, 죽은 자와 산 자 간의 관계는 사회의 위계와 그에 따른 대우에서 분명하게 드러난다. 모든 관계에는 기대되는 행동이나 의식, 선물, 존경의 표시가 있다. 이런 전통의 굴레에 반감을 느끼는 젊은이들도 있는데(아마 공자 시대 이래로 모든 세대에 있었을 것이다) 그들에게는 '불효자'라는 딱지가 붙는다. 여러 시대에 걸쳐서 자식들이 '교육'을 받고 나쁜 생각에 '물들지 않도록' 엄한 벌이 동원되었다.

유교 전통의 또 다른 문화적 결과는 개인을 사회의 기초단위로서 중시하지 않는 경향이다. 서구 자유주의 전통에서는 개인들이 모여 사회를 형성한다. 서양의 고독한 영웅들은 자연과 신에 도전하고 때로는 승리한다. 그런데 중국에서는 그렇지 않다. 불경을 가져오기 위해 삼장법사와 함께 천축국(인도)으로 길을 떠난 원숭이 왕 손오공은 신들에게 도전했다가 부처에게 벌을 받아 '금고아'라는 머리띠를 하고 다니게 된다. 손오공이 너무 건방지게 굴면 이 머리띠가 고통스럽게 머리를

2 중국공산당 주석 마오쩌둥이 중국 혁명정신의 재건을 위해 추진했던 대격변.

© PhotonCatcher

공자 탄신일에 열리는 전통 의식의 한 장면.

조인다. 유교 사회에서 개인은 더 큰 단위의 일부로 존재할 뿐이다. 이 점을 잊지 말자.

유교는 종교가 아니지만 타이완과 중국에는 유교 사당이 많고 유교와 관련한 다양한 의식과 의례가 행해진다. 대부분은 스승인 공자에게 경의를 표하는 의식들이다. 고대 중국에서 학문은 중요한 성공의 열쇠였고 그것은 현대 타이완에서도 마찬가지다. 유교 사당을 찾은 부모들은 주로 자녀의 성공을 위해 기도한다. 공자를 학자와 관료 제도와 규율의 수호성인으로 생각한다면 과히 틀리지 않을 것이다.

불교

공자와 동시대 인물인 부처는 네팔과 국경을 접한 인도 북부 지역의 왕자로 태어났다. 젊은 시절에 그는 왕자답게 궁술, 승마, 경륜과 같은 여가를 즐겼다. 그러나 인생에 만족할 수 없었고 인간을 괴롭히는 불행에 대해 더 깊이 이해하고 싶었

자비의 여신 관음보살은 서열이 높은 부처다. 타이완에는 관음상이 많다.

다. 그는 길을 떠나 신체적, 정신적 시험을 동반하는 온갖 역경을 겪는다. 그 험난한 길을 걸은 끝에 마침내 깨달음에 이르렀다. 그는 제자들을 통해 고통과 번뇌의 근원은 욕망이며 인간은 깨달음을 좇아 여덟 가지 길, 즉 팔정도를 걸어야 한다고 가르쳤다. 억겁의 세월 동안 윤회를 겪으며 마침내 깨달음을 얻을 때까지 그 길은 결코 끝나지 않는다고도 했다.

인도에서 시작된 불교는 남쪽으로 스리랑카와 인도네시아, 북쪽으로 티베트, 동쪽으로는 미얀마와 그 너머로까지 전파되었다. 그리고 몇 개의 종파로 성장해 서기 1세기에 중국에 도달했다. 서기 500년 경 달마 대사가 중국에 도착해 소림사에서 태국을 창시하면서 불교의 인기가 높아졌다. 그의 수련법에는 명상, 운동, 자기성찰이 포함되었다. 소림사는 중국에서 가장 유명한 무술 유파의 탄생지이기도 하다.

불교와 중국의 관계는 천주교와 유럽의 관계와도 같다. 불교는 황제들의 총애를 얻기도 하고 잃기도 하면서 광대한 토지와 곡창을 장악했고, 때로는 계략과 음모를 꾸미고 군대를 갖춘 독자적인 권력이 되기도 했다. 또한 불교는 많은 돈을 벌었다. 중국에서 법당의 불상은 부처의 조력자와 추종자까지 포함할 만큼 확대되었다.

불교에 대해 어떻게 생각하건, 타이완에서 보게 될 모습에 십중팔구 놀랄 것이다. 서양인들은 대개 불교를 생각할 때 선종의 금욕이나 태국 불교의 경건함에서 나오는 규율과 평온함을 떠올린다. 타이완 사람들에게 불교는 불행과 불확실성으로부터 구원받는 길이다. 그들은 자비의 여신 관음보살(관세음보살)에게 기도하고는 애초에 자신의 인생에서 번뇌와 불행을 만들어낸 세속적인 욕망들을 거리낌 없이 추구한다. 아들을 낳게 해달라거나 부유한 남편을 얻게 해달라거나 입시에 합격하게 해달라거나 좋은 시어머니를 만나게 해달라고 기도하면서, 불확실성과 불행이 바로 이런 세속적 욕망에서 비롯된다는 부처님의 말씀을 떠올리지 않는 듯하다. 뒷부분에서 상세히 다루겠지만 사찰은 이런 식의 기도를 받아준다.

타이완에는 정식 불교 사찰과 비구니 사찰이 있다. 승려들은 주로 후원자들의 지원과 시주를 받는 정식 사찰에서 일한다. 타이완에 있는 대부분 호텔에는 침대 옆 협탁 서랍 안에 성경과 함께 《불교의 의미The Meaning of Buddhism》라는 책이 비치되어 있다.

도교

공자가 태어나기 몇 십 년 전 괴팍한 명상가 노자가 태어났다. 철학자이며 학자이고 왕실 서고의 기록관이었던 그는 왕과 의견이 맞지 않아 관직을 버리고 망명길에 올랐다. 전설에 따르면 노자가 그 땅을 떠나기 전 마지막 산을 넘고 있는데 국경 수문장이 그를 알아보고 가르침을 글로 남겨달라고 간청했다. 그 가르침이 오늘날 《도덕경》으로 전해지며 그의 철학은 도교로 알려져 있다. 여기서 도道는 길을 뜻한다.

도교에 대한 많은 외국인의 생각은 그것이 조용한 수양과 자연에 대한 존중에 근거한다는 것이다. 그러나 불교의 경우와 마찬가지로 타이완에서 도교의 실제 모습은 이런 생각과 크게 다름을 발견하게 될 것이다. 그 이유는 종교로서의 도교와 철학으로서의 도교(도가사상)가 분리되어 있기 때문이다. 타이완의 많은 도교 신봉자들이 인정하지 않을지 모르지만 이 구분은 상당히 중요하다. 도교 철학자들은 불교와 경쟁하기 위해 도교를 종교화하려는 도사들을 기피했다. 마찬가지로 그들은 조직화된 유교 사회도 기피했다. 오늘날에도 도교 철학자들은 개인적으로, 또는 좀 더 높은 수준에서는 산중 은신처에서 호젓하게 자기 수양을 하며 일생을 보낸다.

반면 종교인인 도사들은 가끔 붉은색과 금색이 섞인 도복을 입고 특별한 의식이나 퇴마 의식, 강령회 등을 진행하지만 평소에는 수도원에서 독신생활을 하지 않고 속세에서 정상적인 가족생활을 한다. 그들은 도가사상의 철학적 틀에 많은 신과 정령, 의식儀式 같은 요소들을 첨가했다. 도교는 종교로서 문화적 영향을 미치고 있지만 그 뿌리는 철학에 있다.

철학으로서 도교는 변화에 관한 사상이다. 도교는 모든 것이 끊임없이 변하는 상태에 있다는 것을 인정한다. 그것이 '자연의 길'이다. 이것을 이해하는 사람, 어떤 것에도 방해받지 않고 자연을 관찰할 수 있는 사람은 자연과 조화를 이루며 움직인다. 자연과 조화를 이루며 움직인다 함은 자연의 무한한 자원을 이용할 줄 아는 것이다. 자연의 길을 이해하기 위해 노력한 도교 신봉자들은 어쩌면 최초의 경험론적 과학자들이었을지 모른다. 다양한 분야에서 수백 년에 걸친 시행착오와 실험을 통해 그들은 기초적 과학 이론과 실용적인 응용법들을 만들어냈다.

도교는 건강과 장수, 자기수양을 추구하는 실용적인 사람들이 발전시킨 철학이다. 많은 도교 사상가가 중국에서 가장 존경받는 의사, 과학자, 시인, 예술가, 발명가가 되었다. 사실 예일 대학의 인류학자 브루스 홀브룩이 쓴《돌원숭이Stone Monkey》는 도교의 과학 이론이 포괄적 적용 범위와 인간적 측면, 그리고 이 세상에 분명히 존재하지만 아직 밝혀지지 않은 과정들을 예측하는 능력에 있어서 서양의 과학보다 우수하다고 말한다. 중국이 나침판, 화약, 석궁, 도자기를 비롯한 도교 신봉자들의 많은 발명품을 활용해 국제적으로 더 큰 이익을 취하지 못한 것은, 유교적 우월의식과 함께 상업을 멸시하고 은둔생활을 추구하는 도교 신봉자들의 성향 때문이었을 수 있다.

애니미즘과 그밖의 영혼들

이밖에도 타이완에는 때로 신비에 싸인 종교들과 갖가지 형태의 영혼 숭배가 존재한다. 이는 종종 현실 세계에 영향을 미치는 이런저런 유파들과 느슨하게 연결되어 있다. 도교의 영향인지, 아니면 타이완 사람들이 전통적으로 농부였기 때문인지 모르지만 사람들은 땅에 토지신이 깃들어 있다고 여긴다. 논과 무덤, 사원에서 돌로 만든 작은 제단 겸 굴뚝을 흔히 볼 수 있는데, 이것이 바로 토지신을 기리며 영혼에게 바치는 종이돈을 태우는 장소이다.

또 하나의 중요한 신은 관우다. 전쟁의 신이자 상업의 신인 관우는 군사시설과 산업단지가 많은 세계에 아주 어울리는 신이라고 볼 수 있다. 석가모니 부처와 그 밑에 관세음보살과 관우, 마조(어부와 임산부를 보호하는 여신), 이들이 가장 큰 신이다. 마을마다 이런 큰 신들과의 소통을 돕는 신령을 모시는 사당이 있고, 신령들은 신자들의 안녕을 살피는 역할을 한다.

또한 육신을 떠난 영혼들도 재산과 건강에 직접적인 영향력을 행사한다는 믿음이 있다. 사람의 영혼에는 두 종류가 있는데, 하나는 땅속에 묻혀 그곳에 머무는 영혼이고 다른 하나는 사후에 천국이나 지옥에 가거나 육신 없이 구천을 떠도는 영혼이라고 한다. 방치된 영혼은 귀신이 되거나 최악의 경우 아귀, 즉 '굶주린 귀신'이 된다.

귀신은 살아있는 사람들에게 해를 끼칠 수 있다. 그런데 그들이 왜 그러는 것일까? 유교 사상을 사후세계에 적용해보면 죽은 조상들에게 먹을 것과 입을 것을 바치며 제대로 기리지 않았기 때문에 그들이 미쳐 날뛰는 것이다. 후손들은 가족 제단에 조상의 신주나 사진을 모셔두고, 적어도 제단에 향을 피우고 제물을 바치는 정도의 관심을 기울여야 한다.

영매

타이완에는 남녀 무당들이 있다. 이들은 주로 신령에 의해 선택되어 인간 세상에 신령의 말을 대신 전하는 사람이다. 이 문제에서 무당은 선택권이 없다. 무당이 될 운명을 거부하고 마을에서 도망치는 사람들도 있지만 결국은 항복하고 의무를 받아들이는 경우가 많다. 그러나 여전히 무당이 버젓이 존재하고 있는데도, 많은 마을에서는 무당이 있다는 사실을 인정하지 않는다.

어떤 사람이 만성적이고 반복적인 문제를 겪고 있는데 온갖 수단을 다 써보았지만 효과가 없는 경우 무당을 부르기도 한다. 무당은 신들린 상태에서 문제의 원인이 무엇인지 말하고 해결책을 내놓는다. 아귀가 붙은 것일 수도, 혹은 처녀귀신이 한을 풀지 못해 문제를 일으키는 것일 수도 있다. 지금은 드물지만 죽은 여자와 산 남자를 맺어주는 영혼결혼식을 올리기도 한다. 이때 신랑과 신부 인형을 만들어 정식 혼례를 올리는데 법적인 효력은 없다.

사원에서

아마 지금쯤이면 다들 짐작할지 모르지만, 많은 사원이 하나의 신이나 신앙만을 위해 존재하지 않는다. 물론 하나의 신만을 위한 사원도 있지만 대부분은 적어도 앞서 언급한 신들 가운데 둘 이상을 모신다고 말해도 과언이 아니다. 그렇다면 사원은 어떤 모습일까?

서양의 예배 장소들은 정문으로 들어가 곧장 복도를 걸어서 제단에 이르게 되어 있는 반면, 타이완의 사원들은 정문 옆으로 난 쪽문을 통해 들어간다. 밖에서 담장의 지붕 윤곽과 기둥들이 보이는데 지붕은 물결무늬다. 마치 사원이 물속에 있는 것처럼 악령들을 속여 그들이 사원을 불태우려는 마음을 먹지 못하도록 하기 위함이다. 기둥과 지붕 윤곽에 용 장식이 있는 경우가 많다.

첫번째 마당을 건너 여섯 계단쯤 올라가면 주출입구 문턱에 이른다. 이 출입구 역시 안쪽에 있는 제단의 정면에 있지 않고 왼쪽이나 오른쪽으로 나 있다. 커다란 문에는 험악한 수호신들이 선명한 색깔로 세밀하게 그려져 있고, 여기서 높은 문지방을 넘어 사원 본당 마당에 들어선다. 이러한 건축적, 장식적 특징들은 말하자면 은행에서 도둑의 침입을 막기 위해 설치하는 안전장치처럼 일종의 '보안 대책'이다. 전설에 따르면 귀신은 90도 회전을 하지 못하고 항상 두 발을 붙이고 걷기 때문에 발을 들어 장애물을 넘지 못한다. 또한 귀신은 험상궂은 영혼을 보거나 거울에서 자신을 보는 것을 무서워한다.

오른쪽 문으로 들어서면 창문이 하나 보일 텐데 여기서 향과 붉은 양초와 영혼에게 바치는 종이돈을 판다. 왼쪽으로 본당 마당이 나온다. 타이완 사람들(주로 중년 이상의 여성들)은 주로 이곳에 서서 경의를 표하고 기도를 한다. 그것은 다채롭고 향기롭고 영적으로 감동적인 장면이다. 할머니들이 아이들에게 기도하고 절하는 방법을 가르치고, 더러는 우는 사람도 있으며, 어떤 이들은 명상을 한다. 사원 밖 거리에서는 발견할 수 없는 경건함이 있다.

기도하는 법

개인이 가진 고민이 얼마나 심각한지에 따라, 또는 얼마나 큰 소원이 있는지에 따라 소박하거나 거창하게 기도를 드릴 수 있다. 여기서 그 과정을 직접 따라가 보자.

> 한 여성이 향과 양초, 종이돈을 산다. 그녀는 마당에서 닦아 온 열대과일 리엔우蓮霧를 철제 접시에 올리고 주출입구 벽과 평행으로 놓인 긴 상으로 걸어간다. 그리고 상 위에 접시를 제물로 올린다. 다른 사람들도 다양한 과일과 닭고기와 그 밖의 음식이 담긴 접시를 올린다. 그녀는 상 양쪽 끝에 있는 촛대로 가서 몸통에 금박 글씨가 있는 굵은 붉은색 양초에 불을 붙이고 빈 촛대에 꽂는다. 그리고 양초 불로 세 개의 향에 불을 붙인 뒤 다시 제물을 올린 상으로 가서 바닥에 있는 방석 뒤에 선다. 그녀는 세 개의 향을 양손으로 모아들고 얼굴 앞으로 가져가서 선 채로 기도를 올린다. 그런 뒤 허리를 숙여 세 번 절한다. 그런 다음 무릎을 꿇고 기도하고 또 다시 허리를 숙여 절한다. 그런 뒤 일어나서 놋쇠 향로에 향을 꽂는다.
>
> 다시 제물을 올린 상의 측면으로 걸어가서 반달 모양으로 깎은 사과 조각처럼 생긴 나무 조각 두 개를 집는다. 나무 조각은 빨간색으로 칠해져 있고 한 면은 평평한 반면 다른 면은 둥

그렇다. 다음은 신령과 소통하기 위해 타이완 사람들이 하는 기본적인 방법이다. 마음속으로 조용히 신에게 질문을 한 뒤 나뭇조각을 떨어뜨린다. 두 개가 모두 평평한 쪽으로 떨어지면 답은 '아니다', 하나가 둥근 쪽으로 떨어지고 하나는 평평한 쪽으로 떨어지면 답은 '그렇다'이다. 만일 두 개 모두 둥근 쪽으로 떨어져서 까닥까닥 움직이면 신령이 질문을 비웃고 있다는 뜻이니 표현을 바꿔서 다시 물어야 한다.

여인은 계단을 내려가서 둘레가 1미터를 훌쩍 넘는 대형 놋쇠 삼발이 향로가 있는 마당 한가운데로 간다. 뚜껑에서 향긋한 연기가 피어오르고 있다. 여기서 그녀는 또 세 개의 향에 불을 붙인 뒤 기도와 절을 올리고 향을 향로에 꽂는다. 그런 다음 계단을 걸어 본당으로 올라간다. 본당 안에는 붉은 조명 아래 그 사원에서 모시는 주신의 금상이 있고 그 좌우로 주신을 보필하는 신령들이 있다. 그녀는 조금 전과 같은 방식으로 또 다시 향을 피운다. 그리고 본당 건물 밖으로 나가서 본당의 왼쪽 끝에 있는 굴뚝으로 걸어간다. 굴뚝 안에서 활활 타오르는 불길이 그녀가 던진 종이돈을 순식간에 삼켜버린다. 기도를 마친 뒤 그녀는 본당 가까이에 일렬로 늘어선 방들 가운데 공자를 기리는 방에 두고 온 아들을 찾으러 간다.

이때 20대 초반으로 보이는 여성 몇 명이 본당 앞마당으로 들어온다. 그들은 각자 세 개의 향을 피우고 기도와 절을 올린 뒤 향로에 향을 꽂는다. 그런 다음 커다란 놋쇠 우산꽂이처럼 생긴 물건이 있는 곳으로 걸어간다. 그 안에는 손때가 잔뜩 묻어 색이 짙은 갈색으로 변한 길고 얇은 대나무 막대기들이 가득 채워져 있다. 여성들은 한 명씩 막대기를 한줌 쥐고 들어 올렸다가 놓는다. 그중에 하나가 위로 삐죽 튀어나올 때까지 같

음식을 바치고 향을 피우는 것은 사원에서의 기도 과정에 포함된다.

은 과정을 반복한다. 막대기 하나가 튀어나오면 그 안에 적힌 숫자를 기억한다. 이제 작은 목재 서랍들이 있는 벽으로 가서 해당 번호의 서랍을 열어 운세를 읽는다. 서랍마다 번호가 적혀 있고 그 안쪽에 운세가 적힌 형형색색 종이가 들어 있다.

사원은 영혼과 소통하는 공동체의 중심이다. 일반적으로 친교를 추구하는 곳이 아니라 인간 세상의 문제들을 해결하는 데 도움을 주는 곳이다. 그런 점에서는 아마 전 세계 사람들이 타이완 사람들과 크게 다르지 않을 것이다.

3

타이완 사람들

한때 타이완 현지인에 대한
경멸적인 표현이었던 타이커[3]라는 용어는 전혀
'반 타이완'적이지 않으며, 현지 문화에서 없어서는 안 될
일부이자 현지화의 또 다른 측면으로 포용할 수 있다.

– 〈타이베이 타임스〉, 2005년 7월 28일

체면: 자긍심의 겸손한 표현

중국인이 체면(또는 얼굴)을 얼마나 중시하는지에 대해서는 많은 글이 있다. 얼굴은 표준중국어로 리엔臉 또는 미엔面으로 표현되며, 듀렌丟臉과 메이멘쯔沒面子라는 표현은 모두 '체면을 잃다' '체면을 깎이다'를 의미한다. 신기하게도 체면을 얻는다는 표현은 거의 쓰지 않고, 특히나 자신에게는 쓰지 않는다. 누군가의 체면을 세워줄 때를 제외하면 체면은 주로 잃거나 깎인다는 의미로 사용한다.

체면은 말로는 표현하지 않지만 사람이 자신의 지위, 교육, 직장, 조상, 가문, 성취에 대해 스스로 느끼는 자긍심, 다시 말해 자아상에 대한 자긍심을 뜻한다. 이런 자긍심에는 주관적 가치가 담겨 있으며 그것을 말로 표현하지 않는 이유는 이들 나라에선 겸손함의 미덕이 중시되기 때문이다.

수치심

중국 문화에서 수치심은 중요한 감정이다. 사람들은 자신과 가족이 남들의 조롱을 사지 않도록 똑바로 행동하려고 노력한다. 이런 습성은 태어날 때부터 부모가 자식을 대하는 방식을 통해 교육된다. 자신과 관계있는 사람들을 대할 때 조심스럽게 행동하는 이유는 체면을 잃을까 두렵기 때문이다. 역으로,

3 **臺客**. 본래 의미는 타이완 손님이라는 뜻이지만 세련되지 못하고 눈에 띄는 복장을 한 사람, 특히 남성을 가리킨다.

자신과 관계없는 외국인이나 이방인과 있을 때는 체면을 잃을 걱정에서 해방된다는 뜻도 된다. 그래서 아는 사람이 근처에 없을 때는 새치기나 쓰레기 무단투기 같은 무례하고 저급한 행동을 하기도 한다.

체면의 위계

직접적인 말로 상대의 체면을 세워줘도 무방하지만 주의할 것이 있다. 여기서는 유교의 위계가 중요한 역할을 한다. 윗사람(상사, 교사, 아버지, 고객 등)이 아랫사람을 칭찬하는 것은 상대의 체면을 세우는 일이 되지만 아랫사람(피고용인, 학생, 판매사원)이 윗사람을 칭찬함으로써 체면을 세워주려 한다면 '주제 넘은 사람'이나 아첨꾼으로 찍히기 십상이다. 중국에는 그런 사람을 지칭하는 다양한 표현이 있다. 방귀를 따라다니는 벌레를 뜻하는 건피충跟屁虫과 말 엉덩이를 두드린다는 뜻의 파이마피拍马屁라는 표현이 있다. 윗사람은 아랫사람에게 지시를 내리거나 남들 앞에서 칭찬함으로써 체면이 선다. 한마디로 윗사람은 아랫사람의 체면을 세워줌으로써 자신의 체면도 세우고, 아랫사람은 자신을 낮춤으로써 윗사람의 체면을 세우는 것이다.

체면과 관련한 유교적 위계는 언어를 통한 가족 구조의 정의에서 가장 분명하게 드러난다. 모든 가족관계는 몇 개의 가지로 뻗어나가는데 저마다 고유한 호칭이 있다. 예를 들어 거거哥哥(형, 오빠)와 디디弟弟(남동생)는 별개의 호칭이다. 쯔무(조모)와 와이쯔무(외조모)도 분명한 차이가 있다. '선생' 또는 '씨'를 뜻하는 셴성先生이라는 호칭은 가족 관계에서 '장남', 다시 말해 가족의 희망이 걸려 있는 사람을 뜻한다. 반면 '아가씨'

를 뜻하는 샤오제小節는 '작은 언니'를 뜻한다. 타이완 사람과 영어로 대화하는 경우 이렇게 서로 다른 관계들을 모두 기억할 필요는 없다. 그러나 특정한 대화를 할 때 당신이 체면의 위계에서 어떤 위치에 있는지를 기억하면 도움이 될 것이다.

자신의 역할을 이해하고 (유교적 의미에서) 조화를 이루기 위해 어떻게 행동하는 것이 적절한지를 알면 스스로 체면을 세울 수 있다. 이 장에 포함된 내용의 상당 부분은 다양한 상황에서 당신이 어떤 역할을 맡을 수 있으며 역할에 맞는 적절한 행동은 과연 무엇인지를 이해하도록 쓰였다.

항상 질문하는 사람들

타이완 사람들은 호기심이 많아서 지인, 친구, 손님들에게 질문을 많이 하는 편이다. 질문을 받았을 때 너무 간략하게 단답식으로 대답하면 형식적으로 들릴 수 있다. 비행이 어땠는지 질문을 받으면 그냥 "좋았어요."라고 말하기보다 이야기에 약간의 양념을 더해서 가령 "제가 경험한 것 중에 최고의 비행이었어요. 기내식으로 쓰촨식 새우 요리가 나왔는데 맛이 끝내줬어요. 시간도 정확했고 이륙과 착륙 모두 순조로웠답니다."라고 자세히 대답하면 좋을 것이다.

가끔은 사생활 침해로 느껴지는 질문을 받게 될 수 있다. "그래서 그건 얼마 주고 사셨어요?"라든가 "월급을 얼마나 받으세요?" "몇 살이세요?" 같은 질문들 말이다. 그것이 단지 대화를 위한 질문이라고 생각하지 말라. 그들은 당신에 대해 최대한 많은 것을 알고 싶은 것이다. "당신이 알 바 아니잖아요!"라는 식으로 대답하면 좋은 인상을 줄 수 없다. "아주 좋은 가격에 샀지만 상인이 누구에게도 말하지 말라고 했어요."

또는 "타이완의 멋진 경관을 조금 즐길 수 있는 정도 받지요." 같은 식으로 대답하는 것이 좋다.

질문을 하는 것도 대답하는 것만큼 중요하다. 상대의 체면을 생각해서 '왜'라는 질문보다 '무엇'을, '누가', '어떻게'로 질문하는 편이 더 낫다. 예를 들어 "거실 테이블에 있는 불상에 대해 말씀해주시겠어요?"라는 질문은 상대의 종교적 믿음에 대해 직접 질문하지 않으면서 자연스럽게 이야기할 수 있는 여지를 준다. 그리고 "어떻게 하면 티엔무로 가는 버스를 탈 수 있을까요?"라는 질문이 "왜 제가 티엔무로 가는 버스를 탈 수 없죠?"라는 질문보다 듣기에 좋다.

그럭저럭 만족하기

타이완 사람들은 완벽함에 조금 못 미쳐도 그럭저럭 만족할 때가 많다. 정확히 자신이 기대하는 것을 얻기 위해 집요하게 굴다가는 자칫 체면을 구길 수 있기 때문이다. 크리스가 한 중국인 권투 사범에게 들은 이야기 속에 그런 면이 잘 나타나 있다.

크리스는 사범으로부터 같은 위치에서 시작하고 끝내야 하는 복잡한 동작을 배웠다. 그런데 동작을 하고 나면 항상 한두 발쯤 오른쪽에 치우치곤 했다. 그래서 동작을 제대로 할 수 있도록 바로잡아달라고 부탁했는데 사범은 이렇게 대답했다. "그건 중요하지 않아. 중국에서 절대적인 것은 없다네." 그는 서양과 접촉하기 전까지 중국의 신발은 오른쪽, 왼쪽 구분이 없어서 아무 발로나 신을 수 있었다고 설명했다. 또한 중국은 일본에서와 달리 황제를 절대적 통치자로 여기지 않는다고 말했다. 황제의 권력은 천명에 달려 있어 천명을 잃으면(제국이 쇠퇴하기 시작하면) 언제든 지위를 빼앗길 수 있다. 따라서 중국에서는 황제를 비롯해 그 무엇도 절대적이지 않다는 것이다.

이런 털털한 태도를 보여주기 위해 자주 쓰는 단어가 두 개 있다. 수이삔隨便(마음대로, 편할 대로)은 예를 들어 "뭐 드시고 싶으세요?"나 "오후 티파티에 뭘 입고 가야 할까요?"처럼 격식이나 규정에 관한 질문에 답할 때 쓰는 표현이다. 그러나 이 말을 액면 그대로 받아들여서 손님에게 맥주와 땅콩만 대접하거나 반바지에 슬리퍼 차림으로 티파티에 가서는 곤란하다. 그것은 단지 타이완 사람들이 뭔가에 대해 편하게 생각하고 있으며 크게 기대하지 않는다는 것을 표현하는 방식일 뿐이다. 반대로 당신이 그렇게 대답했어도 상대는 진수성찬을 준비하거나 멋지게 차려입고 나타날 수 있다. 타이완 사람들이 접대를 할 때, 특히 집에서는 초대자가 "음식이 너무 늦게 나왔죠."라든가 "음식이 맛없게 되었네요."라는 말을 자주 할 것이다. 이럴 때 손님으로서 당신은 그 말을 극구 부정하는 것이 좋다.

둘째, 차부둬差不多(큰 차이가 없다. 그게 그거다)는 상황이 기대했던 것과 거의 같음을 뜻한다. 상인이나 부하직원이 이렇게 말할 때는 "이 정도면 기대하신 것과 같다고 봐주셔야죠."하는 의미다. 반면에 어떤 물건이 당신이 원하는 것이냐는 상인의 질문에 "차부둬"라고 대답하는 경우는 "그런대로 괜찮네요."를 의미할 수도, "아니요, 정확히 내가 원한 것이 아닌데요. 그러니 가격을 좀 깎아주세요."를 의미할 수도 있다. 부하직원이 수행한 작업의 중대성과 당신의 목소리 톤, 그리고 함께 쓰는 단어에 따라 차부둬는 상대의 체면을 세워주는 말이 될 수도, 체면을 깎아내리는 말이 될 수도 있다. "아주 어려운 임무였는데 기대했던 것에 가깝게 해냈군."이 될 수도, "별로 어려운 임무가 아니었는데도 일을 완벽하게 하지 못했군."이 될 수도 있는 것이다.

개인적 성취와 관련해 '그럭저럭 만족하기' 정신은 독특한 방식으로 표현된다. 크리스가 30년 전 미국에서 표준중국어를 공부할 때 중국어 교수가 그에게 말했다. "자네가 아무리 오래 공부해도, 아무리 중국어 실력이 좋아져도 중국인들이 '이런, 중국어를 참 잘하시네요.'라고 말하면 그 말을 곧이곧대로 믿지 말게." 실제로 지금도 크리스는 가끔 낯선 중국인들과 대화를 나누다가 자신이 실수했음을 느끼곤 하는데 그럴 때면 그들은 어김없이 장단을 맞추듯 "이런, 중국어를 참 잘하시네요!"라고 말한다.

이것은 다른 문화권에서 온 외국인들에게는 이해하기 어렵게 느껴질 수 있으며, 중국 문화의 모든 측면에 적용된다. 만두를 집다가 무릎에 떨어뜨리면 이런 말을 들을 것이다. "젓가락 사용법을 잘 알고 계시네요!" 그리고 때로는 "포크와 숟가락을 드릴까요?"라는 말로 이어진다. 당신이 새콤달콤한 닭고기와 새콤달콤한 새우와 새콤달콤한 완자를 주문하면서 수프나 야채를 주문하지 않는다면 이런 말을 들을 수 있다. "중국 음식을 제대로 주문하는 법을 아시는군요!"

이런 반응의 요지는 그들이 당신을 무안하게 만들고 싶지 않다는 뜻이다. 이럴 때 "음, 감사합니다. 집에서 늘 젓가락을 이용한답니다." 같은 말로 그들의 칭찬에 동의하거나 인정하는 발언을 하면 곤란하다. 역으로 초대자가 주문한 음식이 마음에 들지 않는 경우, 그가 주문을 잘못했다는 식으로 말하는 것은 배은망덕한 행동이다. 음식에 대해 뭔가 좋은 표현을 찾아보고 딱히 떠오르는 말이 없으면 평생 이렇게 새롭고 특별한 음식은 맛본 적이 없다고 말한다.

렌칭웨이: 행복의 열쇠

렌칭웨이人情味는 타이완 사회에서 잘 지내기 위해 체면 못지않게 중요한 개념이지만 말이나 글로 언급하거나 설명하는 경우는 많지 않다. 아마도 뭐라고 딱 꼬집어 정의하기 어렵기 때문일 것이다. 렌칭웨이는 문자 그대로 '인정미'를 뜻하며 자신의 역할에 맞는 진실하고 성의 있는 태도, 또는 유교적 겸손과 조화를 이루는 인간적 매력으로 정의하는 것이 적절해 보인다. 인정미가 있는 사람은 교양 있는 사람이라고 여겨지며 주변 사람들이 그를 위해 일하고 싶어 한다. 또한 언어 외적인 요소들을 통해 자신의 취지를 효과적으로 전달해 사람들에게 긍정적인 인상을 남길 때도 인정미가 있다고 말할 수 있다.

인정미의 중요한 요소는 진심과 성의다. 집이나 사무실에 찾아온 손님에게 차를 권했는데 손님이 사양한다고 해서 정말로 차를 내오지 않는다면 애초에 차를 권한 것이 진심이 아니었다고 여겨진다. 누군가에게 만나자고 제안할 때는 그 마음을 잘 표현하라. 설령 상대가 거절해도 재차 제안하지 않는다면 상대는 당신이 자신을 만나는 것을 내심 귀찮아한다는 인상을 받을 것이다.

중국인들은 보통 첫 번째 제안은 거절하는 경우가 많은데 그것이 꼭 참석하고 싶지 않다는 뜻은 아니다. 유교적 겸손을 중시해 스스로 탐욕스러워 보이거나 너무 적극적으로 보이기를 꺼리는 것일 수 있다. 그러니 진짜 대답을 들으려면 세 번은 청해야 한다. 물론 세 번을 거듭 청했는데도 상대가 참석하지 못할 이유를 댄다면 그때는 포기하고 '다음에' 꼭 함께하자고 말한다.

타이완인과 오랫동안 가까이 지내면 둘 사이의 장벽이 무너지기 시작할 것이다. 동시에 이때부터 상대는 당신이 타이완 사람들의 정서와, 언어 외적인 요소들을 통해 많은 것이 전달되는 '고맥락' 소통을 이해할 거라고 기대하기 쉽다. 이런 상황에서는 당신도 모르게 상대의 감정을 상하게 할 수 있다. 그는 당신을 현지인 못지않게 타이완을 잘 이해하는 존재로 받아들였기 때문에 당신이 어쩌다 중요한 뭔가를 놓치면 더 크게 실망할 수 있다. 일례로 크리스가 타이완 친구에게 자신의 도움이 필요하냐고 물은 뒤 한동안 둘 사이가 어색해졌다. 나중에 그 친구는 "진심으로 돕고 싶었다면 나한테 물어보지 말았어야지."라고 말했다.

선물

선물을 주고받는 방식은 체면과 인정미의 중요한 부분으로, 진지하게 생각해야 할 문제다. 경우에 따라 적절한 선물이 달라질 수 있다. 선물은 꼭 포장해서 전달해야 하며 포장지도 경우에 맞게 선택한다. 붉은색과 금색은 상서로운 색인 반면, 장례식에서 조문객에 수건을 줄 때가 아니면 선물을 하얀색으로 포장하는 것은 금물이다. 선물은 양손으로, 되도록 손바닥을 위로 하여 건넨다. 받는 사람 역시 두 손으로 받고, 선물을 보며 아름다운 포장에 감탄하는 표현을 하는 것이 좋다.

선물을 받는 사람은 그 자리에서 선물을 열어보면 안 된다. 이는 모두의 체면을 지키기 위함인데, 만일 선물에 실망해서 그것이 표정에 드러나면 주는 사람이 체면을 잃게 되고, 반대로 그 선물이 다른 손님의 선물보다 훌륭하면 다른 손님이 체면을 잃게 된다. 선물을 받는 사람은 "이러실 필요 없는데!"라

경우에 맞는 선물

경우	선물
집 방문	500~1000타이완달러 가치의 선물
졸업	1000타이완달러를 넣은 붉은 봉투
약혼	케이크를 준비해 결혼식 하객에게 준다.
결혼	1000~2000타이완달러를 넣은 붉은 봉투
집들이/개업식	멋진 경치를 그린 그림(논, 물고기, 오렌지, 재물의 신), 풍수와 관련된 물건
생후 한 달 잔치/돌잔치	금 장신구
병문안	신선한 과일
조문	화환, 통조림 탑, 최소 1001타이완달러를 넣은 흰 봉투

부적절한 선물

- 칼이나 가위. 중국 문화에서 날카로운 물건은 상서롭지 않게 여긴다. 날카롭거나 베는 용도의 물건을 선물하면 받는 사람과 관계를 끊고 싶다는 것을 암시한다.
- 시계 및 손목시계. '시계를 보내다'를 뜻하는 말과 '끝났다'를 뜻하는 말의 소리가 같기 때문에 시계는 상서롭지 못한 선물이다(크리스는 타이완의 거래처 지인으로부터 아름다운 스위스 뻐꾸기시계를 선물 받은 적이 있다. 이를 보면 그런 전통은 사라지고 있는지 모른다. 하지만 어쩌면 그 지인이 외국인에게서 선물로 받은 시계를 없애고 싶어서 역시 외국인인 크리스에게 다시 선물한 것일 수도 있지 않을까?)
- 손수건. 눈물과 장례식을 연상시킨다.
- 수건. 장례식 조문객에게 흔히 주는 선물이어서 불길하게 여겨진다.

결혼식에서는 보통 찻상을 돌릴 때 붉은 봉투에 넣은 축하금을 전달한다.

고 말할 것이다. 하지만 당연히 선물은 필요하다. 선물은 주는 사람과 받는 사람 모두의 체면을 세우는 수단이다. 통 큰 선물일수록 주는 사람과 받는 사람 모두 체면이 선다. 그러니 선물에 돈을 아끼지 않는 것이 좋다. 지나치게 값싼 선물을 할 경우 세상물정 모르는 외국인이나 더 심하게는 짠돌이로 찍힐 수 있다.

타이완인은 매우 실용적인 사람들이어서 인생의 통과의례를 위한 선물은 물건이 아니라 현금으로 주는 경우가 많다. 장례식을 제외하면 돈은 짝수 단위로 어디서나 구할 수 있는 '홍바오'라는 붉은색 봉투에 담아 전달한다. 상대가 어떤 물건을 사달라고 요청하는 경우에는 체면을 생각해서 유명 브랜드 제품이나 명품을 사는 것이 좋다.

도교적 세계관이 삶에 미치는 영향

노자는 최초로 도에 관해 비록 난해하지만 간결하게 서술한 것으로 인정받는다. 그러나 사실 그는 전설 속 황제(黃帝: 기원전 2700년 경) 시대부터 존재했던 원칙들을 전달했을 뿐이다. 그 원칙은 자연에 대한 관찰을 통해 발전했다. 이를 바탕으로 도교 신봉자들은 현대 양자물리학과 일맥상통하는 방식으로 우주의 시작에 대해 추측했는데, 여기서 변화 관계를 설명하기 위한 세 가지 기본 개념이 등장한다.

첫째, 일기一氣 또는 원기元氣라는 개념이 있다. 하나의 에너지, 하나의 본질이라는 뜻이다. 이 본질을 '기'라고 부른다. 인간의 경우, 호흡이 기로 전환됨으로써 생명을 유지할 수 있다. 도교 신봉자인 한 친구가 기를 "존재의 경제를 유지하는 통화"라고 설명한 적이 있다. 이 본질은 음과 양으로 나뉘었고 그것이 만물이 되었다. 음은 양보, 수축, 그림자, 끌어당김, 여성성, 공백을 나타낸다. 양은 공격성, 팽창, 빛, 밀어붙임, 남성성, 충만함을 나타낸다. 말하자면 양은 도넛이고 음은 도넛 안의 구멍이다. 우주 만물이 음과 양의 요소를 모두 갖고 있다. 예를 들어 동전에는 양면이 있고 한 면에 빛이 비추면 다른 한 면은 그늘 속에 있게 된다. 물은 유연하지만 수천 년이 지나면 지표면조차 물에 굴복해 형태가 바뀐다.

이 음양 이론에서 이진수가 고안되었고, 이로써 모든 현대 컴퓨터 언어의 토대가 마련되었다. 음과 양의 상호작용은 우리가 주변에서 보는 모든 자연 변화의 바탕이 된다. 밀물과 썰물, 바람과 구름, 제국의 흥망성쇠, 자연선택, 질량-에너지 증가(E=mc2) 등도 그렇다.

도학자들은 여기서 더 나아가 변화의 요소를 다섯 유형(목,

화, 토, 금, 수)으로 나누었는데 이를 오행이라 한다. 이 요소들은 '가위, 바위, 보'의 연쇄와 같이 생성과 소멸의 순환 안에 위치할 수 있다. 세상 모든 것은 다른 이웃한 것과의 변화하는 관계를 상징하는 오행의 요소 중 하나에 해당한다. 예를 들어 계절과 감정, 맛, 색, 감각에도 다섯 종류가 있으며, 심지어 신체 장기까지 오행에 따라 분류된다.

마지막으로 초기 도학자들은 이진법적 음양 이론을 이용해 변화를 설명하고, 이를 예측하기 위해 점술을 만들고 점괘를 나타내는 일련의 상징들을 고안했다. 지푸라기 뽑기나 동전 뒤집기 같은 다양한 방법에서 점쟁이들은 점선과 실선을 이용해 그 결과를 음과 양으로 분류했다. 점을 세 번 치면 나오는 3개의 선(3효)이 여덟 가지 형태로 조합될 수 있는데 이것을 '괘'라 불렀다. 3효로 이루어진 괘 2개가 모여 6개의 선(6효)으로 구성된 괘가 나오는데, 이때 나올 수 있는 경우의 수는 총 64개였다. 각각의 괘는 특정 변화의 단계에 상응하며 그에 대한 설명이 있다. 이 방법은 《주역》을 통해 다른 여러 나라에 전해졌다.

의학과 건강

중국의 의학 이론과 진단, 치료와 처방은 전적으로 위에서 소개한 개념들을 바탕으로 한다. 적절한 영양 섭취와 활동, 안정을 통해 음양의 균형과 조화, 오행과 기가 유지되면 몸이 건강하다. 반면 이런 요소들이 조화를 벗어나면 질병이 생겨 치료가 필요해진다.

- **진맥:** 몇몇 신체기관에 상응하는 맥을 짚어서 몸이 건강한 상태인지, 흥분 상태인지, 또는 허한 상태인지 분류하는 방법이다. 한의사가 손목에 세 손가락을 대고 세 가지 맥동을 감지한다. 이때 의사가 혀를 검사하거나 숨 쉴 때 냄새를 맡아보거나 손톱을 살펴볼 수 있다. 이런 방법과 문진을 바탕으로 한의사가 진단과 처방을 내린다.
- **한약:** 한의원에서는 한약을 자주 처방한다. 약초마다 오행속성표에 따른 저마다의 속성을 갖는다. 예를 들어 몸에 '열'이나 '풍'이 부족한지 과도한지에 따라 다양한 약초가 선택된다. 따뜻한 물과 함께 복용하는 가루약을 받거나 탕기에 달여 먹는 맛이 강한 생 약초를 받을 수 있다.
- **침술:** 경락, 즉 몸에서 기가 흐르는 통로를 찾아 침으로 치료하는 방법이다. 건강한 몸에서는 기가 다른 부위로 원활하게 흐른다. 피곤하거나 스트레스, 한기, 또는 그 밖의 해로운 영향 때문에 기의 흐름이 막히거나 방향이 바뀌어 신체 부위에 악영향을 미칠 수 있다. 침술사는 이를 진단한 뒤 특정 신체 부위에 침을 꽂아 기의 적절한 흐름을 복구한다. 그럼으로써 해당 부위를 자극하거나 기의 흐름을 필요한 방향으로 바꾼다.
- **지압:** 침술과 원리가 같지만 침습적이지 않은 방법이다. 그럼에도 약간의 통증을 동반할 수 있다.
- **부항:** 부항은 2016년 올림픽에서 마이클 펠프스를 비롯한 몇몇 선수들이 그 효능을 주장하고 부항 자국을 과시하면서 국제적으로 큰 화제가 되었다. 한의사는 환자의 상태를 살펴본 뒤 유리컵을 환자의 어느 신체 부위에 올려놓는다. 컵에 호스와 체크 밸브가 붙어 있거나 아니면

의사가 불이 붙은 탈지면을 잠깐 넣어서 컵 안의 공기를 가열할 것이다. 그러면 컵 안이 진공 상태가 되어 접촉한 피부가 빨아 당겨지고 혈액이 피부 표면으로 몰린다. 5분 정도 지나면 컵에 김이 서려 뿌옇게 되며 표면에 물방울이 서린다. 이는 해당 부위에서 나쁜 기를 뽑아내는 방법이다. 그런 뒤 컵을 재빠르게 떼고 피부를 마사지한 다음 약을 바른다. 마지막으로 의사가 쑥뜸을 뜬다. 쑥뜸은 피부 가까이에서 뜨지만 피부와 직접 접촉하지는 않는다.

평범한 타이완 사람들은 한의학 이론을 민간요법 수준에서 이해하고 있다. 타이완 사람들이 당신에게 차가운 음료를 마시지 말라거나 옷 속에 이너셔츠를 입으라거나 외풍을 피하라거나 매운 음식을 먹거나 먹지 말라는 식의 조언을 할 수 있다. 이런 조언은 선의에서 나오며 건강 증진에 대한 일반적인 이해를 바탕으로 한 것이므로 조언에 고마움을 표하고 꼭 고려해보겠다고 대답하는 것이 좋다.

무술과 운동

중국 무술은 앞서 설명한 전통적 개념들로부터 직접적인 영향을 받았으며 현대 문화에도 큰 영향을 미쳤다. 아침 6시쯤 공원에 가보면 타이완 사람들이 남녀노소를 막론하고 무술을 연마하고 있는 것을 볼 수 있다. 도와 기를 수련하는 사람들은 나무들이 이른 시간(오전 4~5시)에 원기를 뿜어낸다고 믿는다. 이때가 하루 중에 운동을 하고 호흡하며 원기를 흡수하기에 가장 좋은 시간이다. 또한 크고 건강하고 오래된 나무일수록

타이완에서 다양한 중국 무술을 배울 수 있다.

원기를 흡수하기에 좋다.

소림사에서 시작된 소림 쿵푸는 활기가 넘치고 어느 정도 곡예적인 측면이 있는 무술로, 젊은 층에게 인기 있다. 형의권은 오행의 상호작용에 바탕을 둔 집중적이고 간결한 무술이다. 팔괘장은 《주역》의 3효 8괘와 6효 64괘에서 나타나는 변화를 바탕으로 한 무술이다. 이 무술을 배우는 수련생은 원과 소용돌이의 힘을 이용해 상대의 공격을 격퇴하는 법을 수련한다. 태극권은 상대방 동작이 음이냐 양이냐에 따라 그와 조화를 이루는 동작을 하는 것이 원칙이다. 이 무술은 아주 천천히 고도로 집중해 연마한다.

풍수

중국어로 '펑쉐이'라고 발음되는 풍수는 '바람과 물'을 뜻한다. 그것은 개인 공간을 자신의 체질에 맞게 구성하는 기술이다. 침대가 향하는 방향과 집의 높이와 위치를 (주변 자연환경과 조화를 이루도록) 적절히 선택하거나 비자연적인 도시나 사무실 환경에 적절한 자연의 요소를 추가하면 좋은 기의 흐름을 촉진하고 나쁜 기의 유입을 막을 수 있다. 그러면 곧 건강과 부, 행복이 뒤따른다는 믿음이 있다.

가정이나 사업에 적합한 장소를 결정할 때 도교를 연구하는 지관을 고용해 도움을 얻기도 한다. 지관은 몇 가지 질문을 하고 집이나 사무실 주변을 걸어 다니며 풍수나침반을 수시로 참고한다. 풍수나침반은 중앙에 나침반이 박힌 원형 또는 8각형 나무판이다. 나침반에서 방사형으로 뻗어 나오는 선들(위도)이 원들(경도)과 교차해 한자가 쓰인 사각형을 이룬다. 둘레에는《주역》에 나오는 64개 한자와 6효로 된 괘들이 새겨져 있다.

지관은 주변 요소들과 지리를 고려해 해당 장소를 검토함으로써 특정 방향에서 좋은 기가 들어오도록 만들어야 하는지, 혹은 나쁜 기의 방향을 돌려야 하는지를 결정해 적절한 조언을 할 것이다. (운이 좋으면) 가구의 위치를 변경하라고 하거나 (상황이 아주 나쁘지 않으면) 나무나 수조 같은 사소한 물건을 구입하라고 하거나 (상황이 안 좋아 보이면) 아예 문의 각도나 경첩 위치를 변경하거나 벽이 있는 자리에 창문을 만드는 등 건물 구조를 변경하라고 하거나, 최악의 경우에는 이사를 가거나 건물 전체를 허물라고 권할 수도 있다.

만일 당신이 현지인 조력자와 함께 사무실을 낼 자리를 찾고 있다면, 다양한 후보지의 풍수에 대한 의견을 묻고 최종 결정에 참조하면 좋다. 외국인, 특히 서양인들은 타이완에서의 많은 삶의 측면들이 다소 미신적으로 느껴질 수도 있겠지만 그것을 꼭 부정적으로 생각할 필요는 없다. 예를 들어 대학교육까지 받은 현대의 타이완인이 당신 얼굴에 생긴 여드름에 대해 '과도한 열/화'의 발현이라고 설명할 수도 있다. 그런데 비슷한 설명을 하는 한의사에게 막상 치료를 받아보면 의외의 치료 효과에 깜짝 놀라게 된다.

앞서 설명한 모든 전통은 타이완 사람들에게 정신적으로 영향을 미친다. 좀 더 정확히 말하면 유교는 (죽었거나 살아있는) 가족과의 관계 그리고 정도는 덜하지만 사회와의 관계를 규정한다. 불교 신앙은 내세를 위해 고려해야 할 것들과 자비심을 가지고 현세를 살아갈 필요성을 규정한다. 도교는 사람이 세상과 상호작용하면서 따르는 길을 규정한다. 그밖에도 타이완 사람들의 정신에 영향을 주는 전통과 존재가 많으며, 사원에 가면 얼마든지 찾을 수 있다.

음력

중국인들은 천문학적 관찰을 토대로 12개월로 이루어진 음력을 개발했다. 음력은 달의 주기를 기준으로 삼기 때문에 어떤 휴일은 매년 날짜가 달라진다. 예를 들어 음력 설날은 1월 1일이 아닌 1월 15일에서 3월 15일 사이의 어느 날이 된다. 점쟁이가 특정 활동을 하기에 좋거나 나쁘다고 판단하는 날도 항상 음력 날짜로 표시한다.

12간지

12간지는 12종의 동물로 이루어진다. 쥐, 소, 호랑이, 토끼, 용, 뱀, 말, 양, 원숭이, 닭, 개, 돼지가 그것이다. 한 동물이 한

달을 상징하는 서양의 황도12궁과 달리, 중국의 12간지는 한 동물이 한 해를 상징한다. 음력에 따라 한 해가 시작되고 끝난다. 각각의 동물은 저마다 다른 장점과 약점 그리고 다른 동물과의 궁합을 가지며, 매년 운도 달라진다. 용의 해에 태어나는 것이 가장 상서로운 징후다. 더 궁금하다면 중국의 12간지에 대해 찾아 읽어보고, 자신이 태어난 해의 상징 동물이 무엇인지 알아보고 다른 사람들에게도 물어보도록 한다.

4

타이완 사회 이해하기

천수이볜 총통과 영부인의 연애와 결혼,
정치적 이력에 관한 이야기는 타이완에서 전설이 되었다.
영부인은 부유한 명문가 출신인 반면
천 총통은 흙집에 사는 가난한 농부의 아들이었다.
영부인의 아버지는 딸이 의사와 결혼해 가업을 이어가기를 원했지만
그녀는 가족의 바람을 저버리고 젊은 변호사였던 천수이볜과 결혼해
가족으로부터 지참금도 받지 못했다.

– 《타이완 코뮈니케》, 2000년 7월호, 〈용기 있는 모습〉 중에서

타이완인을 보는 눈

타이완에 오는 외국인들은 타이완인에 대해 저마다 다른 인식을 가지고 온다. 타이완인은 모두 단신이라는 편견을 가지고 이곳에 온 사람들은 고단백 음식을 먹고 자란 젊은 세대가 부모 세대에 비해 평균 신장이 훨씬 크다는 것을 발견한다. 타이완 제품은 모두 값싼 것들뿐이라는 생각을 가지고 온 사람들은 오늘날 타이완이 고분자와 반도체 생산 같은 첨단 산업의 본거지임을 발견한다. 모든 중국인은 속내를 알 수 없고 음모적이라는 인식을 가지고 이곳에 온 사람들은 자국의 문화와 그 문화가 타이완 사람들을 어떻게 받아들이는지에 대해 곰곰이 성찰할 의지가 얼마나 있느냐에 따라 그 인식이 더욱 강화되거나 깨질 수 있다. 당신은 방문객이고 이곳은 그들의 나라이며, 당신이 이곳에 온 목적은 이곳을 바꾸기 위해서가 아니라 이곳에 대해 배우기 위해서라는 사실을 명심하자.

서양인들은 "중국인들은 다 똑같아 보여." 같은 상상력이 부족한 표현을 하곤 한다. 이것은 틀린 말이지만 실제로 외국인이 중국이라는 거대한 나라의 다양한 지역 출신들의 신장과 골격, 피부색, 태도 등의 미묘한 차이를 구분할 수 있기까지는 꽤 긴 시간이 걸린다. 타이완 사회는 크게 토착민과 푸젠성에서 온 이민자, 그리고 제2차 세계대전 후에 중국 각지에서 온 외성인으로 이루어진다. 그런데 서로간에 결혼도 제법 많이 한 데다 식단 변화로 젊은 세대의 발육이 좋아져서 이제는 차이점을 구분하기가 상당히 어려워졌다. 우리 부부는 타이완 사람들이 자신에 대해서나 다른 중국인에 대해 말하는 것을 듣고 어느 정도는 판단하는 편이지만 눈으로 봐서 판단할 수 있는 분명한 기준은 없다. 그래도 어설프게나마 대강 구분을 해보자면 타이완인은 북방의 중국인들에 비해 '대체로' 단신이고 코가 납작하며 광대가 넓고 피부가 살짝 검은 편이다. 그러나 수천 명의 타이완인과 중국인을 만나서 그들의 조상이 어디 출신인지 알아보고 다른 사람들과 비교해보기 전까지는 이 기준을 덥석 적용하는 것은 옳지 않다.

'외성인'이라는 표현을 더 이상 쓰지 않는다는 점도 주목해야 한다. 타이완 사회는 1948년 이래로 크게 균질화되었다. 외성인이 이끄는 국민당 정부가 차별 정책의 과오를 인정하고 화해와 조정을 추구한 결과 2세대 자녀들은 더이상 이런 구분에 신경 쓰지 않고 편하게 서로 결혼도 하고 있다.

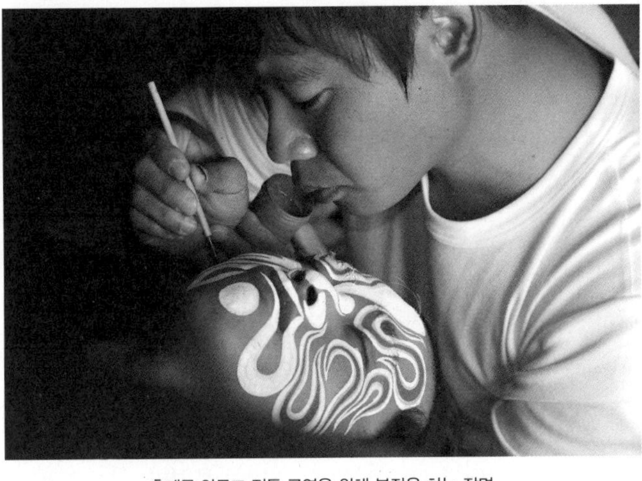

© twospeeds

축제를 앞두고 전통 공연을 위해 분장을 하는 장면.

타이완인이 외국인을 보는 눈

중화왕국(Middle Kingdom), 즉 중국의 유산에 대한 자부심은 타이완 사람들이 외국인을 보는 시각에 직접적으로 영향을 미친다. 타이완인 대부분이 가장 가난했던 시절에 푸젠성에서 건너온 농부의 후손이라는 사실은 잊자. 중국 문화와 관련된 주된 성취들은 대부분 푸젠성 사람들이 이룬 것이 아니라는 사실도 잊자. 그것은 중요하지 않다. 가족관계에 대한 강조와 '중국적 특성'에 바탕을 둔 교육 시스템에 의한 대중 세뇌는 많은 타이완인에게 문화적 우월감을 심어주었다. 이것이 그들이 중국 밖에서 온 모든 이를 바라보는 방식에 영향을 미친다.

일단 표준중국어에 귀가 훈련되고 익숙해지면 사람들이 서양인을 다양한 명칭으로 부른다는 것을 알게 될 것이다. 이런 별명들이 인종 혐오적인 편견에서 나온 것은 아니지만 무의식적으로 얕보는 태도가 깔려 있는 것은 사실이다. 따지고 보면 모든 문화권에서 자신들이 이해하지 못하거나 거북하게 느끼는 것을 비하하거나 폄하하는 용어들을 만들어왔다. 타이완에 사는 중국인들도 다르지 않다.

별명

그런 별명들 중에 라오와이老外는 가장 불쾌하지 않고 친근한 용어다. 이는 '늙은 외국인'이라는 뜻인데, 대부분의 동양인이 타이완 사람을 보고 나이보다 젊어 보인다고 말하는 경향이 있다는 사실을 생각해보라. 별로 호의적이지 않은 용어로 양구이洋鬼라는 말도 있는데, 이는 '서양귀신'을 뜻하며 흔히 '양놈' 정도로 번역된다. 과거 청나라 황제에게 서양인들은 재앙 같은 존재였고 그 시절에 이 별명이 붙었다.

신체적 특징을 묘사하는 용어도 있다. 다비쯔大鼻子는 큰 코, 즉 '코쟁이'를 뜻하며 중국인에 비해 코가 큰 서양인들에게 붙여진다. 중국에서 영어와 무술을 가르친 경험이 있는 마크 살즈만의 자전적 영화《강철과 비단Iron and Silk》을 보면, 그가 자신의 기숙사 방문에 석고로 만든 커다란 코 모형을 달아놓은 것을 볼 수 있다. 마지막으로 타이완 방언인 훙마오紅毛가 있다. 이는 '붉은 털'을 뜻하는데 서양인의 얼굴과 몸에 비교적 털이 많은 것을 빗댄 표현이다.

키

요즘 타이완의 젊은 세대는 서양인만큼 키가 큰 경우가 많지만 여전히 키와 덩치는 외국인과 관련된 중요한 특징이다.

서양에서는 상위 1000대 기업 CEO의 과반수가 신장 180센티미터 이상이라는 연구결과가 있다. 마케팅 회의와 칵테일 파티, 또는 이사회에서 신장이 중요하게 작용한다. 대체로 신장과 성공은 서로 연관이 있다. 그러나 타이완에서는 그렇지 않다. 많은 CEO의 신장이 168센티미터 정도다. 이런 사회에서는 큰 키가 주변 사람들을 불편하게 만들 수도 있음을 인식해야 한다. 겸손함을 선호하는 현지인들의 취향에 맞춰 대화를 할 때 상대의 키에 맞게 몸을 낮추는 노력이 필요하다. 서 있지 않고 상대와 함께 앉아서 이야기하거나 한 계단 아래에 서는 것도 괜찮은 방법이다.

피부색

많은 타이완 사람이 피부가 검은 편인 외국인을 백인보다 무시하는 경향이 있다. 동남아시아 사람과 아프리카 사람이 여기에 해당된다. 이들은 일반적으로 검은 피부가 실외에서 하는 육체노동과 관련이 있다고 생각한다. 그래서 타이완 농촌 여성들은 무덥고 습한 여름에도 머리부터 발끝까지 꽁꽁 싸매고 눈만 내놓고서 일한다. 요즘도 양산이 피부미백제와 자외선차단제 못지않게 인기다.

안타깝게도 타이완 사람들은 "서양 오랑캐는 그나마 기술과 돈과 시장이라도 제공하는데 아프리카 사람들은 아무 도움이 안 된다."는 말을 자주 한다. 최근까지 타이완에서 가장 인기 있는 치약 브랜드 중 하나는 '다키'였는데 치약 튜브에 모자를 쓴 흑인 남자가 하얀 이를 드러내며 웃고 있었다. 인권단체의 항의에 부딪쳐 지금은 제품의 영어명이 '달리'로 바뀌었고, 그래픽 디자이너들이 배경 공간을 활용해 튜브에 그려진 인물이 흑인인지 백인인지 모호하게 만들었지만 제품의 중국어 상표명은 여전히 '흑인 치약'이다.

유럽인이 타이완에 적응하기 어려워하는 것 못지않게, 서구에서 나고 자란 중국인도 타이완에 동화되기 어려워하는 모습을 흔히 볼 수 있다. 신체적 특성으로는 섞이기 쉽지만 말할 때 억양에서 '이곳 사람이 아님'이 바로 드러나기 때문이다. 이런 상황에서 타이완인은 유럽인을 대할 때보다 덜 관용적이고 덜 상냥하고 덜 포용적이다. 우리가 아는 3세대 중국계 미국인 여성은 광둥성의 타이산泰山 출신 이민자 후손이었다. 그녀는 키가 작고 둥근 얼굴에 피부색이 밝은 그 지역 여성들을 닮았지만 타이산 방언과 표준중국어를 말할 때 미국 억양이 뚜렷했다. 그녀는 타이완 사람들이 그녀를 따스하게 대해줄 가능성이 없음을 발견했기 때문에 1년을 씁쓸하게 보낸 뒤 미국으로 돌아갈 준비를 했다.

투명인간

중국인들의 눈에 외국인은 때때로 없는 사람 취급을 당한다. 예를 들어 당신이 혼잡한 패스트푸드 레스토랑 테이블에 앉아 있을 때 현지 청소년 몇 명이 와서 같이 앉을 수 있다. 그들이 특별히 예의 바르다면 테이블에 같이 앉아도 되는지를 영어로 물을 것이고, 그렇지 않다면 마치 당신을 보지 못한 것처럼 그냥 자리에 앉을 것이다. 그리고 자기들끼리 대화를 하면서 중국어로 당신에 대해 이런 식의 언급을 할 수 있다. "이 남자 좀 봐. 중국어를 말할 줄 알까?" "농담해? 중국어를 할 줄 아는 외국인을 만나본 적이 없어." 아니면 사무실 건물 계단에서 마주친 두 명의 비서가 '홍마오'에 대해 얘기하는 소리를 듣게 될 수도 있다.

반면에 사람들의 관심이 당신에게 쏠리는 상황도 생길 수 있다. 크리스는 언젠가 무역박람회에서 중국어로 말했다가 그런 경험을 했다. 이 경우 투명인간 취급을 받지는 않지만 그들이 마치 당신을 지각 있는 존재로 인정하지 않는 것 같은 느낌을 받을 수 있다. 당신이 무슨 말을 하거나 행동을 할 때마다 꼬치꼬치 참견을 하고 바로 뒤에 모여서 큰 소리로 "저것 좀 봐. 중국어를 하네!"라고 말하기도 한다. 혹시 운이 나빠서 교통사고나 그 밖의 분쟁에 휘말리게 될 경우, 마치 당신이 그 자리에 없는 것처럼 "이봐요, 이 남자 잘못이에요." "이 남자에게 책임이 있어요." "이 남자는 전기의자에 앉을 거예요."라고 아무렇지 않게 말하는 사람들을 보게 될 수도 있다.

우리는 이런 행동이 몇 가지 이유에서 비롯된다고 생각한다. 첫째, 타이완 사람들은 외국인인 당신이 중국어를 말하는 것을 보면서도 당신이 정말로 그들의 말을 이해할 거라고 기대하지 않는다. 둘째, 당신이 그들의 가족이나 이웃, 나라, 문화에 속하지 않는 외부인이기 때문이다. 당신은 그들에게 영향을 미치지 않는 곳에서 온 사람이며 마치 동물원의 동물처럼 순간적인 즐거움을 줄 뿐이다. 그런 상황에서는 침착함을 유지하며 당장의 목적(판매, 설득, 곤란한 상황에서 발 빼기 등)만 생각하고 그냥 무시하거나 아니면 차라리 그들과 친해지려고 노력하는 것이 상책이다.

사교와 예법에 관한 유용한 정보

- 타이완 사람이 영어로 말하면 그의 영어 실력을 칭찬해준다.
- 타이완 가정에서 장기간 체류할 경우 주의할 것이 있다. 그들은 당신이 낯선 땅에 와 있는 이방인임을 감안해 대개는 당신에 대해 얼마간 책임감을 느낄 텐데 그것은 당신에게 좋은 일이다. 그러니 어디에 가는지, 언제 돌아올지를 알리지 않고 외박하거나 밤늦게 외출해서 공연한 걱정을 끼치지 말라.
- 선물과 명함은 두 손으로 주고받는다.
- 심각한 상황이 아닌 경우 침착함을 유지한다. 타이완 사람들은 가령 가벼운 사고가 났을 때처럼 곤란한 상황에 처하면 감정적으로 되기 쉽다. 이런 점은 외국인도 크게 다르지 않을 것이다. 또한 외국인 중에는 현지인의 지나친 환대를 불편해 하는 경우도 있는데 이는 적절한 태도가 아니다. 예상하지 못했더라도 미소를 지으며 환대를 즐기시라.
- 체면이 중요하다. 당신과 당신이 상대하는 사람의 관계(나이와 지위의 상하관계)를 항상 인식해야 한다. 타이완 사람들이 당신에게 대접을 하겠다고 고집하면 처음에는 사양한 뒤 감사한 마음으로 받아들인다. 그리고 그 대접에 보답할 다른 방법을 찾도록 한다.
- 타이완에서는 나이를 중시한다는 것을 명심하고 윗사람에게 적절한 예를 표한다.

흥정하는 관계

타이완 사람들이 외국인을 상대할 때 어떤 생각을 하는지에 유의해야 한다. 중국에서는 수천 년 전부터 도시상인 계급이 존재했기 때문에 그들은 스스로 흥정의 달인이라 자부한다. 타이완 사람들과 친구가 될 때까지는 당신이 그들과 맺는 거의 모든 관계가 흥정 관계라고 볼 수 있다. 어떤 비공식적인 관계에도 흥정이 끼어들 여지가 있다. 직원이나 집주인, 상점 주인과의 관계도 마찬가지. 그들은 외국인은 흥정 기술이 부족하다고 여긴다. 특히 서양인은 지나치게 정직하고 잘 속고 순진하고 '직설적'이라고 생각한다.

- 음식점에서 팁을 줄 필요는 없다. 계산서에 봉사료가 포함되어 있다. 택시에서도 팁을 주지 않는다. 벨보이의 경우, 가방 하나당 30 타이완달러 정도를 주면 적당하다.
- 집에 들어갈 때는 항상 신을 벗는다. 사무실에서도 그렇게 하는 경우가 있으니 현지인이 하는 것을 보고 따른다.
- 장례식 행렬 때문에 도로가 막혀 있는 경우, 굳이 그 길을 고집하지 말고 다른 경로를 찾는다.
- 좋은 취지의 글을 빨간 잉크로 쓰지 않는다. 빨간색은 시험지를 수정하거나 항의 편지를 쓸 때 사용하는 색이다.
- 친구에게 우산을 빌려주거나 선물하지 않는다. 중국어로 우산을 뜻하는 '산(傘)'은 헤어짐을 뜻하는 '산(散)'과 발음이 같아서 우정의 끝을 암시한다.
- 타이완에서는 서양식 복장이 자연스럽게 받아들여진다.
- 체면에 항상 유의한다. 친절한 그들도 체면과 관련된 문제라면 '무지한 외국인'을 용서하는 데 한계를 느낄 것이다. 질문을 할 때 도전적인 문구가 아닌 탐색하는 문구를 이용한다. 본인의 체면에도 신경 쓰도록 한다.
- 타이완 사람들에게 좋은 인상을 주려면 인정미가 아주 중요하다. 인정미는 인간적 접촉에서 표현되는 진심과 성의이며, 상대방은 그것을 느끼고 화답할 것이다.

그래서 인터넷 쇼핑과 정찰제 체인점이 등장하기 전까지는 상점에서 외국인에게 가격을 부풀려 부르곤 했다. 요즘은 상황이 많이 달라져서 집을 얻거나 자동차를 구입하거나 건물을 개보수하는 등의 굵직한 거래, 그리고 타이완에서 사업을 할 경우엔 현지 공급업체나 유통업체와 거래할 때만 흥정에 신경 쓰면 된다. 가격과 조건 때문에 현지인들과 실랑이를 벌이게 될 경우, 모든 거래가 끝난 뒤 당신을 패배시킨 상대의 흥정 기술에 찬사를 보내시라. 그러면 상대도 칭찬으로 화답할 것이다.

'지나치게 정직하고 솔직하다'는 것은 외국인들이 진짜 감정을 너무 빨리, 너무도 확실하게 표현한다는 뜻이다. 타이완 사람들은 이런 종류의 정직함을 좋게 받아들이지 않고 당황해 한다. 그런 정직성은 당신이나 상대의 체면을 깎아내릴 가능성이 있으며 호사가들의 입에 오르내리기 좋다. 반면에 타이완에서는 신중함(냉담함이 아닌)이 미덕으로 여겨진다.

'직설적'인 면은 또 다른 어려움이 있다. 이 나라에서 너무 직접적인 발언이나 날카로운 질문으로 문제의 핵심을 찌르는 것은 성급하고 교양 없는 행동으로 비춰진다. "왜 어제 보고서를 끝내지 않았나요?"라고 묻는 대신 "보고서를 끝내는 데 문제가 있나요?"라고 묻는 편이 낫다. 상대가 "아니요, 문제없습니다."라고 대답하면 "좋아요, 그럼 한 시간 내에 받아볼 수 있겠지요?"라는 말로 임무에 전념하도록 재촉할 수 있다.

당신이 이 책을 타이완 지인에게 보여주며 정말 타이완 사람들이 외국인에 대해 그런 인식을 갖고 있느냐고 묻는다면, 그는 질문이 너무 직설적이라고 생각하고 피차 민망해지는 상황을 피하기 위해 "아닙니다."라고 강하게 부정할 것이다.

고맥락 사회

문화는 크게 저맥락 문화와 고맥락 문화로 나뉜다. 이는 그 문화권에 속하는 사람들이 소통하는 방식에 따른 분류다. 저맥락 문화란 기본적으로 사람들이 상대의 말을 곧이곧대로 받아들인다는 뜻이다. 이런 문화에서는 굳이 상대의 말을 뒷받침하는 부차적인 시각적 신호를 찾지 않아도 된다. 예를 들어 미국은 저맥락 문화다. 미국인 상사가 미국인 부하직원에게 업무 실적이 향상되었다며 임금 인상을 제안하겠다고 말하면, 부하직원은 그 말을 칭찬으로 받아들이고 가까운 미래에 임금이 인상될 것이라 기대해도 좋다.

반면에 고맥락 문화에서는 말 이외에도 많은 것이 소통에 동원된다. 목소리 톤, 얼굴 표정, 신체적 근접성 및 접촉, 손동작, 눈의 움직임, 관습 같은 것이 모두 대화의 일부가 된다. 양쪽 당사자가 모두 고맥락 문화 출신이라면 이런 비언어적 형식의 소통이 일어나고 있다는 것을 서로 이해하고 실제로 똑같은 메시지를 받을 것이다. 문화간 소통의 근본적인 장애는 저맥락 문화와 고맥락 문화 출신 사람들이 소통하려 할 때, 또는 시각적 신호와 보디랭귀지의 의미가 소통 당사자들 간에 크게 다를 때 발생한다. 타이완은 고맥락 문화다. 몸의 자세와 시각적 신호, 상징과 관습을 통해 많은 의미가 전달된다.

인생의 통과의례

타이완 사람들에게는 인생에서 중요한 의미를 갖는 데다 그들의 문화적 전통에 대한 뿌리 깊은 의식이 반영된 통과의례들이 있다. 그런 인생의 통과의례들은 당신의 친구들이 어떻게 성장했으며 현재 어떻게 가정을 꾸려가고 있는지를 보여준다. 이 의례들을 하나씩 살펴보고 그것이 타이완 친구들에게 어떤 의미가 있는지를 이해하는 것은 가치 있는 일이다.

출생

임신과 출산, 그리고 엄마가 되는 것은 타이완 사람들에게 아주 중요한 일이다. 그들은 자식을 낳아 가족을 늘리는 것이 노년과 사후에 확실한 보살핌을 받을 수 있는 유일한 길이라고 여긴다. 아들을 낳는 것은 곧 유교 사상에서 그렇게 중시하는 가족의 대를 잇는 것을 뜻한다. 과거에 비해 가족의 규모가 축소되면서 어머니와 자식에 대한 관심이 더 커지고 있다.

부모는 자식이 최고의 출발을 할 수 있기를 바란다. 이런 바람은 임산부가 영양가 많은 음식을 먹거나 식품보조제를 섭취하는 것처럼 분명하고 실용적인 방식으로 나타난다. 그러나 이해하기 힘든 방식들도 있다. 타이완 사람들은 출산하기에 가장 상서로운 날짜와 시간을 알아내기 위해 점쟁이를 찾기도 한다. 그리고 산달이 다 차면 산모가 그 시간과 날짜에 출산하기 위해 유도분만이나 제왕절개를 요청한다. 또한 아기 이름을 짓기 위해 점쟁이를 찾는 경우도 있다. 점쟁이는 특정한 이름을 정해주는 것이 아니라 이름에 포함되어야 하는 한자의 획수를 부모에게 말해준다. 성은 변하지 않고 이름 첫 자는 대개 돌림자를 쓰기 때문에 이름의 두 번째 글자를 신중하게 선택해야 한다.

병원에서 퇴원한 산모와 아기는 전통적으로 한 달 동안 산욕기에 들어가 두문불출한다. 이 시기에 산모는 아기에게 젖을 먹이는 것을 제외하면 육체 활동을 삼간다. 또한 목욕을 하거나 머리를 감는 것도 금지되며(요즘은 몰래들 하고 있지만) 한의학 이론과 관습에 따라 조리한 보양식을 많이 섭취한다. 타이완에서 가장 대중적인 산후 보양식은 마유지麻油鸡로 참기름, 청주와 함께 닭을 통째로 찜통에 넣고 찌는 요리다. 보양식을 조리하고 관리하는 일은 주로 아기의 외할머니가 하지만 요즘은 호텔 같은 환경의 산후조리원이 속속 생기고 있다.

유년기: 생후 1개월과 첫돌

유년기는 생후 1개월에 산모와 아기의 산욕기가 끝나면서 시작된다. 산모는 옷을 차려입고 때로는 아기를 낳아준 기념으로 남편이 사준 보석을 과시하며 한 달 만에 첫 외출을 하고 아기는 처음으로 중국식 잔치를 경험한다. 이 잔치는 중요한 한 달을 무사히 넘기고 살아남은 산모와 아기를 축하하는 행사다(예전에는 중국에서 태아와 산모의 사망률이 제법 높았다). 이것을 '한 달을 채웠다'는 의미에서 만웨滿月(만월)라고 부른다.

만웨 잔치에 초대받으면 아기에게 순금을 선물하는 것이 보통이다. 이런 용도로 만들어진 전통적인 메달, 팔찌, 발찌 제품이 많이 나와 있다. 금의 시가에 따라 가격이 2000~3000타이완달러일 것이다. 배우자와 함께 초대받은 경우에 선물은 하나만 해도 된다. 이런 금 장신구는 붉은색, 금색으로 된 비단 지갑에 넣어주기 때문에 따로 포장할 필요가 없다. 친구가 아기를 낳았는데 만웨 잔치에 초대받지 못했어도 너무 섭섭해하지 말고 아기 옷이나 액세서리를 선물하는 게 좋다. 그렇게 하는 것이 바로 인정미다.

음력으로 생후 1년이 되는 날에도 비슷한 잔치가 열린다. 한국의 첫돌에 해당하는 이날은 만수이滿歲(만 1세)라고 부른다.

관습에 따라 중국 아기는 태어나자마자 한 살이며 다음 음력 설이 시작될 때 두 살이 된다. 당신이 부모에게 아이의 나이를 물으면 그들은 중국식 나이를 말할 것이다. 그리고 아마도 성인에게 본인 나이를 물으면 서양식으로 계산한 나이를 말할 것이다.

아주 어린 나이에는 개구쟁이들이 칭찬을 많이 받는다. 활기 넘치고 똘똘하다고 여겨서다. 어린아이들은 맹목적인 사랑을 받으며 좋은 옷을 입고 이리저리 뽐내면서 돌아다니고 형제나 사촌들이 함께 놀아준다. 이따금 꾸중을 듣긴 하지만 그것은 어디까지나 아이에게 수치심과 가족에 대한 의무, 가족의 체면을 손상시키지 말아야 할 책임감을 심어주기 위함일 뿐이다. 그러나 취학 연령이 가까워지면 천진난만한 삶이 끝나고 갑자기 인생이 보수적이고 엄격한 방향으로 급회전한다.

학교 교육

자녀 교육은 타이완 부모가 가장 중요하게 생각하는 일이다. 많은 여성이 결혼하기 전에는 직장생활을 하다가 결혼 후에는 남편의 사업을 돕거나 아이들 교육을 감독하기 위해 가정에 눌러앉는다. 타이완에서 가정을 꾸린다는 것은 자녀를 교육시키는 것과 사실상 동의어다. 교육에 그렇게 높은 우선순위를 두는 이유는 유교적 전통 때문이다. 유교 사회인 중국에서 도입된 과거 제도에 따라 모든 정부 관료를 시험으로 뽑고 관료들의 승진도 시험으로 결정해왔다. 교육만 잘 받으면 누구라도, 심지어 농부의 아들도 사다리를 타고 높이 올라갈 수 있다는 희망이 있었다.

타이완에서는 교육을 미래를 위한 투자로 여긴다. 부모가 늙으면 자식이 돌봐야 하기 때문이다. 자식을 의사나 대학교수로 만드는 것이 가장 큰 목표지만 요즘은 MBA 같은 경영학 학위나 기술과학 박사 학위 등의 인기도 점점 높아지고 있다. 여기에 시험 위주의 경쟁적인 교육 제도까지 더해져 아이들은 온종일 공부만 해야 하는 상황에 내몰리고 있다.

학교 교육은 (서양 나이로) 세 살에 시작된다. 이때 아이들은 유치원과 무용, 음악, 운동, 산수를 가르치는 특별학습반에 들어간다. 부모는 자녀를 명망 있는 초등학교에 입학시킬 방법을 강구한다. 아이들은 초등학교에 입학하기 전에 이미 기본적인 덧셈과 뺄셈을 하고 약간의 한자도 쓸 줄 안다. 부모들은 자녀를 보습학원에 보내서 학교 수업의 진도보다 1년 정도 선행학습을 시키기도 한다.

타이완에서는 12년 동안 무상 공교육이 제공된다. 그러나 중학교부터는 학생들의 적성과 들어갈 학교를 결정하기 위해 일련의 시험을 치러야 한다. 최고의 중학교에 입학하기 위한 경쟁이 치열해서 학생들은 여름 내내 집중적으로 입시 준비를 한다. 이후에도 좋은 고등학교에 가고 좋은 대학에 입학하기 위해 집중적으로 입시 준비를 할 것이다. 대학에 입학하지 못한 학생들은 전문대와 직업기술교육원 같은 다른 교육기관에 들어간다.

부모는 이런저런 방법으로 자식이 열심히 공부하도록 자극한다. "겨우 90점밖에 못 받다니, 이런 멍청이!"라는 말로 창피를 주거나 "이 점수로는 국립타이완대학에 들어갈 방법이 없어. 어떻게 좋은 남편을 만날래?"라는 말로 두려움을 심어주거나 때로는 체벌을 한다. 학교에서는 체벌이 금지되어 있지만 집에서는 그렇지 않기 때문에 부모가 자로 자식의 손바

타이완 아이들은 자유로운 분위기에서 길러지지만 부모의 교육열이 대단하다.

닥을 때리거나 주판 위에 무릎을 꿇게 하는 경우가 많다. 가끔은 채찍보다 당근을 이용하는데 시험 성적이 일정 수준에 이르면 오토바이를 사준다고 약속하는 식의 유인책을 쓰는 것이다. 학교 교육은 반복적 암기 위주로 이루어지며 수학, 중국어, 역사, 과학을 강조한다. 창의적 사고와 문제해결 능력을 키우는 면에서는 취약하다.

첫돌을 제외하면 생일잔치를 하는 것이 일반적이지 않지만 맥도널드 파티룸의 등장과 함께 서양식 파티가 인기를 얻고 있다. 친구 자녀에게 선물을 사주고 싶다면 부모 입장에서는 교육적인 선물을 선호할 것이다. 장난감에 대한 타이완 부모의 생각은 한마디로 이렇게 요약할 수 있다. "애들이 장난감을 가지고 놀 시간이 있어야 말이지."

개인 교습

타이완에 체류하는 동안 전통적인 사부로부터 개인 교습을 받고 싶을 수 있다. 주로 서예나 그림, 풍수, 무술, 기공, 의학, 경극 같은 전통 예술과 기술을 배울 수 있다. 고대 중국에서 가르치는 일은 가장 존경받는 직업 중 하나였으며, 전통적인 사부에게 수업을 들으려면 바이스拜識라고 알려진 절차를 통해 존경을 표해야 한다.

사부와의 첫 번째 만남은 타이완 친구, 특히 그 사부와 잘 아는 지인이 주선하는 것이 가장 좋다. 사부를 위한 선물을 준비하되 첫 번째 약속에서 그를 보게 될 거라고 기대하지 말라. 어쩌면 기다리다가 다음 날 다시 오라는 소리를 들을지도 모른다. 그러면 두 번째 만남을 위해 또 다른 선물을 가져간다. 사부를 만나면 그의 기술에 대해 진심을 담아 아낌없이 칭찬을 한다. 영리하게 말을 잘할수록 좋은 인상을 남길 것이다. 그러나 사부가 첫 만남에서 바로 당신을 제자로 받아들일 거라고 기대하지는 말라. 어쩌면 그러기 곤란하다거나 이제는 더 이상 제자를 받지 않는다거나 언어 장벽이 너무 크다는 등의 말을 듣게 될 수 있다. 이럴 때 당신은 진심과 성의를 보이기 위해 계속 청해야 한다. 그러면 사부 대신 먼저 선배 학생과 수련해보라고 권유받을 수 있다. 당신이 해당 기술을 어느 정도 익혀 그 사부에게만 배울 것이 있다고 생각한다면 거듭해서 요청하라. 그게 안 된다면 사부에게 가끔 당신의 실력을 점검해달라고 부탁한다.

아마도 다른 제자가 수업료에 대해 이야기할 것이다. 수업료는 붉은 봉투에 담아 전달하는 것이 좋다. 그리고 마침내 당신이 실력 향상에 만족을 느낀다면, 그리고 사부도 당신을 마음에 들어 한다면, 다시 정식으로 청해 제자가 될 수 있다.

연애

타이완에서는 고등학교 과정 내내 남녀가 분리되어 있고 어머니들은 딸에게 혼전순결의 미덕을 가르친다. 요즘은 청소년의 이성교제가 전보다 흔해졌고 십대 임신도 종종 발생하며 방탕한 젊은이들도 있기는 하다. 그러나 전반적으로 청소년의 난잡한 성생활이나 마약, 십대 조직폭력, 학교를 졸업하고도 마땅한 기술이 없는 젊은이들 같은, 서양 사회를 괴롭히는 문제들이 여기서는 그리 많지 않은 편이다.

대학은 경쟁을 뚫고 입시를 통과한 젊은이들이 한숨 돌리며 여유를 즐길 수 있는 시기다. 이때까지는 여전히 여자가 남자보다 성숙하다. 사실 타이완 남자들은 고등교육을 마치고 군대에 가야 비로소 성숙해지는 것처럼 보인다.

진정한 교제와 연애는 교육과 취업이라는 우선순위가 먼저 해결된 뒤에야 시작된다. 젊은 남녀들은 직장이나 사교 모임, 사찰에서, 혹은 공원에서 아침수련을 하다가 우연히 만나거나 친구의 소개로 첫 만남을 갖는다. 타이완 사람들은 자신이 중매한 커플이 결혼에 성공하면 복을 받는다고 생각한다.

전통적으로 타이완 여성들은 좋은 남편감을 얻기 위해 군사작전을 방불케 하는 계획을 세웠다. 구체적인 목표와 전술이 있었고 최소한의 '군사적 자원'을 동원해 목표를 달성하려 했다. 좋은 남편을 구하는 것은 체면과 안정된 삶이 걸린 문제였고 사랑은 부차적이었다. 그렇다고 속도위반으로 결혼하는 경우가 많았을 거라는 오해는 하지 말라. 이런 경우를 타이완에서는 '기차에 먼저 타고 표를 나중에 사는 격'이라고 표현하는데, 이렇게 남편을 얻는 것은 체면을 구기는 일이며 탁월한 수완으로 인정받지 못한다.

요즘 젊은 세대는 부모 세대에 비해 결혼에 그렇게 연연하지 않는다. 오늘날 연애풍속도에는 혼전 관계와 시험 동거, 사랑 그리고 잠재적 배우자의 경제적 능력에 대한 남녀 간의 균등한 기대 같은 것이 포함되어 있다. 실제로 지금은 남자 혼자 벌어서 가정을 꾸려가기가 아주 힘들다.

약혼

요즘 사람들은 약혼에 점점 더 공을 들이고 있다. 그 전에 예비신랑은 신부 가족의 가장을 찾아가서 구혼해야 한다. 이 장애물을 건너는 일은 신랑이 얼마나 전도유망하냐에 따라 쉬울 수도 어려울 수도 있다. 어느 경우건 신랑의 패기와 진심을 시험하기 위해 일단은 형식적인 거절을 한다.

이 과정을 통과하면 음력으로 길일을 택해 약혼 날짜를 정하는데 때로 점쟁이의 도움을 받는다. 보통 예비신랑이 예비신부에게 약혼반지를 주며, 하객들에게는 작은 선물(주로 작은 케이크)과 함께 결혼식 청첩장을 준다.

결혼식 전에 신랑과 신부는 화려한 웨딩센터에 간다. 타이완은 요즘 멋진 웨딩드레스의 주요 수출국이어서 현지 여성들이 그 덕을 보고 있다. 예비부부는 웨딩센터에서 예쁘게 단장하고 다양한 종류의 최신 유행 옷을 갈아입으며 순간의 아름다움을 사진으로 찍어서 남긴다. 전문가들이 손님을 얼마나 멋지게 변신시키는지를 보면 놀라울 따름이다. 이 다양한 사진들과 액자에 끼운 포스터 크기의 사진을 포함한 촬영 비용은 보통 미화 2000~3000달러 정도다.

결혼식

일생일대의 중요한 날이다. 결혼식은 주로 교회나 집 또는 시청에서 거행된다. 정작 서로 서약을 교환하는 예식보다는 피로연 준비에 더 많은 시간을 들인다. 피로연은 가족 체면이 걸린 아주 중요하고 큰 행사여서 준비에 점점 더 많은 공을 들이고 있다. 결혼식 비용은 전부 신랑 가족이 낸다. 피로연 규모는 필요한 테이블 수에 따라 결정되는데, 12명씩 앉는 테이블 하나당 최소 1만2000타이완달러부터 시작하고 상한선은 없다! 이 가격은 주류와 음료가 포함되지 않은, 일단 정해진 피로연 식사 메뉴에 대한 테이블당 가격일 뿐이다. 평균 규모의 피로연에는 30개 정도의 테이블이 필요하며, 정해진 길일에 적당한 가격으로 좋은 레스토랑과 메뉴를 예약하려면 한참 전부터 예약을 서둘러야 한다(1년 전도 너무 빠르지 않다).

신랑의 조부모와 부모, 주빈들은 주로 입구에서 가장 멀리 떨어진 주빈 테이블에 신랑신부와 함께 앉는다. 대개 이 테이블 옆쪽으로 무대가 있는데, 피로연 중에 전문 사회자가 나서서 행사를 진행한다. 테이블 뒤쪽 벽에는 붉은 네온등과 '双喜(겹경사)'라고 쓴 비단 현수막이나 평면 화면이 설치되어 있다. 다른 테이블에는 신랑 부모의 친구와 사업 관계자들, 양가친척과 친지들이 앉는다.

하객은 신혼부부를 위해 붉은 봉투에 담은 축의금을 가져온다. 적절한 액수는 당사자와의 관계에 따라 다른데 적어도 1인당 1000타이완달러 이상은 넣어야 한다. 그러니까 만일 배우자와 동반 참석할 경우에는 2000타이완달러 이상을 넣는다. 신랑신부 중 한 명이 부하직원이거나 특별한 친구, 중요한 사업 동업자의 자녀라면 좀 더 많이 넣고, 일반적인 친구라면 좀 덜 넣는다. 주빈들도 축의금을 내며, 일반적으로 다른 하객들보다 큰 액수를 낸다.

집들이

당신의 타이완 친구들은 인생의 어느 시점에 새집을 사게 될 수 있다. 전 세계 어느 나라 사람들에게나 마찬가지겠지만 타이완 사람들에게 이것은 매우 중요한 일이다. 그들은 집들이 파티나 연회를 열기도 한다. 타이완 친구들이 집들이 파티를 하거나 이사한 지 얼마 안 되어 당신을 집으로 초대한 경우, 선물을 가져가는 것이 예의다. 선물은 거울, 그림, 사진 등이 괜찮으며 시계는 관계 단절을 상징하는 물건이므로 피한다. 그 집에 어떤 살림살이가 필요한지 알고 있다면 그 물건을 선물하는 것도 좋다.

개업

타이완 사람들은 자기 운명의 주인이 되는 것을 선호하며 그래서 직장을 그만두고 다른 사람들과 함께 창업을 하는 경우가 많다. 친구나 사업 관계자가 창업을 한 경우, 축하선물을 보내는 것이 예의에 맞다. 이때도 거울, 사진, 그림 등이 적절한데, 경우에 따라 선물에 당신의 이름이나 회사명을 새겨 넣어도 된다.

질병

질병은 민감한 문제다. 자신은 건강하다고 말하는 친구에게 "글쎄, 내 눈에는 좀 창백해 보이는데."라든가 "사마귀에서 털이 자라고 있잖아. 진찰을 받아봐야 할 것 같은데." 따위의 말을 하는 것은 실례다. 그런 말은 당신이 암시하는 질병이 실제로 덮치기를 바라는 것처럼 들릴 수 있다. 예방 차원에서 해주는 조언도 마찬가지로 눈살을 찌푸리게 한다. 그러니 아무리 좋은 의도라도 "콜레스테롤을 줄이지 않으면 심장병에 걸리게 될 거야." 같은 말은 삼가도록 한다.

유언에 대한 이야기도 역시 민감한 주제다. 타이완에서는 지정되지 않은 모든 재산은 가족 중 가장 나이가 많은 남성에게 돌아가는 것이 관례다. 어떤 사람들은 생명보험 가입에 관한 이야기에도 민감하게 반응한다. 실제로 타이완에서는 생명보험 사업이 성장하고 있는데, 보험사가 도박을 좋아하는 타이완 사람들에게 보험증서를 일종의 내기로 설명하는 판매 전략을 쓰는 것 같다. 말하자면 "우리는 고객님이 X세까지 살 수 없다고 생각합니다. 만일 그때까지 사신다면 Y달러를 드리지요. 그때까지 살지 못하면 Z달러를 드리겠습니다." 같은 식이다.

어떤 사람이 중병에 걸리면 가족이 그 분야 최고 권위자를 찾아가서 치료해달라고 부탁하는 것도 흔히 있는 경우다. 국민의료제도에서 이를 엄격하게 금지하고 있지만 필요한 수술 약속을 받아내기 위해 선물과 붉은 봉투가 동원되는 것으로 알려졌다. 만일 의사가 도덕적인 이유로 선물을 거절한다면 피차 체면을 잃을 것이다. 의사는 그 가족이 좋은 사람들이기 때문에 돈을 받지 않고 수술을 해주겠다고 말할 수도 있지만, 나중에 환자가 회복되면 가족들은 다시 선물을 주려고 할 것이다.

중병에 걸린 사람이 당신을 보고 싶어 한다면 어떻게든 문병을 가도록 노력해야 한다. 문병을 가서 희망과 회복, 마지막

weniliou

타이베이에서 가까운 지룽시의 명소, 코끼리바위.

타이페이 전경. 한때 세계에서 가장 높은 빌딩이었던 타이페이 101이 어디서나 랜드마크가 되어준다.

음력설 기간인 춘제에는 등불 축제가 펼쳐져 사원 주변의 풍경이 아주 멋스러워진다.

© Richie Chan

타이완의 거리 간판은 중국과는 다르게 간체보다 번체를 많이 쓴다. 최근까지도 전통을 지키기 위해 간체 사용을 금지했기 때문이다.

© beeboys

雅登布業行
欣仁呢絨有
司
2559-5159
多來家
早餐 輕食 飲料
2555-9042
絨有限公司
力樹蔘藥行
咖哩拉麵

다양한 형태의 암석층을 구경
할 수 있는 예류지질공원.

골프 게임 같은 기분이 좋아지는 얘기를 해준다. 좋은 책이나 잡지, CD, 또는 특별한 음식과 신선한 과일을 선물로 가져가면 적절하다. 환자가 장기적인 질병을 앓고 있는 경우 살아있는 식물을 선물하는 것은 좋지만 가지째 꺾은 꽃은 장례식 때 쓰이므로 선물하지 않는다.

장례식

타이완에 체류하는 동안 안타깝게도 친구의 장례식에 참석해달라는 연락을 받을 수도 있다. 장례식은 지금까지 이 책에서 타이완에 대해 말한 모든 것이 총동원되는 의식이다. 유교적 윤리, 효, 체면, 교통, 높은 땅값, 풍수, 조의금, 영혼과의 소통, 인정미, 이 모든 것이 관련되어 있다. 어쩌면 타이완에 체류하는 동안 장례식 절차를 모두 보게 되거나 장례식에 초대받을 수 있을 것이다. 만일 그렇지 않더라도, 타이완에서 사람들이 어떻게 죽느냐는 그들이 어떻게 살아왔느냐를 보여주는 열쇠이므로 그와 관련된 믿음들을 이해하려는 노력이 필요하다.

중국 각지에서 건너온 사람들이 타이완에 정착해 있는 만큼 장례 풍습도 다양하다. 개인적인 상황에 따라서도 차이가 있을 수 있다. 여기서는 타이완의 상위 중산층 가족의 전형적인 장례 절차를 따라가 보도록 한다. 물론 이것은 하나의 예이며 이와 다른 상황들이 얼마든지 존재한다.

오랫동안 점심으로 돼지고기 덮밥과 삶은 달걀을 즐겨 먹던 54세의 수 씨가 심장마비로 갑자기 사망한다. 교통정체로 구급차가 늦게 도착하는 바람에 병원에도 가보지 못했다. 그는 자신에게 병이 있다고 생각하지 않았기 때문에 보험도 유언장도 준비하지 않았다.

그의 아내가 어쩔 줄 몰라 쩔쩔매고 있는데 친척들이 좋은 마음으로 이런저런 조언을 하기 시작한다. 그런데 불행히도 어떤 장례 절차가 망자의 위신에 걸맞은지를 두고 의견이 분분해 그녀는 더욱 당황하고 혼란스러워진다. 스무 살인 아들은 장례 준비를 돕기 위해 군대에서 휴가를 나왔다. 화장이 아닌 매장을 해야 한다는 데는 의문의 여지가 없다. 그래서 시신을 장의사로 옮기도록 요청한다. 그들은 관을 선택한다. 통나무를 깎아 만든, 측면과 뚜껑이 둥그런 전통적인 형태의 고급 원목 관이다.

시신에 여러 겹의 옷을 입히는데 그의 경우 여섯 겹을 입혔다. 시신과 같은 속도로 부패하는 천연섬유 옷이다. 관을 집으로 옮겨와서 망자의 얼굴을 마지막으로 보는 의식을 갖는다. 그런 뒤 관을 닫고 칠을 한다. 이 칠은 부패로 인한 악취를 차단하는 역할을 한다.

전통적으로 장례 기간은 49일(7주)간 이어진다. 집 1층에 공간이 있기 때문에 수 씨의 부인은 관을 응접실에 두기로 한다. 이제 응접실은 빈소로 변신한다. 관 주위에 흰색 천을 걸고 그 앞에 탁자를 놓은 뒤 그 위에 놋쇠 향로와 촛대를 놓는다. 친구와 친척, 사업 관계자들이 애도의 표시로 보낸 물건들이 속속 도착한다. 주로 화환이나 통조림 탑, 맥주, 조미료 세트, 청주 등이다. 모든 물건에는 애도 메시지가 붙어 있다.

몇 주 동안 조문객이 찾아와 유가족과 이야기를 나누고 분향을 하고 장례 계획은 어떻게 되는지 묻고 때로는 장례식을 어떻게 준비할 것인지에 대한 묻지도 않은 의견을 내놓기도 한다.

수 씨의 부인은 아들과 시동생에게 장지를 찾아봐달라고 부탁한다. 상황이 녹녹치 않다. 그들은 풍수가 괜찮고 청명절에 찾아가기 쉽고 매장이 허용되고 비용이 너무 비싸지 않은 땅을 찾아야 한다. 이틀 동안 타이베이 서쪽 범람원 건너편에 있는 관음산 주변의 언덕과 계곡을 돌아다니며 농부와 산사람, 비석 새기는 사람, 장의사에게 수소문한다. 마침내 계곡이 내려다보이는 곳에서 마땅한 장소를 찾았는데 가로 11미터, 세로 11미터의 땅에 대해 땅주인이 부르는 값은 312만5000타이완달러다. 치열한 흥정 끝에 마침내 300만타이완달러에 땅을 구입한다. 석공과 조경사들에게 견적을 받고 디자인을 견줘본 뒤 선택한다.

최근에는 묘지에 매장하는 비용이 보통 사람들이 감당하기 힘든 수준으로 높아져 화장이 늘고 있다. 예약금과 연간 관리비를 내면 사찰이나 납골당에 마련된 보관함에 유골을 보관할 수 있다. 이런 곳들은 주로 경치와 풍수가 좋은 산간 지역에 위치해 있으며 대중교통 정거장까지 자체적으로 운행하는 셔틀버스와 안내원을 갖추고 있다. 스님이 가끔씩 향을 피우고 의식을 행한다. 수 씨 가족의 경우는 부유한 편이고 집안의 위신을 지켜야 한다는 생각이 크기 때문에 매장을 선택했다.

망자의 아들과 동생은 상중에 면도를 할 수 없다. 그것은 육체적 안락함을 희생한다는 의미다. 그러나 현대에는 이 기간 동안 콧수염만 남기고 면도를 하거나 전과 다름없이 계속 면도를 하는 남자들도 있다. 상을 당한 가족은 남녀 모두 검은 천 조각이나 삼베 조각을 셔츠와 블라우스 소매에 달고 다니는데, 이 천 조각은 옛날 사람들이 상중에 입던 상복을 상징한다. 또한 상중에는 밝은색, 특히 붉은색 같은 행운의 색은 피한다. 그런 옷을 입으면 가족의 상실을 기뻐한다는 의미가 된다.

그 사이에 장례식 준비가 진행된다. 조문객 명단을 작성하고 흰 종이에 인쇄한 부고장을 돌린다. 수 씨의 가족은 명목상 불교 신자들이어서 장례염불을 해줄 스님들도 부른다. 장례 공간이 대문 앞의 길까지 연장되었다. 지역 경찰에게 미리 얘기해두고 이웃들에게 불편을 끼쳐 죄송하다는 사과의 카드도 보냈다.

장례식 몇 주 전에 날짜를 정해서 직계가족이 모여 지내는 제례, 바이바이拜拜를 지낸다. 수 씨의 막내 여동생은 얼마 전에 결혼했기 때문에 모든 의식에서 제외된다. 이 시간 동안 친척들은 누가 얼마나 크게 울고 많은 눈물을 흘리는지로 슬픔의 정도를 판단한다. 전통적인 중국 악기를 이용한 연주와 기도문이 들린다. 정해진 시간에 유가족 일부가 앞으로 나와서 큰절을 세 번 한다. 사망한 지 7주 되는 날에도 유가족은 제례를 지낸다. 이번에는 사후에 필요한 물건들을 종이 모형으로 만들어 불태운다. 저승길 노잣돈과 메르세데스벤츠 자동차 모형, 옷, 집, 마작 세트를 비롯해 부유하고 시간이 많은 남자가 필요할 만한 모든 것을 태운다. 저승길 노잣돈은 잡다한 비용을 치르기 위한 것이다. 약간의 '기름칠'을 하면 지옥의 불이 덜 뜨겁고 천국으로 가는 문이 더 쉽게 열린다는 믿음이 있다. 한편 먼 친척과 친구, 사업 관계자들이 참석하는 제례는 다른 날을 잡아서 지낸다.

전통적으로 타이완 사람들은 장례식 날 머리부터 발끝까지 거친 삼베 천을 걸치고 짚신을 신었다. 이 또한 슬픔과 개인의 육체적 안락함을 희생한다는 상징이다. 수 씨 가족은 삼베 상복을 입는 대신 외출복 위에 거친 삼베로 만든 망토와 모자만

쓰기로 했다. 장례식 중에 악단 한두 팀이 연주를 하는데 그들은 한 팀만 불렀다.

당신은 수 씨의 친구였고 장례식에 초대되었다. 장례식에서는 결혼식과 마찬가지로 부조금을 내는 테이블이 있다. 이때는 부조금을 붉은 봉투가 아닌 흰 봉투에 넣는다. 홀수로 1000 타이완달러 이상 넣는 것이 바람직하다. 빈소에 가서 사람들이 하는 대로 따라한다. 분향을 한 뒤 유가족에게 조의를 표하고 궁금한 것을 자유롭게 묻는다. 사진 촬영을 해도 되지만 먼저 물어봐야 한다. 장지까지 따라가도 좋지만 꼭 그래야 하는 것은 아니다.

유가족과 친구들이 상여를 따라 영구차가 있는 곳까지 간다. 영구차는 주황색, 노란색, 초록색 조화들로 장식되어 있고 차 위에 영정사진과 이름이 세워져 있다. 영구차에 관을 실은 뒤 유가족이 함께 오른다. 악단과 조문객, 조화를 실은 차들의 행렬이 그 뒤를 따른다. 장례 행렬은 망자의 동네와 그가 자주 다니던 장소를 거쳐 장지로 향한다. 점쟁이가 선택한 시간에 장지에 도착해야 하기 때문에 교통 정체에 행렬이 막히면 큰 낭패다.

친척과 친구들이 장지까지 관을 옮기는 것을 도울 것이다. 점쟁이가 12간지 띠 중 어떤 띠가 장례식에 적극적으로 참여하면 안 되는지를 미리 알려주었을 것이다. 그 띠에 해당하는 사람들은 절차를 구경만 해야 한다.

장지를 구입한 뒤 풍수 전문가를 자처하는 수 씨의 사촌이 찾아와서 보고는 풍수가 영 나쁘다고 말했다. 이는 곧 수 씨 가족이 불효를 저지르고 있다는 의미다. 그래서 수 씨의 아들과 동생은 풍수 전문가를 고용했다. 그는 관을 땅에 넣을 때 장지에 문제가 없다고 선언한 후 풍수의 원리에 따라 어떻게 배치해야 하는지를 알려준다.

흙으로 관을 덮기 전에 마지막으로 관 뚜껑을 연다. 관속에 갇혀 있던 영혼이 빠져나가고 신선한 산소를 유입시켜 시신의 부패를 돕기 위해서다. 이때 관을 보면 재수가 없다는 얘기가 있어서 조문객들은 눈을 돌린다. 그리고 타이완에서는 입관 후 8년에서 12년이 지난 뒤에 유골을 발굴하는 전통이 있다. 뼈를 깨끗이 닦고 말려서 토기 단지에 특정한 방식으로 옮겨 넣은 다음 이것을 다시 매장지의 작은 묘에 묻는다. 사후에 중국 본토로 돌아가기를 염원했던 외성인들에게서 비롯된 전통이라고 한다.

관을 묻고 난 뒤 저승길 노잣돈을 불태우고 조문객들에게 삶은 오리알을 나눠준다. 원래는 시신과 함께 삶은 오리알을 관 속에 넣는 것이 전통적인 관습 중 하나였다. 오리알이 부화하면 망자가 돌아와서 사람들을 괴롭힌다는 미신이 있는데, 삶은 오리알을 넣으면 그럴 일이 없기 때문이다. 수 씨의 장례식에서는 그냥 오리알을 현장에서 함께 깨먹고 부서진 껍질을 무덤 위에 뿌리는 것으로 대신했다.

인간 관계

지금쯤이면 수천 년 전 공자와 그 추종자들에게서 비롯된 전통이 여전히 타이완 사람들의 생활방식에 영향을 미치고 있다는 사실을 분명히 알았을 것이다. 이는 타이완 사람들의 모든 인간관계에도 적용되는데 현대화로 인해 전통에 균열이 생기고 있다. 그것이 많은 사회비평가들이 소리 높여 주장하는 것처럼 서양식 자유주의의 영향인지, 아니면 농경 사회에서 벗어나 산업화로 이행하는 과정에서 나타나는 불가피한 현상인지는 명확치 않다. 어쨌건 변화는 일어나고 있으며 신과 구의 대립과 갈등은 불가피해 보인다.

가족관계

가족관계에서 변화는 자녀가 부모의 말을 듣지 않는 것으로 나타난다. 노인들은 요즘 젊은이들이 성장하면 자신들을 보살피지 않고 집을 떠난다고 불평한다. 부모는 체면을 운운하며 자식들에게 죄책감을 갖게 한다. 어떤 면에서는 대가족 제도의 잔재가 아직까지 남아 있는 것이 다행일지 모른다. 타이완에는 의무적인 사회보험이 없어서 자녀들은 부모에게 저축한 돈이 있기만을 바라야 할 입장이며, 그렇지 않으면 부모를 모실 각오를 해야 한다. 반면 부모들은 노년에 자식들에게 보답받을 것을 기대하며 저축한 돈을 몽땅 자녀 교육에 투자하는 경우가 많다.

성의 역할도 현대화의 영향을 받고 있다. 여성들이 전보다 더 많이, 장시간 일하게 되면서 결혼 생활에서 더 많은 자유와 발언권을 요구하게 되었다. 1940년대 이래로 여성의 권리가 어느 정도 법의 보호를 받고 있지만 남녀평등의 법제화는 여전히 어려움을 겪는다. 그러나 타이완에서 여성들의 상황은 전보다 확실히 나아졌고 대부분의 여성은 이런 변화의 속도에 만족하고 있다. 남성들은 기존의 역할모델이 더 이상 통하지 않는다는 사실을 발견하고 혼란과 좌절을 느끼기도 한다. 그 결과 서양적 가치의 약점을 보여주는 증거로 여겨졌던 이혼이 증가하고 있다.

성규범

성생활도 변하고 있다. 중국인들은 성에 대해 얘기하는 것을 주저하지만 내숭을 떠는 타입은 아니며, 또한 다채로운 방식으로 성을 즐기고 성적인 기교와 실험을 발전시켜온 오랜 역사를 갖고 있다. 그들에게 성은 과시해야 할 것도, 그렇다고 부끄러워해야 할 것도 아니다. 성은 죄가 아니라 자연스럽고 즐거운 행위이며 가족과 미래를 탄생시키는 행위이다.

축첩까지 포함하면 전통적으로 혼전성교도 그리 드물지 않았다(지금은 축첩이 불법이지만 비공식적으로는 이루어지고 있다). 그러나 첩의 지위는 본처와 비교가 되지 않는다. 첩은 어떤 권리도 없고, 특별한 상황이 아니면 첩이 낳은 자식은 아버지의 후계자가 될 수 없다. 또한 첩은 '주인'이 죽으면 노예처럼 일하거나 쫓겨날 운명이었다(물론 모든 첩이 그런 운명을 맞이한 것은 아니다).

오늘날 대부분의 어머니는 딸이 성격 좋고 부유한 남자의 '본처'가 되기를 바라며, 그러기 위해서는 딸이 첫날밤까지 순결을 지켜야 한다고 생각한다. 그들은 혼전 성관계를 거의 축첩과 동일시하거나 좋은 남편을 찾을 가능성을 망치는 행위라고 인식한다. 다시 말해, 몸가짐이 헤픈 것은 죄악이라기보다 손님이 물건을 사기도 전에 맛을 보여줌으로써 흥정을 망치는 어리석은 행위라고 보는 것이다. 그러나 젊은 남녀들 사이에서는 혼전 관계와 동거의 비율이 증가하는 추세다. 시골이나 보수적인 집안에서는 그러다가 발각되면 임신을 하지 않았더라도 강제로 결혼하게 될 수도 있다.

서양인과 중국인 사이의 국제결혼도 존재한다. 그러나 이 경우 서양인에게 붙여진 유감스러운 오명을 감당해야 한다.

그것은 베트남전쟁 중에 미국이 타이완을 미군 휴양지로 삼아서 남겨진 유산이다. 당시에 서양인과 함께 있는 중국 여성은 무조건 매춘부와 동일시되었다. 최근까지도 서양인과 결혼한 현지 여성들은 공공장소에서 행동을 아주 조심하지 않으면 빈축을 사기 일쑤였다.

그렇다면 동성애는 어떨까? 16세 이상 성인들끼리 서로 합의한 상황에서라면 법적으로 허용된다. 그리고 이 책이 출판을 앞둔 현재, 아시아 최초로 동성애 결혼을 인정하는 법이 승인 절차를 밟고 있다. 그러나 젊은 타이완 남성들이 군대를 피할 구실로 동성애를 이용하려는 경우 2년간의 정신 평가를 받아야 한다. 전통적인 유교 윤리에서는 동성애가 금지된다. 동성애는 후손을 생산하지 못하는 결합이기 때문에 널리 성행할 경우 결국 조상 숭배가 끝날 것이기 때문이다. 늘 그렇듯 도교적 관점은 그보다 실용적이다. 도교는 동성애 자체를 금하지 않지만 이성간의 결합에서 이루어지는 음양 에너지의 교환을 건강한 것으로 본다. 동성애에서는 이런 에너지 교환이 결여되어 있기 때문에 건강을 유지하려면 피해야 한다는 입장이다.

우정

타이완에서는 17세에서 24세 사이에 평생 우정이 싹트는 것으로 보인다. 이 시기에 젊은이들은 대학 교육이나 직업 훈련을 받고 군복무를 하고 직장생활을 시작한다. 타이완 사람들이 가족의 울타리를 처음으로 벗어나는 시기로, 이때 싹튼 우정은 성인이 되어도 지속된다.

타이완 친구를 만들려 할 때 가장 중요한 것은 진실하고 신중한 태도다. 당신과 상대가 사회적으로 어떤 관계인지 이해하고 그 관계의 범위 내에서 행동하면서 점차 진실하게 속을 터놓는 관계로 우정을 발전시켜야 한다.

가정집 방문

타이완 친구를 사귀었다면 그의 집에 초대받을 수 있다. 이는 그 친구의 가족과 타이완 사람들의 일상에 대해 좀 더 많은 것을 알게 될 절호의 기회다. 그들 입장에서 당신을 초대하는 것은 자신들이 사는 모습을 노출시키는 행위이므로 그들이 편안하게 느끼도록 분위기를 만드는 것이 중요하다.

저녁식사에 초대받은 경우, 꽃다발이나 위스키 또는 와인을 가져가면 적절하다. 당신을 초대한 사람이 부모와 함께 산다면 그 자리에 있는 가족 중 가장 연장자에게 선물을 건넨다. 대부분의 타이완 가정집은 신발을 벗고 들어가야 한다. 들어가기 전에 항상 신을 벗는 동작을 취하고, 혹시 집주인이 그냥 신을 신고 있으라고 말하면 그때는 신어도 좋다.

당신은 아마 거실로 안내되어 사람들을 만날 것이다. 이때 최고 연장자에게 제일 먼저 인사한 뒤 나머지 사람들에게 인사한다. 당신을 두고 한바탕 야단법석이 벌어질 것이다. "마실 것 좀 드릴까요? 간식 드시겠어요? 집 찾기가 어렵지 않으셨어요? 시장하지 않으세요? 목마르지 않으세요? 담배를 드릴까요? 여기 차가 있어요. 여기 간식이 좀 있어요. 여기 앉으세요." 또한 "볘커치別客气"라는 말을 계속 듣게 될 텐데, 한마디로 편하게 있으라는 의미다. 긴장을 풀되 예의는 지켜야 한다. 겸손한 자세로 그들의 관심을 감사하게 받아들이라. 그 자리에 초면인 사람이 있다면 많은 질문을 받게 될 테니 마음의 준비를 해두시라.

아이들이 있다면 당신에게 가까이 다가와서 빤히 쳐다볼 수도 있다. 아이들에게 중국어로든 영어로든 말을 건네도록 한다. 그러면 분명 재미있는 반응이 나올 것이다. 타이완 사람들은 아이들을 좋아해서 당신이 아이들을 편하게 대하는 것을 보면 어색한 분위기가 깨질 것이다. 그러나 이 가족과 아주 가까운 사이가 아닌 한, 아이를 껴안거나 무릎에 앉히는 것은 피한다.

5

티이완에서 살아보기

타이베이 날씨는 새엄마의 기분 같다.

– 속담

옛날에 타이완에 입국하는 사람들은 대부분 뱃길을 이용했다. 지금도 여전히 북부 지룽 항과 남부 가오슝 항에는 유람선이 드나들고 오키나와에서 지룽까지 운항되는 정기여객선도 있지만 그보다는 비행기로 입국하는 방문객이 훨씬 많다. 아시아 국가 대부분의 수도는 물론이고 뉴욕, 로스앤젤레스, 샌프란시스코, 토론토, 런던, 파리, 프랑크푸르트, 암스테르담과 시드니에서 직항 노선으로 타이완에 입국할 수 있다.

타이완에는 국제공항이 네 개 있다. 가장 큰 공항은 타이베이에서 서쪽으로 약 40킬로미터 떨어진 타오위안 국제공항(구 장제스 국제공항)이다. 타이베이 시내에 있는 오래된 쑹산 공항은 한국과 일본, 중국 노선을 포함해 제한된 수의 국제선만 운항하고 있다. 타이중 국제공항은 제한된 수의 국내선을 운항하는 반면, 섬의 남서쪽 끝에 있는 가오슝 국제공항은 좀 더 많은 항공편이 오간다.

타이완에는 많은 국제항공사와 신생 저가 항공사들이 있다. 중화항공은 1959년 정부에 의해 설립되고 스카이팀항공동맹에 소속된 반면, 에바항공은 좀 더 최근인 1991년 에버그린그룹에 의해 설립되었다. 두 항공사 중 에바가 안전과 혁신 면에서 훨씬 좋은 평판을 받고 있으며 규모가 더 큰 스타얼라이언스항공동맹에 소속되어 있다. 유나이티드항공과 KLM항공, 에미레이트항공, 캐세이퍼시픽항공, 싱가포르항공 같은 많은 국제 항공사들이 타이완을 오가는 항공편을 운항하고 있지만 잦은 파산으로 이 목록은 계속 바뀌고 있다.

비자

무비자 입국

선별된 58개 국가의 여권을 가지고 있다면 타이완에 무비자로 입국해 최대 90일간 체류할 수 있다(** 표시가 된 국가는 30일). 그렇지 않으면 미리 비자를 신청해야 한다. 이 책을 인쇄할 당시 무비자 적용 국가는 다음과 같다: 안도라, 호주, 오스트리아, 벨기에, 벨리즈**, 불가리아, 브루나이 다루살람**, 캐나다, 칠레, 크로아티아, 키프로스, 체코공화국, 덴마크, 도미니카 공화국**, 엘살바도르, 에스토니아, 핀란드, 프랑스, 독일, 그리스, 과테말라**, 아이티, 온두라스**, 헝가리, 아이슬란드, 아일랜드, 이스라엘, 이탈리아, 일본**, 대한민국, 라트비아, 리히텐슈타인, 리투아니아, 룩셈부르크, 말레이시아**, 몰타, 모나코, 네덜란드, 뉴질랜드, 니카라과, 노르웨이, 폴란드, 파라과이, 포르투갈, 루마니아, 세인트키츠 네비스**, 세인트루시아**, 세인트빈센트 그레나딘**, 산마리노, 싱가포르**, 슬로바키아, 슬로베니아, 스페인, 스웨덴, 스위스, 태국**, 영국, 미국, 바티칸 시국.

주한 타이베이 대표부

- 주소: 서울 종로구 세종대로 149 광화문빌딩 6층 (우)03186
- 홈페이지: www.taiwanembassy.org/kr_ko
- 연락처: 02-399-2780

타이완의 특이한 외교적 지위 때문에 대부분 국가에는 중화민국 영사관이나 대사관이 없다. 대신 많은 국가에서 특별연락사무소가 비공식적인 영사관 기능을 한다. 예를 들어 우리나라에서는 주한 타이베이 대표부가 그 역할을 하며, 우편이나 방문을 통해 비자를 신청할 수 있다.

단기 방문

한국인의 경우, 타이완에서 6개월 이상 체류할 계획이라면 비자를 발급받아야 한다. 비자 종류로는 어학연수와 교환학생

입국에 관한 정보

- **외국인 투자 기업 및 외국 기업의 지사:** 타이완에서 당신을 고용한 회사가 이 범주에 속한다면, 외국인에 대한 취업허가 발급이 한결 수월해졌다. 고용주는 더 이상 특정한 자본금이나 매출액 요건을 입증할 필요가 없다.
- **자본금 및 매출액 요건:** 외국인 근로자를 고용할 자격을 갖추려면(즉, 정식 취업허가를 취득하려면) 기업은 특정 요건을 충족해야 한다. 현지 기업은 자본금 500만 타이완달러를 초과해야 하며, 외국 기업 지사라면 자본금 250만 타이완달러면 된다. 설립 1년 미만인 회사는 취업허가 신청을 위해 매출액을 입증할 필요가 없으며, 설립 1년이 넘은 기업은 연간 평균 매출액이 1천만 타이완달러를 초과해야 한다. 무역 회사는 연평균 수입과 수출이 미화 100만 달러를 초과하거나 무역수수료가 40만 달러를 초과함을 증명해야 한다.
- **장기 체류:** 불법 취업 등 별다른 문제를 일으키지 않고 5년 연속으로 타이완에 체류했다면 외국인거류증명서를 신청할 수 있다.
- **타이완출입국관리국:** 우리가 경험한 바에 따르면 이곳의 직원들은 친절하고 많은 도움을 주려고 애쓰는 사람들이다. 영어를 쓰는 직원도 있다. 물론 작성해야 할 양식이나 제출해야 할 서류가 많겠지만 당신이 필요로 하는 허가증을 받으려면 필수적인 부분이다. 이렇게 취업허가를 취득하는 방법이 버겁게 느껴진다면 당신의 회사가 거래하는 회계사무소에 부탁할 수도 있다. 대부분의 국제적 회계사무소는 수수료를 받고 행정 절차를 돕는 컨설턴트 서비스를 제공한다.

등을 위한 학생비자, 관광, 학습, 의료, 상업 등의 목적을 둔 방문비자, 워킹홀리데이비자, 거류비자가 있다. 이 비자들은 타이완에서 일정 정도 기간을 연장할 수 있다. 타이완을 한 번 이상 방문할 계획이라면 복수비자를 요청하는 것이 좋다. 타이완 사업거래처에서 당신에게 사업상 타이완에 와줄 것을 요청하는 편지나 팩스를 보내준다면 복수비자를 받기가 수월할 것이다. 방문비자로 공부, 관광, 사업을 할 수 있지만 취업 허가 없이 취업은 할 수 없으며 취업허가를 취득하기는 무척 어렵다.

장기 체류를 위한 전략

타이완에서 취업을 하려면 거류비자와 취업허가를 신청해야 한다. 그러려면 먼저 타이완의 해당 정부 부서로부터 승인을 받은 다음, 타이완이 아닌 해외 영사관이나 공식적인 사무실에 신청을 해야 한다. 만약 당신이 타이완 기업에 취업을 한 상태라면, 타이완에 있는 당신의 고용주가 당신과 가족이 해당 정부 부서와 외무부에 거류비자와 취업허가를 신청하도록 도울 것이다. 승인을 받으면 해외 영사관에서 거류비자와 취업허가를 신청할 수 있다.

만일 타이완에 거주하고 싶지만 취업은 하지 않을 생각이라면 정부가 인정하는 학원의 언어 과정에 등록하는 것이 최선이다. 그러면 학생 신분으로 거류 허가를 얻을 수 있지만 합법적으로 취업할 수는 없다. 또한 거류비자를 처리하기 위해 한 번 더 해외로 나가야 한다. 거류비자를 가지고 입국한 뒤에는 15일 이내에 경찰청 외사국에 가서 외국인거류증을 신청해야 한다.

공항에서 시내로 이동

가오슝 국제공항은 가오슝 시 외곽에 위치해 있어서 시내 호텔로 가려면 택시를 타는 것이 최선이다. 반면에 타오위안 국제공항에서는 여러 방법을 저울질해볼 수 있다. 대형 호텔들은 리무진 픽업 서비스로 당신을 곧장 데려가줄 것이다. 만일 타이완에 당신 회사가 있다면 이 서비스에 대해 호텔과 특별요금을 책정했을지 모른다. 이 경우 회사를 통해 예약하면 된다. 택시는 요금이 비싸서 도심까지 미화 40달러 정도가 나온다. 질서정연하게 줄을 서서 대기하는 모습은 기대하지 말라. 택시 기사들이 한꺼번에 몰려와서 서로 당신을 태우려 할지 모른다. 택시에 타기 전에 일단 가격부터 물어야 한다. 때로는 당신이 다른 승객과 합승해 택시비를 나눠 낼 수도 있다. 우버 택시가 타이완에 진출해 1년간 서비스를 제공했지만 이 책을 쓰고 있는 현재 정부는 우버의 탑승 예약 서비스를 금지했다.

© JHVEPhoto

타오위안 국제공항. 타이완은 많은 방문객을 맞이하는 나라다.

타오위안 공항에는 타이베이와 신주 같은 도시로 운행하는 버스도 있다. 세관 구역을 벗어나자마자 공항버스 매표소의 위치를 물어 표를 산 다음, 밖으로 나가서 탑승 구역까지 걸어가면 된다. 현재 타이베이까지 요금은 125타이완달러(미화로 4달러 정도)다. 버스는 두 종류가 있다. 하나는 타이베이 북동쪽의 쑹산 공항까지 가는 버스로 중간에 대여섯 번쯤 정차한다. 다른 버스는 타이베이 서쪽에 있는 산토스 호텔과 시내 중앙에 있는 타이베이 철도역으로 간다. 목적지에 따라 적절한 노선을 선택하도록 한다. 타려는 버스 번호 앞에 줄을 서고 버스가 출발하기 직전에 짐을 싣는다. 에어컨이 켜진 시원한 버스가 15분마다 출발하고 총 45~60분 소요된다. 시내 정거장에서 내리면 대개는 목적지까지 가는 택시를 미화 8달러 미만에 쉽게 잡을 수 있다.

철도를 타려면 두 가지가 있는데 그중 고속철도(155타이완달러)가 더 불편하다. 속도가 빨라서 20분밖에 걸리지 않지만 공항에서 철도역까지 셔틀버스로 이동해야 한다. 반면 타오위안 공항철도(MRT)는 공항에서 곧바로 탈 수 있으며 타이베이 중앙역까지 35분이 걸리고(고속을 탈 경우) 요금도 160타이완달러에 불과하다.

인터넷 연결

타이완은 첨단 기술 산업이 발달한 나라답게 고속 데이터 로밍과 휴대전화, 와이파이 링크가 잘 갖춰져 있다. 로밍 요금제를 선택한 경우, 기존 통신사를 통해 현지 네트워크로 연결할 수 있다. 기존에 쓰던 전화번호를 그대로 쓸 수 있다는 장점이 있지만 가격은 높은 편이다.

아시아와 타이완에서 인기 있는 또 다른 대안은 타이완 현지 통신사에서 유심 칩을 구입하는 방법이다(당신의 전화기가 유심 칩과 통신사를 바꿀 수 있도록 설계된 경우). 그러면 일정 기간、새로운 전화번호가 주어진다. 타이완의 주요 통신사로는 중화텔레콤, 타이완 모바일, 파 이스톤이 있다. 3일(300타이완달러)에서 30일(1000타이완달러)까지 요금제를 이용할 수 있고 대부분 요금제에 무제한 데이터, 정해진 양의 통화 시간, 문자 메시지가 포함된다. 유심 칩을 판매하는 매장에서 직원이 설치를 도와주고 제대로 작동하는지 확인해줄 것이다.

타이베이에서는 무료 와이파이를 맘껏 이용할 수 있다. 타이베이에 계속 체류할 계획이고, 온종일 컴퓨터 화면 앞을 떠나지 못하는 인터넷 중독자가 아니라면 큰 불편이 없을 것이다. 서비스 범위가 도시 전체를 포괄하지는 않지만 대부분 장소에서 이용 가능하다. 무료 와이파이 등록에 관한 정보는 www.wifi.taipei를 참고한다.

숙박

타이완에 도착한 당신은 장시간 비행에 피곤할 것이다. 만약 도착하기 전에 숙소를 예약해뒀다면 다행이지만 그렇지 못하면 어떻게 해야 할까? 우선 공항에 파견 나온 호텔 직원들이 있는 곳으로 찾아가는 방법이 있다. 그러나 공항은 숙소 예약에 최적의 장소는 아니다. 여기서는 호텔과 직접 흥정을 벌일 여지가 없는데다 선택할 수 있는 호텔도 공항에 직원을 보낼 여력이 있는 대형 호텔들에 국한되기 때문이다. 요즘은 숙박도 온라인 예약이 대세이므로 부킹닷컴이나 트리바고(http://www.trivago.com) 같은 국제적 사이트, 익스트레블(http://www.eztravel.com.tw) 같은 현지 사이트를 검색해보라.

타이베이에 진출하는 일급 국제 호텔 체인이 점점 늘어나고 있다. 이런 호텔에서 숙박하려면 미화로 1박에 최소 250달러를 지불할 각오를 해야 한다. 조식을 포함하면 추가 30달러다. 그 아래 단계로 5성급 현지 호텔들도 있다. 국제 호텔보다는 비용이 20퍼센트 정도 절감되지만 이용할 수 있는 편의시설도 10퍼센트는 적어질 것이다. 모든 '좋은' 호텔에서는 세금과 봉사료가 23퍼센트 정도 부가된다. 별이 적을수록(4성급에서 무성급까지) 품질이 내려간다고 보면 된다. 조식 포함 객실 가격이 위로는 140달러에서 아래로 70달러까지 있다.

호텔 외에도 오붓한 시간을 즐기려는 부부나 연인을 위해 시간제로 빌려주는 '쉬어 가는 곳'이 있다. 이 방들은 밤에도 이용 가능하지만 현금을 선불로 내야 하며 조식은 제공되지 않는다. 이런 곳은 성적인 상상력을 자극하는 거울 천장과 원형 침대, 레이스와 핑크색 장식 등으로 꾸며져 있다. 귀중품을 소지하지 않았다면, 그리고 예산이 빠듯하다면 45~60달러라는 가격이 구미를 당길 것이다.

한정된 예산으로 여행하려는 경우, 당신이 며칠간 신세질 수 있는 친구가 타이완에 살고 있다면 큰 축복일 것이다. 여행경비를 절약하는 동시에 당신과 비슷한 처지의 누군가로부터 그 나라에 대해 많은 것을 배울 수 있을 테니 말이다. 그런 상황에서의 일주일은 혼자 이런저런 대안을 찾으며 보내는 1개월만큼의 가치가 있다. 불교 사찰에 장기간 머무는 것도 대안 중 하나다. 물론 이것은 외국인에게 가장 몰입적이면서도 가

혹한 생활양식을 제공한다. 우리가 아는 외국인 중 타이완에서 이 방법을 시도할 배짱을 가진 인물은 단 한 명뿐이었으며, 그녀는 표준중국어를 유창하게 구사하는 중국인 의사였다.

숙소 구하기

당신이 타이완에서 일을 하거나 공부를 할 생각이라면 빨리 정식 숙소를 구하고 싶을 것이다. 회사에서 당신을 가족과 함께 전근시키려는 경우라면 회사에 요청해 집을 구하기 위한 사전 답사를 하는 것이 현명하다. 그렇게 하면 큰 이사를 하기 전에 당신과 배우자가 현지 상황을 파악해 어떤 물건은 가져가고 어떤 물건은 두고 가야 할지를 가늠할 수 있다.

나에게 적합한 장소

부동산 중개업자를 찾기 전에 우선 당신이 살게 될 도시를 둘러보며 지형을 파악하라. 당신의 사무실이 어디에 있는지, 학교와 편의시설은 어디 있는지, 예산에 맞는 지역은 어디인지 알아두는 것이 현명하다. 함께 일하게 될 회사 동료나 타이완에 사는 친구가 동행해주면 더욱 좋다. 이 장은 주로 외국인들이 많이 정착하는 타이베이와 관련된 내용들로 구성되어 있지만 신주, 타이중, 가오슝 등에 정착하려는 사람들이 읽어도 유용할 것이다.

위치에 관한 주의사항

타이완에는 화산 균열이 만들어낸 미네랄 온천이 많다. 특히 타이베이 북부는 그런 균열들로 인해 대기와 수돗물에 미네랄 함량이 높아서 은과 은도금, 순도가 낮은 금이 빠르게 변색되는 편이다. 은을 광내는 것을 즐기거나 가정부를 두고 있거나 사업상 모임 때문에 특별히 은 장신구가 필요한 경우가 아니라면, 은제품은 본국에 두고 오거나 아니면 다른 지역에 정착하기를 권한다. 타이완에 거주하는 외국인 중에는 이 때문에 고급 오디오와 가전제품이 빨리 망가진다고 말하는 사람들도 있다.

구입이냐 임대냐 공유냐?

타이완의 부동산 가격은 급격하게 상승하고 있다. 당신에게 거류허가증과 빵빵한 은행 계좌 그리고 모험심이 있다면 아파트 구입을 고려할 수 있을 것이다. 이 글을 쓰는 현재 아파트 구입 가격이 임대 가격에 비해 높지만 당신이 대도시에서 살다가 왔고 주머니가 두둑하다면 엄두를 못 낼 수준은 아니다.

임대는 대부분이 선택하는 대안이다. 집을 다른 사람과 공유하고 싶다면 아메리칸클럽 같은 외국인 동호회나 《차이나

부동산 임대료

다음은 방 세 칸짜리 아파트에 대한 지역별 월 임대료 시세다.
가격 단위는 타이완달러.

타이베이 상업지구	65,000~100,000
타이베이 주택가	40,000~60,000
타이베이 외곽	20,000~48,000
신주	15,000~30,000
타이중	15,000~30,000
가오슝	11,000~18,000

포스트》《타이베이 타임스》 같은 현지 영자신문, 또는 외국인들이 영어를 가르치는 영어 학원이나 현지에서 일하는 영어 교사들을 위한 Tealit.com 웹사이트에 광고를 낼 수 있다.

부동산 중개업자

전 세계적으로 부동산 중개업자는 믿을 만하지 못하다는 평판을 갖고 있다. 타이완의 부동산 중개업자도 다르지 않지만 게임의 법칙은 새로울 것이다. 어떤 나라에서든 부동산 문제는 중개업자가 누구를 위해 일하고, 얼마나 많은 정보를 공개하느냐의 문제다. 타이완에서 부동산 중개인은 집주인과 세입자 모두에게서 수수료를 받는다. 따라서 당신에게 이로운 것이 무엇인지 유념하고 부동산 중개인을 집주인 대하듯 해야 한다. 손에 든 패를 보이지 말고, 설령 당신 회사가 모든 비용을 지불할 것이며 당신은 비용에 관계없이 좋은 장소를 찾고 싶을 뿐이라 해도 그 사실을 절대 노출해서는 안 된다.

앞서 언급한 두 신문 광고에서만 임대할 아파트나 중개업자를 찾으면 외국인을 상대로 하는 값비싼 매물만 접하게 될 것이다. 많은 온라인 부동산 거래 웹사이트가 있지만 대부분 중국어로만 되어 있다. 대형 부동산 회사에서 evertrust.com.tw와 sinyi.com.tw 같은 자체 사이트와 스마트폰 앱을 운영하고 있으며 591.com.tw처럼 임대 매물을 모아놓은 사이트도 있다. 아직 중국어를 배우지 못했고 번역을 도와줄 사람도 없다면 호텔 안내인이나 당신의 회사 직원에게 부탁해 부동산 중개업체에 전화를 걸어서 영어를 말하는 사람이 있는지 알아보라. 중개업자와 이야기할 때는 당신과 가족에게 가장 중요한 조건이 무엇인지를 구체적으로 말할수록 좋다.

일반적으로 아파트를 임대할 때는 1~3개월치 월세를 보증금으로 내는 것이 관례다. 호화로운 대형 숙소라면 집주인이 6개월이나 12개월, 심지어 24개월치를 선불로 요구할 수도 있다. 그렇게 보증금을 많이 내는 경우에는 지불하기 전에 그곳에 어떤 개보수가 필요한지 확인부터 하는 것이 중요하다. 페인트칠과 목공, 위생설비, 조명, 에어컨, 보안 시스템, 추가적인 콘센트, 위성 TV 수신 및 주방시설 등에 문제가 없는지 살펴보라. 계약서에는 필요한 개보수와 자재의 품질, 부동산을 인도한 뒤에 발생하는 수리 정도와 그 수리가 누구의 책임인지, 추가 경비(경비원, 주차 등)는 누가 부담하는지, 그리고 임대가 끝난 뒤 보증금 반환 조건 등을 상세히 명시해야 한다. 계약서는 보통 영어와 중국어로 작성한다. 임대 아파트에는 별도의 주차 공간이 없는 경우가 많고, 주차장이 있는 경우에도 3000~6000타이완달러를 추가로 지불해야 한다는 사실에 유의한다.

크고 호화로운 아파트의 집주인은 대체로 개보수를 해주되 장기 계약을 기대할 것이다. 계약서에 서명할 때 최종 지불 금액의 일부(1개월치 임대료 정도)만 집주인이나 중개인에게 넘겨주고 나머지는 공사가 만족스럽게 끝날 때까지 가지고 있도록 한다. 중개업자에게 협상을 도와달라고 요구하되 마지막 순간까지 당신의 '최종 제안'을 알리지 말고 적극적으로 협상에 참여하도록 한다. 또한 중개업자에게 집주인이 모든 개보수 조건을 이행하고 있는지 확인해달라고 요구한다.

더 상세한 정보는 www.poagao.org/phousearch.htm을 참고하시라. 타이완의 여러 지역에서 아파트를 임대한 경험이 있는 한 미국인이 쓴 훌륭한 웹사이트다.

타이베이의 주거단지. 이처럼 좁은 도로가 많아서 주차하기가 극도로 어렵다.

면적

핑(평)은 집과 아파트, 사무실의 바닥 면적을 측정하는 단위다. 일본에서 '츠보'로 불리는 핑은 전통적인 일본 가정에서 다다미 두 장이 차지하는 바닥 면적이며, 미터법으로는 약 3.3 제곱미터에 해당한다. '침실 3개, 48핑, 고급 외국인 아파트'는 면적이 약 159제곱미터라는 의미다.

가전제품

타이완의 표준 전압은 110볼트다. 그러나 대형 가전제품과 에어컨용으로 둥근 핀 플러그를 꽂을 수 있는 220볼트용 소켓도 벽면에 몇 개 설치되어 있다.

중국 조리법에서 베이킹은 일반적이지 않기 때문에 대부분의 아파트 주방에는 오븐이 구비되어 있지 않다. 원하는 주방 장비를 구입하는 데 비용이 많이 들 수 있으니 이사 갈 집을 미리 둘러보며 본국에서 챙겨갈 물건이 있는지 파악하는 것이 좋다. 예를 들어 미국에서 75달러에 구입할 수 있는 저렴한 에스프레소 머신을 타이완에서는 150달러에 판매한다.

타이완은 최근 디지털방송으로 전면 전환했다. 소비자 대부분은 기존 TV에 연결할 디지털 변환기를 구입하기보다 아예 디지털 평면화면으로 업그레이드했다. 타이완에서는 케이블 TV와 주문형 멀티미디어(MOD)의 인기가 높아서 아마 당신의 아파트에도 설치되어 있을 것이다. HBO, CNN, 디스커버리, 스타 등의 인기 채널은 영어에 중국어 자막이 깔리는 타이완 버전으로 방송된다. 주요 사업자는 중화텔레콤과 Kbro이며, 가입비는 초기 설치비 1500타이완달러에 월 사용료 600타이완달러가 든다. 초고속 인터넷도 아파트에서 널리 이용된다. 가입하려면 외국인거류증 번호가 필요하며 요금은 월 900 타이완달러 정도다. 여러 가지를 비교해 인터넷과 케이블 텔레비전을 결합한 상품을 선택할 것을 권한다.

타이완은 어디서나 4G를 이용할 수 있는, 세계에서 가장 선도적인 이동전화 시장 중 하나다. 한때 세계 시장점유율의 10퍼센트를 차지했고 로버트 다우니 주니어를 광고모델로 기용했던 HTC와 많은 제2군 휴대전화 브랜드에 반도체를 납품하고 있는 미디어텍의 본거지이기도 하다. 매장에서 그냥 새 전화를 구입하거나 현지 이동통신사 요금제에 가입하고 할인을 받아서 구입하거나, 아니면 중고 전화를 구입할 수도 있다. 현지 이동통신사의 월사용 요금제에 가입하려면 외국인거류증과 현지 결제수단(은행 계좌 또는 신용카드)이 필요하다.

가사도우미 구하기

한때는 타이완에 주재하는 많은 외국인이 운전사에 하인, 정원사, 가정부까지 부담 없이 고용하는 호사를 누렸지만 타이완은 더 이상 외국인을 위한 낙원이 아니다. 사회 전반적으로 생활수준이 급격히 높아져서 가사도우미로 일할 사람을 찾기가 힘들다. 영어를 말하며 종일 근무할 타이완 가정부를 구한다면 그야말로 금상첨화겠지만 당신을 위해 일해줄 사람을 찾는 데 상당한 시간을 들일 각오를 해야 한다.

전에는 타이완에서 내국인과 외국인들 모두 필리핀, 베트남, 인도네시아 등에서 건너온 가정부를 고용했다. 그러나 최근 타이완 정부는 외국인 가정부 고용을 단속하고 있다. 내국인은 보살핌이 필요한 7세 미만 아이나 75세 이상 부모를 둔 경우에만 가정부를 고용할 수 있다. 타이완 주재 외국인이 외국인 가정부를 고용할 수 있는 기준도 엄청나게 높다. 우선 자본금이 1억 타이완달러 이상, 매출액이 5억 타이완달러 이상인 회사에 다녀야 하고, 본인 임금이 300만 타이완달러를 넘어야 한다. 사정이 이렇다 보니 외국인 가정부를 고용할 수 있는 사람은 사실상 회사의 CEO들뿐이다. 외국인 고위 간부들에게 서비스를 제공하는 알선업체 중에 하일리 맨파워(www.hi-man.com/en/005.htm)라는 곳이 있다.

좀 더 현실적인 대안은 시간제 가정부를 구하는 것이다. 친구나 지인 소개, 혹은 구인구직 게시판을 이용하는 것이 일반적이다. 티엔무의 외국인 거주 지역에 있는 일부 식료품점과 아메리칸클럽에 구인구직 게시판이 마련되어 있다. 멀리 이사를 떠나는 외국인 가족이 그동안 일해준 가정부에게 새 고용주를 찾아주기 위해 공지를 올리곤 한다. 그러나 이런 식으로 소개받은 가정부가 필리핀이나 인도네시아에서 온 사람일 수 있다는 점에 유의해야 한다. 시간제라도 그들을 고용했다가 발각되면 당국으로부터 벌금 폭탄을 맞을 수 있다.

청소 서비스 업체도 속속 생기고 있다. 예를 들어 www.home-clean.com.tw(영문 웹사이트)와 www.dailyclean.com.tw(중국 웹사이트만 있음) 같은 업체가 있다.

은행과 돈 문제

현지에서 돈을 번다면 돈은 은행에 안전하게 보관하는 것이 좋다. 취업허가나 거류비자를 소지하고 있다면 여권과 함께 챙겨서 은행에 간다. 테러와 돈세탁에 관한 전 세계적 우려 때문에 이제 모든 은행은 계좌 소유주의 신원을 확인하기 위한 엄격한 지침을 따르고 있다.

스탠다드차타드은행과 HSBC, DBS를 포함한 몇몇 국제적 은행이 현지에서 소매금융 영업을 하고 있다. 우리 경험으로 볼 때 이런 은행들이 외국인 고객의 필요에 더 즉각적으로 반응하거나 해외 다른 지점들과 더 잘 연계되어 있는 것은 아니다. 따라서 부담 갖지 말고 현지 은행과 거래를 터보는 것도 나쁘지 않다. 당좌예금 계좌는 흔하지 않으며(현지 업체들이 수표나 어음을 받으려 하지 않기 때문에) 은행에서 현금인출카드를 발급받아 필요할 때마다 ATM(자동현금인출기)에서 현금을 뽑아 써야 한다. 현지 은행의 현금인출카드를 발급받으려면 먼저 은행 계좌를 개설해야 하고, 이를 위해서는 외국인거류증이 필요하다. ATM에서 카드로 현금을 인출할 때 부과되는 수수료는 무료이거나(기계와 동일한 은행 카드인 경우) 7타이완달러다. 많은 ATM에서 외국 카드로도 현금을 인출할 수 있지만 이 경우 현지 수수료와 해외 수수료를 이중으로 지불해야 한다.

우체국에서도 대부분 은행 업무를 보고 ATM 기기도 찾을 수 있다. 세븐일레븐과 니코마트, 오케이, 하이라이프를 비롯한 편의점에서도 아주 편리한 금융 서비스를 제공하는데, 보통 바코드가 찍힌 청구서(전화요금, 공과금, 교통위반 딱지 및 주차위반 딱지, 소득세 등)를 납부할 수 있으며 ATM 기기도 구비되어 있다.

세금

타이완에서 취업해 돈을 벌면 소득세를 내야 한다. 5월 31일까지 세금 신고를 해야 하며 은행이나 ATM을 통해 납부할 수 있다. 타이완에서 일한 기간이 183일 미만이라면 수입에 상관없이 소득의 20퍼센트가 일률 과세되며, 반 년 이상 일한 경우에는 수입에 따라 아래 표와 같은 세율이 부과된다. 타이완 정부는 세금과 관련한 모든 정보가 포함된 영문 웹사이트(www.ntbt.gov.tw)를 운영하고 있다.

연소득 (타이완달러)	세율
540,000 이하	5%
540,001 ~ 1,210,000	12%
1,200,001 ~ 2,240,000	20%
2,240,001 ~ 4,530,000	30%
4,530,001 ~ 10,310,000	40%
10,310,001 이상	45%

쇼핑

일상적인 생필품을 구하러 나가는 일과는 좌절감을 안겨주는 경험일 수도, 모험과 재미, 문화적 각성을 안겨주는 경험일 수도 있다. 타이완에 오는 서양인 대부분은 모든 것이 살균 처리되고 가공되고 편리하게 포장되고 정찰제가 적용되는 세계에서 자랐을 것이다. 그런 세계에서는 육류를 보면 애초에 그것이 유래한 동물의 흔적을 찾을 수 없다. 그것들은 보통 얇게 썰어서 빵가루를 입히거나 네모지게 썰거나 다지거나 양념에 재워져 있다. 그런 세계에서 우리는 많은 것으로부터 단절된다. 우리가 먹는 식품의 원천으로부터, 육류와 어류 부산물의 비릿한 냄새로부터, 그리고 사소한 물건을 두고 벌이는 치열한 흥정으로부터.

타이완은 기업가의 땅이다. 스스로 사장이 되어 손수레나 가판대, 음식점, 상점, 회사, 또는 대기업을 운영하는 것이 거의 모든 사람의 소망이다. 타이베이에서는 어떤 거리, 어떤 골목길을 걸어도 즐비하게 늘어선 다양한 상점을 만나게 된다. 카페테리아나 문구점, 약국, 옷집, 제과점, 편의점, 오토바이 수리점, 철물점, 이동통신 대리점, 커피/버블티 가게, 병원 등이 끝없이 펼쳐져 있다. 문구점에서는 신문과 펜, 온갖 종류의 종이와 봉투, 서류철, 작은 장난감, 스포츠 장비까지 구입할 수 있다. 가끔 우표를 팔기도 한다. 제과점에서는 우유와 음료수도 팔 것이다. 옷가게에서 새벽부터 오전 10시까지는 생선을 팔기도 한다. 진짜 쇼핑의 세계, 타이완에 온 것을 환영한다!

소매업의 현대화로 타이완 사람들의 쇼핑 방식도 빠르게 변하고 있지만 이곳에서는 아직도 '전통적인' 쇼핑을 경험하고 즐길 기회가 많다. 휴대전화에 깔린 구글 지도가 항상 좋은 길잡이가 되어줄 것이다. 많은 상점의 위치가 등록되어 있어서 필요한 물건을 사러 어디로 가야 할지 정확히 알려준다.

흥정의 기술

타이완 기업가들은 본인이 사장이기 때문에 가격과 판매 조건을 현장에서 즉시 결정할 수 있다. 그래서 타이완은 흥정의 문화가 발달해 있다. 흥정은 아주 오랜 전통이고 이곳에서는 흥정을 중시한다. 타이완 사람들은 밀고 당기는 흥정으로 중요한 무언가를 얻어내는 데 열정을 쏟는다.

흥정의 상황

당신이 대형 매장이 아닌 가족끼리 운영하는 작은 소매점에서 쇼핑을 하는 상황을 가정해보자. 당신은 컴퓨터를 구매하기로 결정하고 X사 Y모델의 가격을 알아보기 위해 매장 세 곳을 방문한다. 나중에 가장 낮은 가격을 부른 가게로 돌아가서 다시 가격을 물어본다. 상인은 아까와 똑같은 가격을 부른다. 당신은 그 가격에 무엇이 포함되는지를 묻는다. 상인은 키보드와 마우스, 19인치 모니터, 연결케이블, 1년간의 품질보증이 포함되어 있다고 답한다. "배송은요?" 당신이 묻는다. "어디 사시는데요?" 상인이 묻는다. 당신이 말해주자 상인이 배송까지 해주기로 동의한다. 그 후에 당신은 상인이 부른 가격에서 15퍼센트를 깎아달라고 말한다. 상인은 인상을 찌푸리더니 고개를 저으며 거절한다. "그럼 최대한 얼마까지 가능합니까?" "5퍼센트 빼드리죠." 다시 10퍼센트를 깎아달라고 제안한다. 상인이 거절한다. 상인에게 바이러스 백신 소프트웨어와 32GB USB 메모리를 끼워줄 수 있느냐고 묻는다. 상인

흥정의 불문율

- 항상 자신이 생각하는 가격보다 낮은 가격에서 시작한다.
- 최종 흥정에 들어가기 전에 자신이 원하는 물건과 그것의 상대적 가격에 대해 최대한 많은 정보를 확보한다. 상인은 많은 것을 아는 상대를 존중한다. 터무니없이 낮은 가격을 부르거나 말도 안 되는 주장을 하는 것은 흥정 기술에 대한 모욕이다.
- 흥정할 때 냉정을 유지한다. 초조할 필요가 없다. 단호한 얼굴로 미소 짓는다. 위협은 도움이 되지 않는다.
- 가격 말고도 흥정할 것들이 있음을 기억한다. 배송, 설치, 부속물도 흥정에 포함되어야 한다.

이 거절한다. 상인에게 몇 시에 문을 닫느냐고 물은 뒤 나가려는 시늉을 한다. 이 때 상인이 당신을 잡는다면 미소를 지으며 지금 당장 현찰로 살 수 있다고 말하고 추가로 2.5퍼센트 할인을 요청한다. 아마 상인은 동의할 것이다. 만약 상인이 잡지 않는다면 그냥 두 번째로 싼 값을 불렀던 상점에 가서 5퍼센트 할인된 가격에 부속품을 챙기는 것보다 더 나은 흥정을 시도한다.

어디서 언제 흥정을 하는가

서양식 소매점들의 등장에 따라 언제 어디서 가격 흥정을 해야 하는지가 모호해졌다. 20년 전쯤부터 부얼자不二價, 즉 정찰제라는 표시를 붙여두는 상점들이 생기기 시작했다. 가격 흥정은 없다고 선언함으로써 에누리 때문에 이윤이 줄어드는 것을 피하려는 시도다. 그러나 그런 상점들도 막상 판매 기회를 놓치고 싶지 않거나 지역 주민이 물건을 구입하려는 경우에는 대부분 값을 깎아주고, 그래서 그런 표지가 대체로 무시되었다.

그러나 이제 서양식 편의점과 대형 슈퍼마켓, 백화점, 온라인 상점의 등장과 함께 흥정은 거의 사라졌다. 당신에게 배짱이 있다면 여전히 다른 매장에서 흥정을 시도할 수 있겠지만 판매원의 반응은 보장할 수 없다. 어떤 상점은 요청하지 않아도 알아서 할인해주기도 한다. 오늘날 통용되는 흥정의 방법은 어느 상점에서 가장 저렴한 가격에 가장 많은 부가혜택을 주는지를 파악해 최상의 거래를 하는 '비교 쇼핑'이다.

마지막으로 흥정과 관련해 해둘 말이 있다. 우여곡절 끝에 결국 당신이 원하는 수준까지 가격을 깎았는데 그때 갑자기

흥정이 가능한 곳

품목 또는 상점 유형	흥정 가능 여부
자동차	필수
집 임대	필수
대형 가전(컴퓨터 포함)	작은 상점에서는 필수. 대형 소매점에서는 부가사항을 협상
소형 가전	작은 상점에서는 가능. 대형 소매점은 불가능
레스토랑	연회 준비를 할 때가 아니면 절대 불가
호텔	예약 없이 나타나는 경우 체크인 전에 방값 협상 가능
주요 수리 서비스	가능
슈퍼마켓	불가능
백화점	불가능
작은 구멍가게	2000타이완달러 이상 구매 시 가능할 수도 있음.
작은 전문점	구두, 의류, 하드웨어, 조명 등. 2000타이완달러 이상 가능
예술작품, 골동품, 복제품	규모가 큰 거래에서는 가능
노점	음식 파는 노점을 제외하면 가능

지갑에서 아메리칸 익스프레스 카드를 꺼낸다면 상인이 난색을 표할 것이다. 신용카드로 물건을 구입하면 상인들에게 1-3퍼센트의 수수료가 부과된다. 흥정에 들어갈 때는 현찰로 지불하거나 처음부터 카드로 지불할 생각이라고 말하고 시작해야 한다. 그렇지 않으면 상인에게 구매 가격에 몇 퍼센트의 수수료를 붙여서 받도록 해줘야 한다.

식료품과 생활용품

타이완에서 식료품을 구입할 수 있는 상점은 다섯 종류가 있다. 다음은 상점마다의 편의성과 비용에 관한 설명이다.

- **배달 서비스 및 수입 식료품 매장:** 외국인 거주 구역에 있는 중간 규모 식료품점은 배달 서비스를 해준다. 편리하지만 비싸다. 별도의 배달료를 청구하지 않지만 당신이 특정 상표를 지정하지 않는 한 값비싼 수입 제품을 보내주기 때문에 매장에서 직접 사는 것보다 비용이 많이 든다. 그러나 예를 들어 칠면조 구이용 팬이나 재료 같은 특수 품목들을 구하려면 애용할 수밖에 없는 상점이다. 부유한 타이완인과 외국인을 대상으로 하는 시티슈퍼와 제이슨스가 이 범주에 속한다.
- **편의점:** 세븐일레븐, 니코마트, 프레지던트 베이커리, 패밀리마트 등. 편의점은 마치 흰개미 떼처럼 도시 전역에 퍼져서 전통적인 구멍가게를 위협하고 있다. 영업시간이 엄청나게 긴 데다 다양한 품목을 팔지만 선반에 물건이 종류별로 한두 개밖에 없을 때가 많고 가격이 다른 곳보다 10퍼센트쯤 비싸다.
- **슈퍼마켓:** 서양에 있는 것들보다 규모가 작지만 타이완의 규모에서는 여전히 '슈퍼마켓'이다. 슈퍼마켓은 각종 신선제품과 포장된 제품, 육류와 건조식품들을 완비하고 있다. 가격도 적당하고 안정적인 편이다. 그러나 현지에서 만든 포장된 제품에는 영어로 된 제품 표시가 없을 수 있다.
- **대형 슈퍼마켓:** 까르푸와 제앙카지노, RT마트에서 식료

품과 신선한 농산물, 주류와 가전제품, 의류, 개인 위생용품 등을 판매하는 대형 매장을 운영한다. 미국 코스트코도 회원제 창고형 매장이라는 콘셉트로 시장을 확장하고 있다.

- **재래시장:** 이 범주는 그 자체로 관심을 받을 만하다. 중국어권 아시아의 많은 지역에서 이런 시장을 '습식 시장(wet market)'이라고 부르는데 그럴 만한 이유가 있다. 이런 시장에 갈 때는 좋은 옷이나 신발은 피하는 것이 좋다. 콘크리트 바닥이 물이나 육류와 어류의 부산물(피, 점액, 비늘 등)로 인해 젖어 있을 때가 많다. 본국의 식료품점에서 맡아보지 못한 비릿한 냄새를 각오하시라. 그러나 많은 타이완인이 날마다 장을 보는 곳이므로 익숙해지면 좋다. 재래시장은 당신과 아이들이 생물학과 해부학에 관한 무료 수업을 받을 수 있는 곳이다. 또한 타이완의 논밭과 과수원, 강과 바다에서 나온 신선하고 풍성한 산물들이 진열된 공간이기도 하다. 이런 시장은 대체로 정부가 만들어 좌판을 상인들에게 대여한다. 상인들은 매일 같은 자리에서 신선한 농산물을 판매한다.

재래시장 구경하기

보도를 걷다 보면 작은 좌판들이 즐비하게 늘어서 있는 침침한 구역에 들어서게 될 것이다. 각각의 좌판은 보통 3×1.5미터 크기의 직사각형 테이블로 이루어져 있으며 그 위에 물건을 진열해놓고 판다. 예를 들어 양배추, 시금치, 케일 같은 각종 엽채류를 펼쳐놓고 파는 좌판도 있고 마늘, 고추, 고구마 등의 단일 품목을 전문으로 취급하는 곳도 있다.

© Charlesimage

재래시장은 타이완의 풍부한 육해공 식료품을 실물 그대로 만날 수 있는 장소다.

소고기, 돼지고기, 조리된 닭, 오리 등 육류를 판매하는 좌판들도 한데 모여 있다. 그러나 이곳에서 뉴욕식 등심 스테이크처럼 익숙한 형태의 육류를 기대하지는 마시라. 타이완 사람들은 요리에 육류를 많이 사용하지 않고 서양에서 익숙한 형태의 고기를 쓰지 않는다. 돼지고기 좌판에서는 돼지머리와 갈비, 옆구리 살, 다리 살, 부속물 등도 볼 수 있다. 타이완의 돼지고기는 특히 신선하고 품질이 훌륭하다고 알려져 있다. 50년 전 가난했던 시절에는 많은 사람이 주기적으로 사먹을 수 있는 유일한 육고기가 암퇘지의 귀였다.

해물 구역에서는 얼음 위에 놓인 신선한 생선들과 오징어, 문어, 갑각류, 조개류를 볼 수 있다. 생선을 구입하면 내장과 비늘을 제거해주지만 머리는 보통 그대로 남긴 채 넘겨준다. 머리를 제거해달라고 미리 부탁한 경우에도 상인들은 머리와 내장을 제거하기 전의 무게로 가격을 계산한다. 그러나 황새치 스테이크처럼 절단해서 파는 생선은 선택한 부위의 무게에 대해서만 돈을 받는다.

두부 장수들도 있다. 두부는 중국어로 '더우푸'로 발음된다. 중국 식단에서 두부는 서양의 유제품처럼 필수 영양소를 공급하기 때문에 크리스는 두부를 '중국인들의 치즈'라고 부른다. 실제로 두부는 치즈처럼 쓰임새도 다양하다.

두부는 대두와 물로 만드는데 수분을 얼마나 제거하느냐에 따라 다양한 형태로 변신한다. 액체 상태의 두부는 더우장(두유)이라고 부른다. 발효 두유는 더우즈(두즙)라고 부르는데, 그것을 다른 방식으로 되직하게 발효시키면 다양한 요리에 양념으로 쓰이는 일본식 미소된장을 만들 수 있다. 수분을 짜내면 크고 넓적한 판 모양의 두부가 나오고 이것을 자르면 서양인을 비롯한 외국인들에게 가장 익숙한 네모반듯한 모두부가 나온다. 그것을 압착해서 썰면 더우푸시(두부채)가 되고, 절여서 말리면 간더우푸(건두부)가 된다. 발효시키면 냄새가 심한 처우더우푸(취두부)가 된다. 향신료와 함께 항아리에 삭히면 더우푸루(삭힌 두부)가 된다. 또한 기름에 튀기면 자더우푸(튀긴 두부)가 되고 얇게 저며서 말리면 더우푸피(두부피)가 된다.

한편 청과물 시장에서는 각종 청과물 외에도 구운 닭고기와 오리고기, 소시지, 야채 절임, 구운 땅콩, 땅콩사탕, 견과류, 건어물 등의 가공식품도 판매한다.

도량형

슈퍼마켓과 편의점은 물건의 중량을 잴 때 미터법을 사용하지만 전통 시장에서 도량형의 기본 단위는 근이며, 중국어로는 '진'이라고 발음된다. 아래에 다양한 도량형 단위의 비교표가 제시되어 있다.

1진(근) = 16냥	600그램
1냥	37.6그램
1춘(촌)	3센티미터(타이완인치)
1츠(척)	30센티미터(타이완피트)
1성(升)	1리터
1궁진(公斤)	1킬로그램
1궁커(公克)	1그램
1궁리(公里)	1킬로미터
1잉리(英里)	1마일
1다(打)	1다스(12개)

청과물 시장의 물건들은 개수(예를 들어 오렌지 네 개에 100타이완달러) 또는 무게(한 근에 20타이완달러)로 판매된다. 농산물 가판대에서는 보통 두꺼운 종이에 펜으로 그날그날의 가격을 써놓는다. 가격이 적혀 있지 않다면 상인이 봉지에 물건을 담거나 고기를 썰기 전에 이렇게 물어보라. "이 진 뚜어 샤오 치엔?(한 근에 얼마입니까?)"

일반적으로 청과물 시장에서는 가격 흥정을 할 수 없다. 그러나 같은 품목을 취급하는 상인이 많으니 일단 시장에 도착하면 여러 상품을 잘 살펴보고 가격이 얼마인지 물어가며 '비교 쇼핑'을 하는 것이 좋다. 어떤 상인들은 당신이 상품을 만지고 냄새를 맡아도 그냥 놔두지만 어떤 상인들은 불평할 수 있다. 일단 시장에 익숙해지고 몇몇 가게의 단골이 되면 그들이 당신의 취향을 기억해 적절하게 생선을 손질하고 갈비를 자르고 파인애플 껍질을 벗겨줄 것이다. 또한 당신이 계속 찾아오도록 더 맛있고 싱싱한 상품을 골라줄 것이다.

옷과 침구류

옷차림의 기준은 업계에 따라 다르다. 많은 사무실에서 정장은 거의 보기 힘들다. 셔츠에 타이 정도면 충분하고, 캐주얼한 옷과 스포츠 재킷이 현지인들에게 인기다. 타이베이를 비롯한 대부분 지역에는 사계절이 있다. 타이완은 열대 섬이지만 타이베이의 2월 저녁은 춥고 을씨년스럽다. 그런데도 난방을 하지 않는 가정과 사무실이 많기 때문에 옷을 여러 겹 껴입어야 한다. 무거운 겨울옷으로 중무장할 것까지는 없다.

5월 중순부터 9월 중순까지 이어지는 여름은 기온 35도, 습도 70퍼센트를 육박할 만큼 무덥고 습하다. 이럴 때는 가벼운 면직물 옷이 필요하다. 타이완의 첨단 섬유 산업은 가볍고 시원하고 습기를 잘 흡수하고 빨리 마르는 새로운 기능성 섬유 생산을 선도하고 있다. 나이키나 아디다스처럼 타이완에서 만든 섬유를 이용해 생산되는 국제 브랜드 제품에 값비싼 비용을 지불하고 싶지 않다면, 야시장이나 소규모 소매점에서 비슷한 섬유로 만든 훨씬 더 저렴한 제품을 찾아보라. 봄과 가을은 날씨가 온화하고 쾌청한 편이지만 2월에서 3월까지 서늘하고 을씨년스러운 겨울(기온 14~18도, 습도 70퍼센트)에는 모직 의류와 천연 소재 내복, 스웨터, 플란넬로 만든 의류가 필요하다.

사시사철 티셔츠는 필수

타이완 남자들은 폴로셔츠나 비즈니스 셔츠 안에 항상 러닝셔츠나 티셔츠를 입는다. 여름에도 마찬가지이며 에어컨이 켜진 사무실에서 일할 때는 특히 더 그렇다. 한의학에서는 땀을 흘린 뒤 찬바람에 몸을 노출시키지 말라고 경고한다. 크리스도 여러 차례 여름감기를 앓고 난 뒤 1년 내내 옷을 두 겹 이상 입는 타이완의 관습을 받아들였다. 그 결과 감기와 축농증이 사라졌고 게다가 딱히 체온 상승으로 인한 불쾌감과 땀 냄새가 심해지지 않았다.

의류 구입하기

많은 브랜드 의류가 아시아에서 생산되는데도 타이완에서 유명 디자이너 제품은 결코 싸지 않다. 게다가 당신의 체형이 평균적인 타이완인과 크게 다르다면 가격에 관계없이 현지에서 구입하는 옷이 몸에 잘 맞지 않을 수 있다. 몸집이 아주 크다면 본국에서 충분한 옷을 챙겨가도록 하자. 그런데도 타이완에서 옷을 사고 싶거나 사야 할 필요가 생긴다면 캐주얼과 스포츠 의류를 사는 것이 안전하고 확실한 방법이다. 야시장과 환절기 세일 중에 백화점에 가면 싼 값에 한두 벌을 건질 수도 있다. 이때 옷이나 신발에 표시된 치수만 믿고 덥석 물건을 사는 것은 금물이다. 여러 가지 국제적인 의류 치수 표기법이 있지만 타이완에서는 자체적인 표기법을 이용하는데다 그나마도 일관되게 적용되지 않는다. 그러니 꼭 입어보고 구매한다.

침구류 구입하기

타이완에 까르푸 같은 외국 대형 매장이 진출하면서 수건과 시트 같은 가정용품을 구하기가 한결 수월해졌다. 그러나 매트리스는 국제적 단일 규격이 적용되지 않기 때문에 시트를 구입하기 전에 사용하고 있는 매트리스 사이즈를 측정해야 한다. 그리고 추운 겨울밤에 따뜻한 침대를 원한다면 전기 담요가 꼭 필요하다. 다음은 매트리스 사이즈 비교표다(아마도 포장에 서양식 단위가 아니라 타이완인치로 표시가 되어 있을 것이다).

매트리스 사이즈 비교표	
침대 유형	사이즈(인치)
미국 킹	72 × 80
미국 퀸	60 × 80
미국 더블	54 × 75
미국 트윈	39 × 75
미국 엑스트라-롱 트윈	40 × 80
타이완 킹	72 × 74.4
타이완 퀸	62.4 × 74.4
타이완 싱글	36 × 74.4

타이베이의 전문 쇼핑지구

다음은 타이완에서 인기 있는 쇼핑 지구와 주요 취급 품목을 정리한 목록이다.

- **광화상창**光華商場 : 컴퓨터, 전자제품
- **스린**士林 **과 티엔무**天姥 : 대나무와 라탄 가구, 도자기, 수입 식료품, 복제 예술품
- **스린 야시장**士林夜市: 현지 먹거리 노점과 젊은이들의 패션
- **시먼딩**西門町 **시장**: 백화점, 신발 매장, 수공예품, 모조 장신구, 카메라, 유흥업소
- **중산베이루**中山北路 : 중국 가구, 도자기와 골동품, 양복점, 부티크, 영어 원서 전문 서점
- **타이베이 101 빌딩 주변**: 고급 브랜드 부티크, 먹거리, 패스트푸드, 타이완 최대의 복합영화관
- **네이후 구**內湖區 : 네이후는 타이베이 북부 지룽 강 건너

편에 생긴 첨단 신도시다. 여기서 사방으로 3블록 이내 거리에서 코스트코, 천균의 대표 가전제품 매장, 인테리어 용품 매장 홀라(HOLA), B&Q DIY 대형매장, 까르푸, RT마트, 에스리트 서점, 케이브스 서점, 기타 가구 및 의류 매장을 찾을 수 있다. 또한 여기서 1마일 거리에 미라마르 시네플렉스와 대회전 관람차가 있다.

- **환허베이루 2돤**環河北路2段 : 북쪽 방향 길에 있는 몇몇 상점에서 중국 골동품 복제 가구를 아주 합리적인 가격에 판매한다.

곰팡이와 좀

앞에서 언급한 날씨와 의류의 특징 때문에 타이완에서는 곰팡이와 좀이 기승을 부린다. 이것은 옷을 입을 때뿐 아니라 일상생활 전반에서 큰 문제가 되고 있다. 벽지에 곰팡이가 슬어 벗겨지고 자주 사용하지 않는 가죽이나 섬유 제품은 좀벌레의 온상이 된다. 유일한 대처법은 좀약을 쓰고 계절이 바뀔 때마다 의류와 담요를 손질해서 보관하는 것이다. 따뜻하고 건조한 날 밖에서 바싹 말렸다가 보관해야 한다. 건조기에 말린 뒤 다림질해서 상자에 넣어도 좋다. 마룻장과 구석 쪽은 쉽게 눅눅해지니 피하고 최대한 건조한 곳에 상자를 두도록 한다.

주방에서도 주의해야 한다. 젖은 행주가 빨리 건조되지 않아 쉽게 부패하기 때문에 자주 세탁해야 한다. 크래커 같은 바삭한 음식이 하룻밤 사이에 눅눅해지는 것을 방지하려면 확실하게 밀봉해둘 필요가 있다. 빵도 곰팡이가 슬지 않도록 밀봉해서 보관한다.

쓰레기 관리

환경의식의 고양과 함께 타이베이 시정부는 쓰레기 분리수거와 재활용 프로그램을 도입했다. 쓰레기는 재활용 물질(플라스틱, 유리, 종이류, 알루미늄/금속 캔)과 채소류(돼지 사료로 활용되는 채소 껍질, 남은 채소 음식), 육류 찌꺼기, 기타 쓰레기로 분류해 폐기한다. '기타 쓰레기'의 경우, 인지가 부착된 파란색 쓰레기봉투에 넣어서 버리는데 가까운 편의점에서 구입할 수 있다. 또한 비닐 남용을 막기 위해 소매업체에서 비닐봉지를 무상으로 제공하지 않는다. 필요하면 봉지 하나당 1타이완달러를 지불하고 구입하거나 장바구니를 가지고 다녀야 한다.

타이베이에서는 동네마다 특정한 시간에만 쓰레기를 수거한다. 단단히 묶은 쓰레기 봉지를 도로경계석이 있는 곳까지 가지고 나와서 세 대의 트럭이 올 때까지 기다리면 된다. 한 대는 재활용품, 한 대는 음식물 쓰레기, 한 대는 기타 생활쓰레기 용이다. 음식물 쓰레기 트럭에는 세 개의 통이 있는데(쓰레기를 버릴 때 코를 막을 것을 권한다). 빨간 통은 육류 찌꺼기와 뼈, 파란 통은 채소/밥/국수 등, 나머지 하나는 음식물 쓰레기를 담았던 비닐봉지를 버리는 용도다. 수거 시간과 장소는 이웃에게 물어보도록 한다.

교통

지난 10년간 많이 개선되긴 했지만 타이완은 여전히 교통지옥이다. 조금이라도 먼저 가려고 경쟁하는 수많은 자동차와 오토바이, 버스들 때문에 하루에 10시간씩 교통이 정체되기 일쑤다. 교통경찰이 충분하지 않을 뿐 아니라 경찰이 있어도 고속도로에서의 과속을 제외하면 좀처럼 교통위반 딱지를 끊지 않는 것으로 보인다. 가족에 대한 책임감만을 강조하고 남들은 신경 쓰지 않는 타이완의 유교적 사고방식도 여기에 일조한다. 운전자들은 교통법규나 통행우선권이 자신의 상황에 맞지 않는다고 생각되면 무시하기 일쑤다. 타이완 농담에도 있는 것처럼, 도로표지판과 신호등은 참고용이지 의무사항이 아니라고 여겨진다.

택시

당신에게 자동차가 없다면 주로 지청처計程車라고 불리는 택시에 의지하게 될 것이다. 가장 바쁜 시간대를 제외하면 택시가 많아서 쉽게 탈 수 있다. 요금은 미터기로 계산하며 그리 비싸지 않다(최초 1.25킬로미터에 대해 70타이완달러). 하차할 때 택시 기사가 미터기 요금보다 많은 금액을 요구하는 경우도 있는데 이는 손님에게 바가지를 씌우려는 행동이 아닐 수 있다. 당국이 주기적으로 택시요금을 조정하는데 기사들이 매번 미터기를 교체하기보다 환산표를 가지고 다니면서 요금을 계산하는 경우가 많다. 이런 상황이 생기면 기사가 요구하는 돈을 주도록 한다. 또한 춘제 기간에 어딘가로 떠나거나 멀고 길이 험한 곳에 가려는 경우에는 때로 기사들이 요금을 협상하려 할 것이다. 다행히도 이제 타이완에 콜택시가 있지만 이 서비스를 이용하면 미터요금에 10타이완달러가 추가 부가된다. 외국인 방문객은 안전택시 서비스(직통전화 0800055850, 휴대전화로는 55850)로 전화를 걸어 영어로 택시를 부를 수 있다.

장거리 이동을 할 경우(예를 들어 타이베이에서 타이중 또는 가오슝으로), 소위 예지처野雞車라는 불법 운영 택시를 이용하게 될 수도 있다. '예지'는 직역하면 '야생 닭'인데 네 명의 승객을 꽉꽉 채우고 위험한 고속질주를 하는 속도광 택시 기사들에게 꼭 알맞은 이름이다. 이런 택시는 밤이건 낮이건 최대한 많은 승객을 태워서 최대한 많이 운행하려고 혈안이 되어 있고 흥분제까지 복용하는 것으로 악명이 높다. 그들은 철도역이나 버스 정거장, 도심의 공항 터미널에서 먹잇감을 기다린다. 장거리 여행을 하려면 당신의 회사에서 소개해준 기사에게 예약을 하거나 직접 차를 운전하거나 버스나 기차를 타고 가는 것이 좋다.

자동차

타이완에서 자동차를 소유하고 유지하는 데는 비용이 많이 든다. 그러나 정부의 수입관세 완화로 지난 몇 십 년간 수입차의 현지 가격은 많이 하락했다. 타이완에서 최고 인기 차종인 도요타 알티스(다른 많은 나라에서 코롤라로 불린다)는 현재 서양 시장에서의 가격과 비슷하다.

법적으로 자동차를 소유하거나 현지 운전면허증을 취득하려면 외국인거류증이 있어야 한다. 자동차를 대여할 경우 국제운전면허증만 있어도 되며, 그렇게 타이완에 체류하는 초기 몇 개월 동안 합법적으로 운전하다가 나중에 현지 운전면허증을 신청하면 된다. 국제면허증이 없어도 현지 면허를 취득할 수 있지만 이 경우 시간이 많이 소요되고 신체검사도 받아야 하는 데다(치아 검진까지 필요하다!) 신청 양식이 중국어로만 되어 있다.

중고차를 구입할 수도 있다. 이 경우 판매계약서와 판매자 소유권 증명서, 자동차등록증 등 필요한 모든 서류를 받아야 한다. 자동차 딜러에게 이 모든 서류 작업을 도와주는 조건으로 자동차를 구매하겠다고 말하고, 당신이 받아야 할 다양한 검사와 납부해야 할 세금에 대해서도 설명을 부탁한다. 또한 여기저기 알아봐서 가급적 보장 범위가 큰 보험에 가입한다. 타이완에서 운전은 쉬운 일이 아니다. 실제로 사고가 종종 일어나는데 많은 현지인이 적절한 보험에 가입되어 있지 않은 데다 외국인이 결부된 경우 더 높은 배상금을 청구하는 경향이 있다. 사건이 원만하게 해결되지 않아 법정소송으로 번지면 분개한 상대방이 결론이 날 때까지 당신의 출국을 막을 수도 있다.

타이완의 주요 도시들은 주차 공간이 절대적으로 부족하다. 건설 회사들이 건물을 지을 때 충분한 주차 공간을 확보하라는 도시계획 명령을 계속 무시하고 있어서 안전한 지하 주차 공간을 찾는 일이 악몽처럼 느껴질 수 있다. 매일 아침 주차 공간을 찾기 위해 많은 시간을 허비해야 한다. 다행히 공영주차장(주차 빌딩, 철로나 고가도로 아래, 도로변) 사정은 많이 개선되었다.

불법주차를 했는데 차가 없어졌다면 아마 견인되었을 것이다. 이럴 때는 보도에 분필로 적혀 있는 자동차번호와 차의 보관 위치를 확인한 뒤 자동차등록증과 운전면허증을 가지고 차를 찾으러 간다. 차를 즉시 찾을 경우 벌금은 1500타이완달러이며 하루가 지연될 때마다 200타이완달러씩 추가된다. 자동차를 찾을 수 없다면 2505-7631로 전화를 걸어(영어 안내가 나올 것이다) # 버튼과 자동차번호를 누르면 자동차 위치를 알려준다.

타이완 시내에서 운전할 때는 아무래도 작지만 견고한 차가 유리하다. 작은 차는 정체된 도로의 작은 틈새를 누비고 다닐 수 있고 유일하게 남은 비좁은 공간에 주차도 할 수 있다. 반면 고속도로를 달릴 때는 튼튼하고 안전한 차가 좋다.

운전을 할 때는 목적지 도착까지 시간 여유를 충분히 두는 것이 좋다. 주변에서 말도 안 되는 일이 벌어져도 냉정을 유지하고 웃어넘기려고 노력하자. 외국인의 눈에는 말도 안 되는 것처럼 보이지만 그 안에서도 나름의 법칙이 있다. 이것을 두고 한 수필가는 "물처럼 흐르는 교통에는 도道가 있다."라고 썼다. 물 분자들은 빽빽하게 뭉쳐서 흐르면서도 장애물을 유유히 피해 움직인다. 타이완 운전자들은 자연과 마찬가지로 공백을 싫어한다. 가고 있는 길 앞에 빈 공간이 생기면 자동차 두 대와 버스 한 대, 오토바이 한 대가 순식간에 그 자리를 채운다. 2차선 도로는 자동차 두 대와 은색 오토바이 한 대가 달리는 3차선 도로가 된다. 그런 도교적인 운전이 없었다면 시종일관 교통 정체를 면치 못할 것이다. 한마디로 타이완의 도로에는 차가 너무 많다.

고속도로에서는 도로 예절을 기대하지 말라. 순식간에 대혼잡이 빚어지기 일쑤고 그렇게 되면 다른 도로에서보다 문제가 더 심각해진다. 운전을 할 때 항상 긴장을 늦추지 말아야 한다. 남북 고속도로는 무료가 아니라 유료다. 몇 년 전에 간선도로 통행료 결제 방식이 완전히 전자화되었다. 따라서 자동차 앞유리에 선불카드가 부착되어 있으면 편하다. 편의점에서 주기적으로 카드를 충전할 수 있다.

오토바이

특히 당신이 독신이거나 아이가 없거나 예산이 빠듯하다면 자동차를 소유하는 대신 타이완에서 '모퉈처' 또는 '지처'라고 불리는 오토바이를 사는 방법을 고려할 수 있다. 타이완은 세계에서 1인당 오토바이 소유 비율이 가장 높은 것으로 보고되었다. 낮 시간 동안 주요 교차로는 마치 도시 오토바이 경주의 출발선처럼 보인다. 신호등이 빨간 불일 때 오토바이들은 자동차가 빽빽이 들어찬 도로의 사이사이를 누비며 자동차들을 앞지른다. 다섯 식구가 베스파 스쿠터 한 대에 아슬아슬 올라탄 채로 달리는 장면도 드물지 않게 볼 수 있다. 아들은 아버지의 무릎 사이에 서고 어머니는 아기를 안은 채 아버지의 뒤에 앉고, 누나는 엄마 뒤에 매달려 있다. 신호등이 바뀌면 50대에서 100대 정도의 오토바이가 엔진 속도를 높이고 연기구름을 일으키며 경주하듯 달려 나간다.

이 대열에 합류할 계획이라면 오토바이가 타이완의 도로에서 불리한 입장이라는 사실을 미리 인지할 필요가 있다. 저속차선이 지정되어 있는 경우 오토바이는 그 차선만 이용해야

© JHENG YAO

낮 시간에 주요 교차로는 마치 도시 오토바이 경주의 출발선처럼 보인다.

한다. 어떤 경우에도 오토바이가 왼쪽 고속 차선에 진입하는 것이 허용되지 않는다. 많은 교차로에서 오토바이는 좌회전이 금지된다(좌회전을 하려면 고속 차선으로 진입할 수밖에 없기 때문이다). 이 경우 그들은 녹색 불일 때 교차로를 가로질러(오른쪽을 고수하며) 횡단보도 앞쪽 도로에 그려진 특별대기구역에 정차한 다음 다시 신호등이 바뀌기를 기다려야 한다.

운전 면허를 딸 때와 마찬가지로 오토바이 면허를 취득할 때도 외국인거류증이 필요하다. 오토바이 운전이 허용되는 국제운전면허가 있는 경우 30일간 이용할 수 있다. 표준적인 승용차와 달리 오토바이 면허와 번호판에는 몇 가지 등급이 있다. 어떤 외국인(특히 취업허가증과 외국인거류증이 없는 사람들)은 무등록 오토바이를 구입해서 면허도 보험도 없이 몇 년 간 타고 다니기도 하는데, 그것은 엄연히 불법이며 그러다가 사고라도 나면 큰 낭패를 볼 수 있다.

지하철(MRT)

타이완에는 MRT가 발달해 있어서 지상의 교통량과 통근 시간의 불편을 줄이고 더불어 공해를 줄이는 데도 도움이 된다. 사람이 많아서 혼잡한 시간에도 타이완 사람들은 노약자와 임산부에게 자리를 양보하는 등 예의바르게 행동한다.

역들은 현대적이고 깨끗하며 승차권 발매기에 목적지가 로마자로 표기되어 있다. 지하철을 타고 가는 동안 표준중국어와 타이완어, 하카어, 영어로 다음 정차역을 알리는 안내방송이 나오니 이를 주의 깊게 듣고 하차하면 된다.

MRT 역에서는 통합 선불 교통카드인 이지카드를 판매한다. 최소 500타이완달러짜리 카드를 구입해야 하지만 지하철과 버스를 탈 때 두루 이용할 수 있고 요금이 20퍼센트 할인되니 유용하다. 이지카드는 공영 주차 건물이나 주차요금 징수기에서 주차료를 지불할 때와 자전거를 대여할 때도 이용할 수 있다. 지하철 요금은 거리에 따라 30타이완달러부터 80타이완달러까지다. 카드를 충전하려면 MRT 역이나 편의점에서 액수를 추가하면 된다. 한편 타이베이에서는 구입한 시간으로부터 24시간, 48시간, 72시간 동안 MRT 및 버스를 무제한 탑승할 수 있는 패스도 판매한다. 추가적인 정보는 http://english.metro.taipei를 참고한다.

도시간 열차

1888년 청나라 때 타이완에 최초의 기관차가 들어왔고 이후 일제강점기 동안 개선되었다. 오늘날 타이완은 서해안에서 동해안에 이르기까지 모든 주요 도시들을 연결하는 우수한 열차 네트워크를 가지고 있으며 갈수록 시설이 개선되

타이베이 시내를 통과하는 도시간 열차.

고 있다. 영문 웹사이트(http://railway.gov.tw/en)를 통해 온라인으로 승차권을 예매할 수 있다. 타이완은 또한 고속철도(HSR) 노선에도 투자해왔다. 이 초현대적인 열차는 최고시속 300킬로미터로 달리며 타이베이에서 가오슝까지 345킬로미터의 거리를 불과 90분 만에 통과한다. 온라인이나 편의점 판매대에서 승차권을 예매할 수 있다(https://irs.thsrc.com.tw/IMINT?locale=en).

시내버스

이지카드 결제 시스템을 도입한 후로 시내버스 여행이 한결 간편해졌다. 타이베이에는 정부에서 운영하는 공영버스와 10여 개가 넘는 지역 버스 회사가 있다. 표준중국어로 버스는 궁궁치처公共汽車 또는 궁처公車라고 부른다. 버스 노선은 번호별로 다르고 정거장은 다른 모양과 색상의 기호로 표시되어 있으며, 목적지는 중국어로만 쓰여 있다.

요금은 이동하는 구간과 버스 종류마다 다르다. 버스 회사에 따라 운전기사 위쪽 앞문에 불 켜진 표지판을 통해 승차할 때 요금을 내는지(上, shang) 하차할 때 내는지(下, xia)를 표시한 경우도 있다. 특정한 긴 구간을 운영하는 버스의 경우 승차와 하차 때 모두 요금을 지불할 수도 있다. 이지카드로 지불하거나, 잔돈이 있다면 현금으로 정확한 액수를 지불하면 된다. 모든 버스에 대한 성인 기본 요금은 구간당 15타이완달러다.

중국어를 모른다면 누군가에게 목적지를 중국어로 써달라고 부탁하라. 타이완 사람들은 대체로 친절하고 말을 붙이기 쉬운 편이다. 버스를 기다리고 있는 사람들이 있다면 당신이 어떤 버스를 타야 하는지 알려줄 것이다. 타야 할 버스가 오면 손을 들어 불러 세운다. 하차할 때는 줄처럼 생긴 하차 벨을 당기거나 하차 버튼을 눌러서 버스 기사에게 미리 알린다. 막차를 놓치지 않도록 유의하자(주로 밤 11시에서 11시 30분 정도).

MRT와 버스 노선을 익힐 때 구글 지도는 없어서는 안 될 필수품이다. 그것은 당신이 어느 지점에서 어느 지점으로 어떻게 가야 하는지를 정확하게 제시하고, 어떤 버스나 MRT를 타고 길을 찾아야 하는지를 상세하게 보여준다.

관광버스와 장거리 시외버스

타이완을 도시별로 관광하고 싶다면 장거리 시외버스가 좋은 교통수단이다. 이런 버스는 편안하고 현대적이고 믿을 만하며 비행기나 고속철도에 비해 느리지만 가격이 저렴하다. 비행기 1등석처럼 좌석마다 평면 화면이 설치된 경우도 있고 내부에 화장실도 있다. 타이베이에서 동해안이나 남쪽으로 향하는 버스를 탈 수 있다. (춘제 같은) 여행 성수기가 아니면 사전예약 없이도 표를 구하기 어렵지 않다.

주요 철도역에서 주요 관광지까지 관광객을 실어다주는 타이완 투어리스트 셔틀 서비스도 이용할 수 있다. 자세한 내용은 https://en.taiwantrip.com.tw/welcome/about을 참고한다.

자전거와 도보

타이완에서 중간 거리나 단거리 이동을 할 때는 이런 친환경적인 교통수단을 이용하는 것도 좋다. 그러나 자전거를 이용할 때는 최대한 주의를 기울여야 한다. 다른 교통수단에 비해 속도가 느리지만 헬멧을 꼭 쓰도록 한다.

세계에서 가장 큰 자전거 회사 '자이언트'가 있는 나라답게 타이완에서는 멋진 자전거 관광을 즐길 수 있다. 타이베이에는 홍수 조절용 제방을 포함해 지룽 강, 단수이 강 주변으로 20킬로미터가 넘는 자전거 도로와 풍광 좋은 공원이 조성되어 있다. 단수이 강을 따라 그랜드 호텔 근처에서 단수이 구까지 자전거를 타고 가거나, 관두 다리를 건너 바리 구까지 갈 수 있다. 주말이면 많은 자전거 동호회와 도로 위에서 즉석으로 형성된 그룹들이 산길을 달린다. MRT 서비스는 주말에 한해 일정 요금을 받고 선별된 역에서 자전거를 열차에 실을 수 있게 허용하기 때문에 인기 자전거 루트에 쉽게 접근할 수 있다. 트립어드바이저에서 두 번째로 많이 추천한 타이베이 아웃도어 활동은 타이베이바이크투어스가 조직하는 인솔자 동행 자전거 시내관광이다(https://taipeibiketours.com).

타이완의 많은 도시에서 자전거를 대여해 여행을 즐길 수 있다. 타이베이에서는 공공 자전거 시스템인 유바이크(https://taipei.youbike.com.tw/en/index.php)에 등록하면 좋다. 대부분의 MRT 역과 많은 버스정거장, 일부 인기 쇼핑가와 관광지에서 유바이크를 이용할 수 있다. 모든 자전거가 똑같이 생겼고 유지관리가 잘 되어 있으며 본인 키에 맞게 안장 높이를 조절할 수 있다. 빌리려는 자전거 거치대에 가서 유바이크에 등록된 이지카드를 갖다 대기만 하면 바로 열쇠가 풀리면서 자전거를 이용할 수 있다. 거치대에서 자전거를 빼는 순간부터 반환할 때까지 요금이 부과되므로 목적지에 도착하면 자전거를 거치대에 확실하게 고정한 뒤 LED 화면에서 반환 처리가 되었는지, 그리고 요금이 차감되었는지를 반드시 확인한다. 가오슝시도 비슷한 프로그램을 운영하고 있다.

전문 선수처럼 체력이 좋고 자전거를 잘 타는 경우, 산으로

© Yves Hsu

타이페이 시내 곳곳에 비치되어 있는 유바이크.
이지카드를 등록하면 언제든 대여할 수 있다.

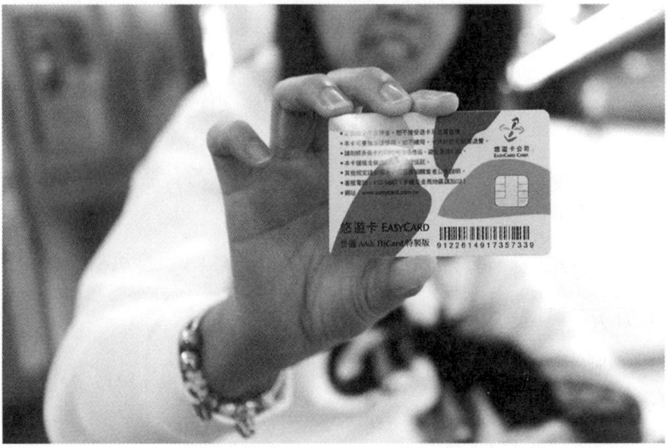

© Pisitphol

모든 교통 시스템을 이용할 수 있는 이지카드.

향하는 것도 좋다. 타이베이 외곽에 있는 양밍산 국립공원은 멋진 풍광과 신선한 공기를 즐길 수 있는 자전거 도로가 많다(주말에는 종종 정체되기도 한다). 동해안과 다른 산의 고개를 통과하는 훌륭한 길들도 있다. 자이언트 자전거의 계열사인 한 자전거 전문 여행사에서 관광 상품을 판매하고 있으며(https://

giantcyclingworld.com/travel/calendar.php) 아니면 그냥 단독으로 자전거 관광을 할 수도 있다(https://veronikasadventure.com/how-to-plan-plan-biking-in-taiwan).

길 찾기

예전에는 중국어를 모르는 외국인이 타이완에서 마땅한 도로 지도를 구하기가 정말 어려웠다. 고맙게도 이제 구글 지도가 생겼다! 이 앱은 구글의 본고장인 미국에서만큼 타이완에서도 훌륭하게 기능한다. 거리 사진과 경로, 목적지까지의 소요 시간, 교통 상황, 인기 목적지까지 모두 영어로 표시되며, 게다가 목적지까지의 경로가 음성으로 안내된다. 다만 영어를 선택한 경우 중국어 지명이 이상하게 발음될 것이다.

도로명

국민당이 일본에게서 타이완을 되찾았을 때 사회화 프로그램의 일환으로 타이베이 지도를 다시 그렸다. 중국 본토의 지리와 철학, 정치사에 대한 지식이 있다면 도로명을 이해하는 데 도움이 될 것이다. 많은 주요 대로들의 이름이 사회적, 정치적 원칙이나 유명한 인물의 이름을 따서 지어졌다. 중산루中山路는 쑨원의 호를 딴 이름이고, 민촨루民權路, 민주루民主路, 민셩루民生路는 쑨원의 삼민주의에서 가져온 이름이며, 그밖에도 런아이루仁爱路, 중샤오루忠孝路 등이 있다. 동서남북에 걸쳐서 타이베이 거리들은 중국에 실재하는 지역에서 이름을 따왔으며 모두 해당 지역의 상대적인 위치에 대응한다. 예를 들어 어메이峨嵋, 청두成都, 쿤밍昆明은 모두 중국 남서쪽 쓰촨성에 있는

지명인데, 같은 이름의 거리들도 모두 타이베이 남서부에 위치해 있다. 중국과 북한의 국경 지대에 있는 지린성吉林省의 이름을 딴 지린가吉林街는 타이베이 북동쪽에 위치해 있다.

주소

중국어 주소는 큰 단위에서 작은 단위 순서로 쓴다. 대강의 형식은 다음과 같지만 일부 항목이 생략되기도 한다.

- 국가 – 도시(市) – 구(區) – 도로(路)나 거리(街) – 도로 구간(段) 번호 – 골목 번호(巷) – 건물 번호(幢) – 층 번호(層) – 방 번호(室) – 회사 또는 사람 이름

주소를 명함이나 광고에 영문으로 번역해 넣을 때는 순서가 뒤집힌다. 하지만 종종 정보가 뒤죽박죽되고 구두점이 혼란스럽게 나열되므로 주의한다. 예를 들어 이런 식이다.

- Wholesome Goodies Pte Ltd, Rm. 1025 Shin Shin Bldg., 96, Zhongshan North Road, Sec. 2, Taipei, Taiwan
- Noodle Trading Inc., 20 Floor, No. 26, Lane 76, Tachih St., Sanchung, Taipei, Taiwan 241

헷갈릴 경우에는 친구나 동료에게 숫자가 건물을 나타내는지, 거리를 나타내는지, 아니면 우편번호인지 물어보라.

학교

타이완에는 다양한 국적의 외국인과 선교 조직들이 세운 국제학교가 점점 많아지고 있다. 타이베이 국제학교와 타이중 국제학교, 그리고 자이와 타이중, 가오슝에 설립된 기독교 학교인 모리슨 아카데미 같은 학교들이다.

타이완 주재 외국인들의 이동 상황에 따라, 당신의 자녀가 원하는 학교에서 교육을 받기 어려울 수 있다. 타이완에 오기로 결정하기 전에 학교에 연락해 자녀들이 들어갈 자리가 있는지 확인하는 게 좋다. 본국의 학교와 커리큘럼이 비슷한 학교에 입학시킨다면 자녀가 겪게 될 문화충격을 완화할 수 있다. 외국인들을 대상으로 하는 교육기관의 목록과 링크는 다음과 같다.

- http://english.moe.gov.tw/ct.asp?xItem=16743&CtNode=11447&mp=1

자녀의 안전

당신의 자녀는 타이완에서 전혀 새로운 세계를 만나게 될 것이다. 특히 어린 자녀는 당연히 외향적이고 사교적일 것이며, 따라서 안전한 환경을 만들어주는 것이 중요하다.

일단 집안을 아이들에게 안전한 공간으로 만들어야 한다. 많은 세제와 유해 화학물질이 안전한 포장 없이 생산되며, 어쩌면 어린아이들의 흥미를 끄는 알록달록한 매력적인 모양일 수 있다. 멘토스 사탕과 구분하기 어려운 투명 비닐에 포장된 좀약도 있다. 모든 유해 화학물질을 어린아이의 손이 닿지 않게 보관해야 한다.

우리는 앞부분에서 타이완의 교통에 대해 이야기했다. 타이베이에서는 운전자들이 보행자가 있으면 일단 차를 멈출 거라고 장담할 수 없다. 타이완에서는 여러 가지 실용적인 이유로 자동차에 우선통행권이 있다. 그러니 아이들이 길에서 놀지 못하게 해야 한다. 본국에서 자전거를 탔던 아이들이 타이완에서 자전거를 타려 할 경우, 처음에는 함께 나가 실제 도로 상황에서 훈련시킬 필요가 있다. 항상 헬멧을 쓰고 방어적인 자세로 타도록 하고 자전거 묘기를 부리는 것은 금물이다. 또한 현지에 있는 뱀과 해충들에 대해서도 알려주고, 혹시라도 그런 것을 가지고 장난치지 않도록 가르친다.

영어를 할 줄 아는 경찰, 의사, 병원, 의원의 전화번호를 가까운 곳에 적어두는 것도 현명한 방법이다. 집에서 가장 가까운 병원이 어디인지 알아두고, 응급실 위치와 상태를 확인하기 위해 미리 방문해보는 것도 좋다. 당신은 지금 타국에 있으며 응급 상황에서 언어 문제와 불확실한 상황으로 인해 시간이 지연될 경우 그것이 생사를 가를 수도 있다는 사실을 명심해야 한다.

타이완에서 외국인 아이들을 상대로 한 범죄는 필리핀 등 주변 국가들만큼 흔하지는 않다. 그래도 결코 경계를 늦춰서는 안 된다. 학교에서 아이들이 '나쁜 패거리'에 빠질 가능성도 있다. 외국인 아이들이라고 하면 흔히들 부유한 배경을 상상하지만 외국인 아이들로만 이루어진 폭력단도 존재한다. 항상 자녀의 행방을 알아두고 그 나이에 적절한 수준의 개인적 책임을 강조한다. 십대 자녀가 있다면 타이완의 법과 법 집행이 본국과 같지 않다는 것을 인식시켜야 한다. 인신 보호의 개념과 '정당한 법 절차'가 본국과 같지 않으며, 그들이 법을 어길 경우 외국인이라는 사실이 결코 보호막이 될 수 없다는 사실을 알려줘야 한다.

마리화나, 코카인, 헤로인, PCP, 환각제, 필로폰 등의 마약은 불법이지만 암암리에 거래된다. 마약 소지와 판매에 대한 처벌이 엄격하지만 수요는 계속 증가하고 있다. 물론 서양에서만큼 심각하지는 않지만 마음만 먹으면 마약을 구할 수 있는 상황이니 자녀가 혹시 문화충격의 스트레스를 이런 식으로 해결하려는 징후가 보이는지 민감하게 살피도록 한다.

건강

외국으로 이주한 뒤에는 건강이 악화되기 쉽다. 시차로 인해 피곤한 상태로 도착해서 새로운 일상과 요구에 직면해야 하므로 어쩌면 장에 탈이날 수도 있다. 밤에 지친 몸으로 잠자리에 들고 아침에 깨어나면 오늘도 힘든 하루가 당신을 기다리고 있다. 여기에 문화충격까지 겪고 있다.

이럴 때는 자신에게 친절하고 관대해져야 한다. 병에서 회복될 시간을 갖도록 하자. 끌려다니기보다는 스스로 속도를 조절해 경주를 끝마칠 수 있어야 한다. 평소에 하던 운동을 계속 하려고 노력하자. 본국에서 조깅을 하거나 테니스를 치거나 골프를 쳤다면 타이완에서도 당신이 가입할 수 있는 클럽과 시설에 대해 알아보라. 그리고 관심과 취미를 공유할 수 있는 새로운 친구와 동료들과 만나며 인맥을 쌓는다.

기후 역시 본국과 다를 것이다. 여름에는 매우 덥고 습한데 자연스럽게 열을 식힐 방법이 별로 없다. 그렇다 보니 사람들이 에어컨에 의존하게 되었지만 자칫 여름감기에 걸릴 수 있다. 이를 예방하기 위해서는 현지 관습을 따르고 1년 내내 속옷을 입는 방법을 배워야 한다. 대부분의 가정과 많은 사무실에서 난방을 하지 않기 때문에 겨울에는 추울 수 있다. 이 때도 마찬가지로 건강을 지키기 위해 여러 겹의 옷을 덧입도록 한다.

물

무더운 여름에는 탈수증을 조심해야 한다. 그런데 과연 물은 그냥 마셔도 안전할까? 이 질문에 대한 답을 하자면, 타이완 사람들은 수돗물을 그냥 마시지 않고 끓이거나 정수해서 마신다. 크리스는 베이터우 구에서 몇 년간 끓이지 않은 물을 마셨지만 탈이 난 적은 없었다. 그러나 그 방법을 시도해보라고 굳이 권하지는 않겠다.

박테리아와 바이러스 외에도 물에는 (살충제 같은) 화학물질과 중금속이 들어 있다. 이런 성분들은 곧바로 탈을 일으키지는 않지만 결코 덜 위험하지 않다. 물을 끓여도 제거되지 않고 몸에서 배출되지도 않다. 시간이 경과하면서 체내에 축적되어 몸에 치명적인 영향을 미칠 수 있다. 요리용과 식수용 물은 정수해서 끓여 먹을 것을 권한다. 많은 현지인과 외국인은 생수를 배달시켜 먹는다.

음식

모든 것이 그렇듯 음식에도 음과 양이 있다. 타이완에서 사는 동안 음식은 몸에 생기와 활력을 줄 수도, 반대로 기를 빼앗고 병을 불러올 수도 있다.

현지에서 구할 수 있는 식자재들은 대체로 아주 건강하다. 신선하고 맛좋고 다양한 과일과 채소는 영양과 섬유질, 비타민을 제공한다. 그러나 깨끗하게 씻어 먹는 것이 중요하다. 타이완에서는 여전히 소규모 채소밭에서 화학약품과 가공하지 않은 천연비료(인분과 돼지 분뇨)를 이용하는 것이 일반적이다. 예전에 사용이 허용되었던 DDT와 그밖에 환경적으로 부적절한 화학약품 잔류물이 여전히 토양에 남아 있을 수 있다. 그러므로 채소는 물에 담갔다가 씻고 푹 익혀 먹어야 한다.

타이완 사람들은 재래시장에서 사온 신선한 육류나 해산물을 물로 헹궈서 얼린다. 우리도 이 방법을 추천한다. 시장에서 냉동용 팩을 구입할 수 있다. 모든 육류와 해산물은 스시와 회로 먹지 않는 한 완전히 익혀야 한다.

또한 분위기와 가격대는 각기 다르지만 모든 뷔페와 카페테리아와 노점에서 오염된 음식을 제공할 수 있다는 사실을 인식해야 한다. 그런 음식점을 전염병처럼 무조건 피하라는 얘기는 아니다. 다만 음식을 선택할 때 신중을 기해 최근에 조리한 것으로 보이거나 주문과 함께 즉시 조리해주는 음식을 먹는 것이 좋다.

뷔페에서는 달걀과 마요네즈, 싱싱하지 않고 상한 것처럼 보이는 음식은 피하라. 한 친구는 5성급 호텔에서 조식을 먹은 직후 심한 식중독에 걸린 적이 있는데, 주문해 먹은 오믈렛 속 재료가 잘 익지 않은 데다 달걀이 신선하지 않았던 모양이라고 했다.

크리스는 한 호텔 레스토랑 뷔페에 갔다가 색다른 경험을 했다. 뷔페 끝에 설치된 큰 도마 위에 뼈가 그대로 붙어 있는 커다란 돼지 넓적다리가 놓여 있었다. 크리스가 다가가자 요리사는 마치 그것이 소고기인 것처럼 어떻게 익혀주기를 원하는지(미디엄 레어인지 웰던인지) 물었다. 그가 선뜻 선택하지 못하고 일행에게 조언을 구하니 타이완 돼지는 세계적으로 건강하기로 유명해서 기생충이 없기 때문에 푹 익힐 필요가 없다고 했다. 이런 명성은 최근 구제역 발병으로 다소 훼손되기는 했다. 한편 고기를 어떻게 조리할지 선택할 때 타이완 사람들은 '미디엄'이나 '웰던'이라는 용어를 사용하지 않는다. 그들은 점수 체계를 이용해 "몇 점으로 익혀드릴까요?"라고 묻는다. 10점이면 웰던이고 7~8점이 미디엄, 4~5점은 레어에 해당한다.

타이완식 조리법에서 또 하나 주의해야 할 것은 글루탐산나트륨(MSG)이라는 식품첨가물이다. 현지에서는 웨이징味精이라고 부른다. 음식점에서 식재료를 양념해서 재워두거나 조리할 때 이 화학조미료를 소금처럼 뿌린다. 어떤 이들은 MSG에 알레르기 반응을 일으켜서 콧물이 나거나 눈이 가려운 증상을 경험할 수 있다. 당신이 MSG에 민감하다면 요리사에게 웨이징을 넣지 말아달라고 부탁하라. "칭 부야오 지아 웨이징."이라고 말하면 된다.

본국에서 당신이 애용하는 소화제를 챙겨가는 것은 좋은 생각이다. 현지에서는 바오지완保済丸(포차이필)이라는 구토와 설사 치료제가 인기다. 이 전통적인 생약 제제는 편리한 플라스틱 통에 담겨 나오는데, 안에 들어 있는 작은 환약을 한꺼번에 입에 털어 넣고 따뜻한 물과 함께 삼킨다. 현지에서 구할 수 있는 부드러운 지사제로는 스멕타가 있는데 봉지에 든 분말 형태로 판매된다. 따뜻한 물에 내용물을 넣은 뒤 저어서 마신다. 그러나 구토나 설사가 세 번 이상 반복된다면 병원에 가서 손실된 체액을 빠르게 보충하는 것이 좋다.

공해

타이베이는 지리적으로 산으로 둘러싸여 우묵한 '대야' 같은 지형이다. 이런 위치 때문에 한 친구는 타이베이에 왔을 때 "이걸 전부 언제 쏟아버리지?"라고 농담 삼아 말했다. 말하자면 타이베이가 산으로 둘러싸인 분지에 위치해 있어서 자동차와 공장, 가정에서 배출되는 매연이 빠져나가지 못하고 고여 있다는 것이다. 그래서 특별히 민감하지 않은 사람도 기침을 하고 건강한 사람도 힘들어한다.

시내에서는 일상적인 아침 달리기도 아주 고통스럽고 몸에 해로울 수 있다. 공원에서 운동을 하려면 아주 이른 아침에 공해 수치가 더 높아지기 전에 하는 것이 좋다. 달리기를 하거나 자전거를 타거나 오토바이를 탈 때 현지인들처럼 마스크와 안경을 쓸 것을 권한다. 마스크가 성겨서 기체 오염물질을 다 걸러내지는 못하지만 최소한 고체 입자가 코와 폐, 눈에 들어가는 것은 막아줄 것이다. 콘택트렌즈 이용자라면 렌즈를 철저히 세척하고 항상 점안액을 챙겨 다니도록 한다.

그러나 최근 타이완의 대기 질이 상당히 개선되었다는 점에 주목해야 한다. 타이베이의 오염지수는 뉴욕이나 보스턴 같은 다른 대도시와 비슷한 수준이다. 어느 날은 타이베이의 대기 질 지수가 59인데 베이징은 무려 250이었다.

담배연기는 이제 그만

중국이나 일본과 마찬가지로 타이완은 한때 흡연자들의 천국이었다. 정부 소유의 티이완담배주류공사는 언제나 인기 있는 '장수' 담배를 생산해 미화 10억 달러에 육박하는 연매출을 기록했다. 타이완 사람들은 담배 피우는 것을 좋아한다. 흡연은 젊은이와 노인 모두에게 일반적이었는데 다만 여성이 담배를 피우는 것은 죄악시되었기 때문에 거리에서 흡연하는 여성을 보기 쉽지 않았다. 그러나 정부는 국민건강보험 프로그램을 도입해 흡연과 관련한 질병이 인체에 얼마나 큰 악영향을 미치는지를 10여 년간 지켜본 뒤 마침내 강력한 법을 제정했다. 타이완은 이제 아시아에서 두 번째로 실내 공공장소에서의 흡연을 금지한 나라가 되었다. 금지 범위를 자동차, 오토바이, 보행자에게로까지 확대하는 것도 고려하고 있다. 전자담배는 불법이며, 담뱃갑에 끔찍한 이미지를 눈에 띄게 인쇄하도록 의무화했다. 그 결과 흡연율이 인구의 20퍼센트 미만까지 떨어졌다(미국과 비슷한 수준). 예를 들어 남성의 53퍼센트가 흡연하는 중국과는 상당히 비교되는 수치다.

그럼에도 여전히 전통적인 타이완인이 중국어를 못하는 외국인과 있을 때 어색한 분위기를 깨기 위해 시도하는 가장 친근하고 흔한 방법은 담뱃갑을 꺼내서 내미는 것이다. 이럴 때 일부 서양의 비흡연자들이 그러는 것처럼 인상을 찌푸리며 거절하면 무례하고 문화적 융통성이 결여된 사람으로 보인다. 가장 정중한 거절은 손가락을 쫙 펼친 손을 입술로 가져가면서 고개를 숙여 "씨에씨에, 워 부 씨옌(감사합니다만 저는 담배를 피우지 않습니다)."이라고 말하는 것이다.

조심해야 할 질병

- **결막염:** 대기오염물질에 대한 알레르기 반응 및 바이러스/박테리아 감염에 의해 초래되는 심각한 눈의 염증으

로 전염성이 매우 높다. 우리 부부는 비슈롬 점안액 같은 처방전 없이 구입 가능한 안약을 조기에 사용하면 결막염으로 진행되기 전에 알레르기 반응을 멈출 수 있다는 것을 발견했다. 그렇지 않으면 병원에 가서 치료해야 한다.

- **간염:** 타이완에서 건강을 위협하는 중요한 요인이다. A형 간염은 식품과 물을 통해 전염된다. 외식을 할 때는 음식과 물의 위생 상태가 좋은 깨끗한 음식점을 선택하고, 플라스틱 젓가락이나 1회용 나무젓가락만 사용하라. 재사용이 가능한 나무젓가락은 세척이 제대로 되지 않았을 수 있다. B형 간염은 더 흔하고 심각해서 간질환이나 간암으로 이어질 수 있다. 에이즈와 마찬가지로 체액을 통해 전염되며 경구 전염은 드물다. 몇 차례의 백신 접종으로 예방할 수 있다.
- **결핵:** 서양 국가에서보다 타이완에서 더 큰 위협이다. 결핵은 서서히 주로 폐를 공격하며 감염자의 가래를 통해 전염된다. 세균이 마른 침에서도 몇 달씩 살 수 있다. 그러니 역시 외식을 할 때 안전한 젓가락과 깨끗한 식기만 사용하는 것이 좋다. 접시에서 음식을 덜 때는 개인 수저보다 서빙 스푼을 이용한다.
- **성병:** 특히 타이완에서 제공되는 성적인 향락을 경험하려는 사람들이 조심해야 할 질병이다. 설령 상대가 한 명뿐이라도, 그가 누구라도 조심해야 한다. 마닐라와 방콕에서만큼 심각하지는 않지만 매독과 임질부터 간염과 HIV에 이르기까지 다양한 질병에 감염될 수 있다. 외국인 성병 치료를 전문으로 하는 병원이 많으며 광고도 한다. 그런 병원들이 많은 데는 이유가 있다!

- **사스와 조류독감:** 사스(SARS, 중증급성호흡기증후군)는 2003년 겨울 치명적인 위력으로 타이완을 덮쳤다. 과학자들은 그것이 중국 광둥성의 외래동물 도축장에서 시작되었고 인간에게 감염되면서 홍콩, 타이완, 동남아시아, 캐나다 토론토로 확산되었다고 믿는다. 증상은 독감, 폐렴과 상당 부분 비슷하며 발열, 몸살, 오한, 코 막힘, 호흡 곤란 등을 포함한다. 사스는 갑작스럽게 발병하며 항생제에 반응하지 않는다. 혹시 독감철에 타이완을 여행한다면 출입국 심사대 입구에서 열을 재는 상황을 목격하게 될 것이다. 실제로 독감이 발생한 경우에는 백화점, 음식점, 기차역에서도 열을 재며, 도처에서 손세정제와 안면 마스크를 보게 될 것이다. 그럴 때는 각별히 조심하고 독감 증상이 있으면 즉시 병원을 찾아야 한다.

뱀, 벌레, 모기

도시 괴담일지도 모르지만 제2차 세계대전 중에 일본은 타이완에서 동물의 독, 특히 독사의 독에 관한 연구를 대대적으로 실시했다가 전쟁이 끝난 뒤 실험동물을 모두 풀어줬다는 이야기가 있다. 그것이 사실인지는 모르지만, 어쨌거나 타이완은 코브라와 독사, 산호뱀들의 온상이다. 그러니 풀밭을 걸을 때는 항상 주의를 기울여야 한다. 뱀들이 놀라서 피하도록 소리를 내며 걷거나 지팡이를 이용해 앞길을 헤치며 걷는 것이 좋다.

어떤 뱀을 만나도 경계해야 한다. 누군가 물리면 나중에 의사가 어떤 해독제를 쓸 것인지 판단할 수 있도록 가급적 뱀을 죽여서 봉지에 담아 병원에 가져가고, 아니면 최소한 사진을 찍어두거나 뱀의 크기, 색, 무늬 등을 정확히 기억해둔다. 한편 부상자는 움직이지 않고 안정을 취한다. 구급상자에 뱀독을 제거하는 방법을 보여주는 응급처치 장치가 있으면 좋겠지만, 없더라도 최소한 물린 자국에 얼음찜질을 해 독의 확산을 늦출 수는 있다. 공격한 뱀이 어떤 종류인지 알면 최대한 빨리 가까운 응급실로 가서 해독제를 구한다. 재향군인종합병원에서 독성학 특별반을 운영하고 있으니 더 궁금한 사항을 문의해보는 것도 좋다. 외국인 복지관에서도 지역 뱀들과 독사의 생김새에 관한 정보를 구할 수 있다. 타이완에 서식하는 뱀들을 전문으로 다루는 훌륭한 웹사이트(http://snakesoftaiwan.com)도 있다.

댕기열과 일본뇌염 같은 모기가 옮기는 질병들 역시 타이완에서 큰 걱정거리다. 문과 창문에 방충망을 달고 집 주변에 모기의 번식지 역할을 하는 고인 물이 없는지 자주 점검한다. 화분 물받이와 화병, 심지어 자주 사용하지 않거나 물을 내리지 않는 변기도 여기에 포함된다. 모기퇴치 장치로 향처럼 서서히 태우는 모기향과 소켓에 플러그를 꽂아 사용하는 현대식 전자모기향이 있으며, 모기가 많은 지역에 산다면 침대에 모기장을 설치하는 것이 좋다.

의료보험

1995년 타이완은 모든 국민이 매월 그리 많지 않은 액수의 보험금을 내고 의료비를 보장받을 수 있는 국민의료보험(NHI) 프로그램을 도입했다. 또한 최근에는 모든 외국인거류증 소지자들도 NHI에 가입하도록 하는 법이 제정되었다. 보험료는 소득에 따라 다르다. NHI 카드가 있으면 적게는 1회당 50타이완달러로 병원 진료를 받을 수 있다. 치과도 포함된다. 더 상세한 정보는 https://nhi.gov.tw/English를 참고한다.

병원

전 세계적으로 병원은 점점 복잡한 관료주의적 절차로 인해 의료 서비스에 지장을 주는 것 같다. 관료제라는 개념의 발상지라고 할 수 있는 중국과 문화를 공유하는 나라에서 이것이 덜할 거라고 기대하지 마시라. 타이완에서 병원에 갈 때는 꼭 챙겨가야 할 것들이 있다. 현금과 신분증(여권 또는 외국인거류증), NHI 카드(발급받았다면) 그리고 상당한 인내심이다. 이 데스크 저 데스크를 오가며 장시간 대기하고 진료비를 매번 미리 수납해야 한다.

예를 들어 당신이 심한 중이염에 걸렸다고 가정하자. 배우자가 당신을 병원에 데려오고 당신은 접수처로 간다. 직원에게 증상을 간략하게 설명하고 영어를 말하는 의사를 요청하니 직원은 먼저 접수와 수납을 해야 한다고 말한다. 그런 다음 당신은 번호표를 받는다. 이제 대기 구역으로 간다. 번호표를 간호사에게 보여주니 어디서 대기해야 하는지 알려준다. 번호표에 적힌 번호가 호출되면 드디어 진료실로 들어갈 수 있다. 의사가 당신을 살펴보고 귀를 검사하고 몇 가지 질문을 한 뒤 처방전을 준다. 약값을 수납하고(보통 600타이완달러 미만) 영수증을 조제실에 보여주면 약을 받을 수 있다. 신용카드로 수납하려는 경우, 당신이 카드 수납자임을 알리는 작은 카드를 받게 된다. 당신이 들르는 창구마다 직원에게 이 카드를 보여주면 직원이 청구서를 중앙 데스크로 보낼 것이고 그곳에서 한꺼번에 수납할 수 있다.

특정 병원에서는 예약진료와 대기시간 단축, 영어 서비스, 전반적인 이동 감소 등을 포함하는 (외국인에 대한) VIP 서비스를 제공하지만 그에 대한 비용은 감수해야 한다.

의원

증상이 가벼운 질환에 대한 경제적인 대안은 주요 도로에 줄지어 있는 작은 의원들을 찾아가는 것이다. 거리마다 다양한 전문 의원이 있다(ENT는 귀Ear, 코Nose, 목구멍Throat, 즉 이비인후의 약자다). 이런 의원들은 보건부로부터 면허를 받은 곳이며 보통 의사 한두 명이 운영한다. 편리한 시간에 문을 열고 예약 없이 환자를 받지만 영어를 말하는 직원이 없는 경우가 많다. 운이 좋으면 해부, 열, 기침, 불편함을 뜻하는 영어 어휘를 이해하는 의사를 만날 수 있고, 그렇지 않으면 순전히 눈으로 보고 상태를 파악해야 한다. 그들은 보통 3일치의 알약이나 물약을 처방하며, 예약을 하는 경우 의원을 한번 찾을 때마다 평균 200타이완달러의 비용이 들 것이다.

약국

타이완에서 약국은 정부와 보건당국의 규제를 받지 않는다. 중국어로 약을 주문하는 법을 안다면 본국에서는 처방전이 있어야만 구할 수 있는 많은 약들을 처방전 없이 구입할 수 있다. 이것은 나름의 장점과 단점을 갖는다. 알레르기처럼 반복적인 증상이 있는데 필요한 약을 안다면 병원에 갈 필요 없이 약을 구할 수 있다. 반면에 바륨 같은 특정 약물을 언제든 구할 수 있으니 쉽게 남용할 수 있다는 단점도 있다. 병원 조제실에서는 의사가 처방한 약만 공급한다.

범죄

타이완에는 몇 종류의 범죄자들이 있다. 문화적 언행을 조심하고 그들을 자극할 수 있는 상황이나 그들이 주로 다니는 구역을 피한다면 대체로 괜찮다. 범죄자들은 조직범죄단, 청소년 폭력단, 개인 범죄자(도둑, 소매치기, 폭력배, 밀매자), 이렇게 크게 세 집단으로 분류된다.

조직범죄

타이완의 조직범죄단은 청왕조 때 명왕조를 재건하기 위해 결성된 애국적 비밀결사대에서 발전했다. 자신들의 대의명분이 점차 약해지자 범죄로 눈을 돌리기 시작했는데 요즘은 갈취, 공갈, 매춘, 밀수, 멸종위기종 밀거래 등을 하고 있다. 그들은 또한 일본 야쿠자와도 관계를 맺고 있다. 당신이 그들과 사업을 한다거나 매춘부를 때리는 등의 문제를 일으키지 않는다면 두려워할 이유는 없다.

폭력단

청소년 폭력단은 더 큰 걱정거리일 수 있다. 그들은 주로 감정에 의해 행동하기 때문에 예측하기가 어렵다. 타이완은 무장강도에 대해 사형 같은 강력한 처벌을 내려 시민들을 보호하고 있다. 폭력 범죄가 증가하자 특정 흉악범들을 '청소했고' 그 결과 범죄율이 상당히 떨어졌다. 칼이나 드라이버 이상의 무기를 소지한 복면강도를 만날 가능성은 크지 않다. 만약 무기를 든 사람을 만났다면 저항하다가 다치느니 차라리 그가 원하는 것을 선선히 내주는 편이 낫다.

도둑

아무리 안전한 동네에 살게 되더라도 집에 항상 안전장치를 마련해야 한다. 이사를 가면 바로 집 열쇠를 바꾸고, 길에서 접근할 수 있는 1층이나 저층에는 꼭 방범창을 달도록 한다. 자체적인 경비원이 있는 '통제된 동네'에서도 가택 침입은 발생한다. 몇 년 전 안전할 거라고 생각했던 상류층 거주지에 강도들이 승합차를 몰고 와서 어떤 집을 완전히 털어 달아난 사건도 있었다.

도난당한 물건을 되찾을 가능성은 거의 없다. 당신이 소유한 모든 귀중품의 목록을 만들어 가능하면 사진, 평가액, 영수증과 함께 보관하고 보험에 들어두는 것이 좋다.

길에서

길에서는 범죄 피해자가 될 확률이 훨씬 높다. 예를 들어 만일 교통사고가 나서 택시 기사와 언쟁을 벌이는데 갑자기 그가 드라이버를 들고 당신을 쫓아와도 놀라지 마시라. 또한 사람들은 자기 집 앞이나 가게 앞을, 그곳이 주차구역이건 아니건 자기 소유로 취급한다. 그나마 점잖은 사람들은 중국어로 '주차 금지'라는 표시를 하는 정도지만 최악의 사람들은 '자신들의' 공간에 차를 대지 못하도록 의자며 콘크리트 블록, 타이어 따위의 온갖 장애물을 끌어다 세워둔다. 만일 당신이 그들의 경고를 듣지 않으면 자동차 후드나 문에 길고 깊게 긁힌 상처가 생길 수도 있다. 경찰에 신고해봐야 소용없다. 그냥 자동차정비소로 가거나 보험회사에 전화를 하시라.

자연재해

타이완에는 주기적으로 덮쳐오는 두 종류의 자연재해가 있다. 바로 지진과 태풍이다. 태풍은 타이완과 필리핀 동쪽 태평양에서 발생하는 기상현상으로 강한 폭풍우를 동반한다. 이것이 대서양에서 발생하면 허리케인이라 부른다. 태풍은 시속 150킬로미터를 초과하기도 하는데 이 정도면 비가 거의 수평으로 내리고 자동차가 다리에서 떨어질 수 있다.

당연한 말이지만 태풍이 닥쳐오면 공공 서비스에 차질이 생겨 며칠씩 수도와 전기가 끊기기도 한다. ICRT(지역 영어 라디오 방송국)에서는 7월부터 9월까지 태풍철에 타이완으로 접근하는 태풍의 진행 상황을 보도하고, 태풍이 타이완으로 향하면 텔레비전 방송국이 계속해서 보도한다.

태풍이 닥치기 며칠 전부터 충분한 얼음을 만들어두는 것이 좋다. 혹시 전기가 끊기면 식품을 신선하게 보관하기 위해 필요하다. 그리고 상자에 '태풍 키트'를 비치해둔다. 그 안에는 손전등과 여분의 배터리, 배터리로 작동하는 라디오, 양초, 성냥, 고형 알코올 캠핑 연료나 휴대용 가스버너와 가스통, 창문에 붙일 테이프, 식수를 담을 빈 접이식 용기, 건조식품이나 즉석국수, 참치 통조림 등을 넣는다. 이런 응급 키트는 평소에도 가까운 곳에 보관해야 한다. 집에 욕조가 있는 집은 태풍이 예상되는 전날 배수구를 막고 물을 채워둔다. 이렇게 하면 수돗물이 끊겼을 때도 화장실 물을 내리거나 간단히 몸을 씻을 수 있다. 휴대전화를 충전할 USB 배터리팩도 완전히 충전해둔다. 태풍이 닥치면 전기가 나갈 수 있지만 무선 인터넷과 통신 회선은 대체로 유지된다.

태풍이 올 때는 집에 머물러 있는 것이 상책이다. 태풍의 눈에 들어가면 바람이 잠잠해지고 날씨가 개지만 그것은 일시적인 현상일 뿐이다. 곧 폭풍이 닥칠 것이다. 외출 중에 폭풍우를 만나지 않도록 실내에 머물고 창가에서 멀리 떨어져 있도록 한다.

타이완은 또한 화산과 단층대가 태평양 주변을 둘러싸며 고리 모양을 형성하고 있는 환태평양 지진대에 속한다. 그래서 지진에 취약하며, 1999년 9월 타이중을 강타한 대지진처럼 아주 심각힌 지진도 일어난다. 이 때 타이베이에 있는 몇몇 건물에서도 리히터 규모 7.6이 측정되었다. 2000명이 넘는 사람이 목숨을 잃고 40만 명이 집을 잃었다. 광범위한 정전이 발생했고, 신주과학공원에서 생산이 몇 주 동안 전면 중단되어 세계 반도체 가격이 큰 폭으로 상승했다. 타이완에서 역대로 가장 심각한 지진이었다. 그런 지진은 드물어도 소규모 지진은 주기적으로 발생하기 때문에 항상 주의를 기울여야 한다. 태풍에 대비해 준비한 비상 상자는 큰 지진이 닥쳤을 때도 유용하다. 만약의 사태에 대비해 가스와 수도 밸브, 전원차단기의 위치와 차단법을 알아둔다. 또한 무거운 물건을 높은 선반에 올려두지 않는다. 지진이 발생하면 자칫 떨어져서 부상을 초래할 수 있다. 진동이 느껴지면 창문이 깨질 수 있으니 창가에서 멀리 떨어져서 출입구 밑이나 냉장고 옆에 서거나 책상 밑으로 들어간다. 건물을 탈출하려고 엘리베이터를 타는 것은 금물이다. 반드시 계단을 이용한다.

태풍과 지진 소식은 중화민국 중앙기상국 웹사이트(http://cwb.gov.tw/eng/index.htm)에서 영어로 계속 확인할 수 있다. 타이완은 지진 강도를 측정하는 단위로 리히터 규모를 사용한다. 지진계에서 규모 4 이상으로 측정된 지진에만 식별번호를 부여하고, 그보다 작은 진동도 기록은 하지만 식별번호를 달지 않는다. 예를 들어 이 장의 원고를 마무리한 주에는 총 12건의 지진이 기록되었지만 그중 하나에만 식별 번호가 주어졌고 타이베이에서 우리는 진동을 전혀 느끼지 못했다.

이런 경고들 때문에 타이완 방문을 꺼리지는 않기를 바란다. 지진과 태풍, 뱀들과 범죄조직의 위험 속에서도 타이완 사람들은 수백 년 동안 이 섬에서 잘 살아왔다. 그들은 미래의 도전에 언제든 맞설 준비가 되어 있고 그 과정에서 더 나은 사회를 만들어가고 있는 행복한 사람들이다. 그들은 당신을 환영할 것이고 당신 역시 그들을 마음으로 받아들이면 모든 문화충격을 극복할 수 있다.

6

타이완의 음식

음식은 반복되는 상징인 동시에 배경이다.
주사부의 미각 상실은 삶의 의욕 상실과 동시에 시작된다.
주가천의 요리에 대한 사랑은 좌절된 어린 시절의
욕망에서 비롯되었으며, 가령이 웬디스에서 일하게 된 것은
서구 문화가 현대 중국으로 유입되고 있음을 말해준다.

– 영화 〈음식남녀〉[4]에 대한 제임스 바라디넬리의 리뷰 중에서

타이완에서 먹는 것은 중요한 관심사이고 걱정거리이며 또한 큰 즐거움이다. 기아와 불경기와 인구 과잉을 겪어온 나라에서 어찌 보면 당연한 일인지도 모른다. 표준중국어로 "안녕하세요?"에 해당하는 인사말은 "츠판러마?吃飯了嗎"인데, 직역하면 "식사 하셨어요?"를 뜻한다. 다행히도 지금 타이완에는 먹을 것이 풍부하고 타이완 주방장과 중국 본토 출신 주방장들은 요리의 달인들이다.

일단 타이완에 정착했으면 당연히 밖으로 나가서 다양한 음식을 즐기고 싶을 것이다. 그러나 타이완의 음식점과 야시장으로 모험을 떠나기 전에 몇 가지 알아둬야 할 것이 있다. 타이완 사람들이 식사와 여흥을 즐길 때 추구하는 것을 한마디로 표현하면 '러나오熱鬧', 즉 시끌벅적함이다. 예를 들어 프랑스 레스토랑을 찾는 서양인들은 조용한 휴식을 추구하는 반면, 중국인들이 음식점에 갈 때는 맛있는 음식을 친구들과 함께 나누며 떠들썩하고 유쾌한 시간을 보내고 싶어 한다. 때로는 저돌적으로 보일 만큼 요란하게 건배를 한다. 주방에서 음식을 준비하는 소리도 또렷하게 들린다. 근처 테이블에서 접시와 그릇을 치울 때 나는 딸그락 소리와 쿵쾅 소리도 선명하다. 타이완 사람들에게는 이 모든 것이 즐거움의 일부다.

4 타이완 출신의 영화감독 리안이 만든 대표작. 미각을 잃어가는 장인 요리사와 세 딸의 이야기를 그린 작품이다.

어떤 외국인들은 "왜 내가 조용한 외식을 즐길 수 없는 거죠?"라며 불평하겠지만, 그렇다면 값비싼 서양식 레스토랑에 가면 될 일이다. 타이완 사람들에게 러나오는 먹는 즐거움과 살아있는 즐거움의 일부다. 엄격하고 조용한 분위기에서 식사를 해야 한다면 그들은 행복하지 않을 것이다. 우리는 10년 동안 일본에서 살면서 일본 문화의 격식에 익숙해진 캐나다 친구들을 안다. 한번은 그들과 타이베이에서 외식을 나갔다. 음식점 여주인이 우리에게 와서 활기차게 차와 전채를 차리는 과정에서 그릇이 테이블에 부딪치는 소리가 요란하게 났다. 일본의 점잖고 조용한 방식에 익숙한 친구들은 격분했다. 그러나 여주인은 무례하게 굴려는 것이 아니라 단지 신속하게 할 일을 하고 옆 테이블로 넘어가려는 것뿐이었다.

삼시세끼

대부분의 서양인들은 중국요리를 생각하면 즉시 쌀을 떠올린다. 실제로 중국어로 밥을 뜻하는 '판飯'은 식사와 음식 일반을 일컫는 데 쓰이는 말이다. 그러나 이 기회에 쌀이라고 다 같은 쌀이 아니라는 사실을 지적해야겠다. 타이완에서 먹는 쌀은 일본에서 먹는 것과 동일한데, '칼로스'라는 쌀알이 짧고 찰진 품종이다. 중국 본토에서 먹는 쌀보다 품질이 좋고, 태국과 싱가포르에서 선호하는 길고 향긋한 쌀과는 다르다.

아침

타이완 사람들은 하루에 세 끼를 정식으로 먹고 이따금 간식을 즐긴다. 아침은 짜오찬早餐 또는 짜오판早飯이라고 하며 주로 오전 7시에서 9시 사이에 먹는다. 서양식을 선호한다면 빵에 러우쑹肉松이라는 가늘게 찢은 말린 돼지고기나 달걀 프라이를 끼워서 우유와 함께 먹는다. 가끔은 동네 제과점에서 사온 빵을 먹기도 한다. 이런 빵은 속이 채워진 경우가 많은데 그 맛이 평범한 빵을 기대한 외국인에게는 다소 거북하거나 반대로 기분 좋은 놀라움을 안겨줄 수 있다. 속에 든 것이 달콤한 연유일 수도 있고 러우쑹이나 참치, 달콤한 팥 또는 소시지일 수도 있다. 신선도를 확신할 수 없다면 조심해야 한다. 크림혼이나 마요네즈를 넣은 샌드위치라면 특히 그렇다. 그러나 최근에는 타이완의 동네 제과점에서 판매하는 크루아상과 패스트리가 훌륭하다는 사실도 언급해야겠다.

가족이 현지식을 좋아한다면 몇 종류 중 하나를 아침으로 먹을 수 있다. 우선 저우粥라고 발음되는 쌀죽에 찐 땅콩이나 절인 오리알(함압단), 피단, 절인 해초, 오이, 통조림 생선, 튀긴 글루텐 등의 반찬을 곁들여 먹는다. 외성인들은 타이완에 오면서 샤오빙燒餅과 유탸오油條라는 아침식사용 빵을 가져왔다. 샤오빙은 참깨가 뿌려진 딱딱한 껍질이 있는 얇게 벗겨지는 빵이다. 반면 유탸오는 기름에 튀긴 중국식 도넛이다. 이 빵들은 주로 차거나 따뜻한 더우장(두유)과 함께 먹는다. 더우장은 달콤한 맛과 짭짤한 맛이 있는데 하얗고 달콤한 것이 일반적이며 어디서나 찾을 수 있다. 뜨겁고 짭짤한 더우장은 생 두유에 말린 무절임과 말린 크릴새우, 참기름, 고추기름, 소금, 유탸오 부스러기, 샬롯을 조금씩 넣어서 만들며, 치킨 수프처럼 부드럽고 맛있다. 일부러 찾아서 먹어볼 가치가 있다.

점심

학생들과 회사원, 공장 근로자들은 주로 12시에서 1시 사이에 점심식사(우찬, 또는 우판)를 하는데 주로 도시락(벤당)을 먹는다. 벤당은 중국어가 아니라 일본어 '벤토'에서 온 말이다. 원래는 집에서 가져가 학교나 직장에서 데워 먹었는데, 요즘은 음식을 스티로폼 용기에 포장해서 파는 작은 식당들이 있다. 또한 지역 사무실에 배달되기도 한다. 도시락에는 주로 흰 쌀밥과 튀긴 돼지고기와 생선, 닭다리 또는 돼지고기 볶음, 야채 볶음, 겨잣잎, 유부 등이 들어간다. 이 외에도 작은 카페테리아에서 셀프서비스 뷔페 쯔주찬自助餐을 먹기도 한다. 늦은 아침 요리사들이 커다란 알루미늄 쟁반에 음식을 조리하느라 바쁘다. 튀기고 찐 생선과 가지, 두부, 녹색 채소, 돼지고기, 달걀 프라이 등 12가지 이상의 요리가 준비된다. 식당에 들어가면 제일 먼저 밥을 원하는지 죽을 원하는지 물어볼 것이다. 그런 다음 당신이 원하는 음식을 가리키면 일하는 여성이 일회

주로 점심식사로 포장해 가서 먹는 벤당.

용 식판에 담아준다. 묽은 수프도 먹을 수 있다.

저녁

이상적인 타이완 가족은 저녁을 함께 먹는다. 저녁식사를 완판晩飯이라고 하는데 '늦은 밥'이라는 뜻이다. 저녁식사로는 주로 전형적인 3인 가족이 먹기에 충분한 수프와 두 종류의 채소, 닭고기나 해산물이 준비된다. 요리를 도와줄 할머니가 있는 경우 더 많은 요리를 준비하기도 한다. 그러나 오늘날에는 아버지는 밖에서 외식을 하고 자식은 학원에 가 있어서 엄마 혼자 젊은 시절의 맛을 떠올리며 길거리 음식을 사먹는 경우가 많다.

가족들이 모두 집에 돌아오면 함께 야식(샤오예)을 먹으러 밖에 나가기도 한다. 주로 국수나 취두부(처우더우푸)[5], 러우겅肉羹(진한 국물에 빵가루를 입혀 튀긴 고기를 넣은 음식), 러우쭝肉粽(찹쌀과 달걀, 버섯, 건새우, 돼지고기를 섞어서 대나무 잎으로 싸서 쪄낸 음식) 등을 먹는다.

지역별 요리

수출입항으로서 섬의 역사와 일본의 식민통치, 1949년 중국 전역에서 몰려온 200만 명의 외성인, 그리고 풍부한 지역 채소와 과일, 육류. 이 모든 것이 타이완을 미식의 천국으로 만들었다. 다음은 지역별 요리에 대한 짧은 소개다.

5 냄새나는 두부. 사람들은 "하수구 냄새가 나지만 맛은 환상적"이라고들 말한다. 치즈로 치면 블루치즈에 비유된다.

- **타이완 요리(타이차이):** 현지인들의 요리는 해산물과 돼지고기, 닭고기 요리, 맑은 국이 유명하고 마늘이 많이 들어간다. 티방蹄膀(돼지 족발), 하이과쯔海瓜子(간장소스와 마늘로 양념한 모시조개 튀김), 산베이지三杯雞('세 컵' 닭고기), 자창더우푸家常豆腐(가정식 두부 볶음), 차이푸단菜脯蛋(절인 무를 넣은 달걀부침개), 그리고 셀러리를 넣은 오징어 요리를 먹어볼 것을 권한다.
- **객가 요리:** 수백 년 전에 타이완에 정착한 하카족과 그들의 요리는 앞서 언급한 요리들과 매우 흡사하다. 냥더우푸釀豆腐(속을 채운 두부), 티에판더우푸鐵板豆腐(철판 두부), 생강편을 넣은 돼지 내장, 바질을 넣은 가지 요리 등이 유명하다.
- **쓰촨(사천) 요리와 후난 요리:** 중국 남부에서 건너온 이 요리들은 다진 마늘과 매운 고추를 많이 쓴다. 덜 맵게 조리해달라고 주문할 수 있지만 우리 외국인 친구들은 대부분 이 매운 음식을 감당할 수 있었다. 쏸라탕酸辣湯(뜨겁고 시큼한 국), 간샤오샤乾燒蝦(깐쇼새우), 위샹체쯔鱼香茄子(어향가지), 마포더우푸麻婆豆腐(마파두부), 방방지棒棒鷄(삶아서 찢은 닭을 참깨 소스로 버무린 요리), 장차야樟茶鴨(찻잎으로 훈제한 오리), 궁바오지딩宮爆雞丁(쿵파오치킨), 간볜쓰지더우干煸四季豆(말린 콩 줄기 볶음), 두반장 통생선 조림, 그리고 물론 입안이 얼얼해지는 마라훠궈麻辣火鍋도 맛봐야 한다.
- **광둥 요리:** 광둥어 문화권 사람들은 미국철도공사에서 강제노역을 하면서 자신들의 요리법을 미국으로 가져갔다. 1970년대까지 그들의 요리는 곧 중국 음식과 동의어였지만 미국으로 넘어가서 조리법이 크게 변질되었다.

이 인기 있는 남부 요리를 '정통식'으로 맛보길 바란다. 광둥 요리는 일반적으로 다른 지역의 중국 음식보다 순하고 색깔이 다채롭다. 인기 요리를 몇 가지 꼽자면 야오궈샤런腰果蝦仁(새우 캐슈넛 볶음), 구라오러우古老肉(새콤달콤한 돼지고기 튀김), 샤오러우燒肉(구운 돼지고기), 둥과파이구탕冬瓜排骨湯(돼지갈비와 겨울 멜론으로 만든 수프) 등이 있다.

- **북경 요리:** 중국 북부에서 넘어온 요리다. 국수와 빵이 많고 쌀 요리는 적다. 유명한 요리로는 베이징카오야(베이징덕)와 쏸양러우涮羊肉(양고기 샤부샤부) 등이 있다.
- **상하이 요리:** 상하이와 주변 지역에서 건너온 요리는 해산물과 생선 요리가 특징이다. 특히 닝보식 장어요리와 시후추위西湖醋魚(서호의 생선 요리)를 맛볼 것을 권한다.
- **채식 요리:** 중국에는 불교 유산 덕분에 놀라운 채식 요리가 많다. 모양과 맛이 고기와 비슷한 요리들도 있어서 식욕을 절제해야 하는 채식주의자들에게 도움을 준다. 그밖에 인기 있는 채식 요리로는 튀긴 글루텐과 야채 춘권 등이 있다. 샐러드 바에 가고 싶다면 타이완에 저렴한 채식 뷔페가 있는데 '마인더'가 대표적인 체인이다. 채식 뷔페에서는 20~30종의 따뜻하고 차가운 채소 요리 중에 원하는 것을 골라 먹을 수 있으며 식대는 접시 무게로 계산한다. 우리는 여기서 배불리 먹고도 140타이완달러 이상을 써본 적이 없다.
- **몽고식 바비큐:** 바비큐라는 개념은 칭기즈칸의 기마병들이 이동하면서 먹던 음식에서 발전했다고 알려져 있다. 그들은 커다란 방패를 불 위에 올려 사냥으로 잡은 짐승과 채소를 구워 먹곤 했다. 외국인 관광객과 현지인 모두

에게 인기 좋은 타이완 바비큐는 뷔페 스타일이다. 원하는 육류와 채소, 소스를 고르면 요리사가 눈앞에서 조리해준다.

- **훠거**: 훠거는 테이블에서 조리해 먹는 냄비 요리다. 원하는 육류와 해산물, 채소, 만두, 국수 등을 골라 테이블 위의 돌 냄비(훠거)나 스테인리스 팬에 익혀 먹는다. 이때 타이완의 유명한 샤차장沙茶醬 소스를 꼭 청해서 먹도록 한다. 샤차장은 타이완 사람들이 날달걀과 다진 마늘, 때로는 약간의 간장을 넣어 섞어 먹는 맛있는 소스다. 조리된 음식을 소스에 찍어 먹는다. 쓰촨식 마라훠거와 일본식 샤부샤부도 인기 요리다. 음식점에 따라 원하는 재료를 따로 주문하는 방식과 뷔페식이 있다.
- **딤섬**: 보통 광둥 요리로 인식되는 딤섬은 사실 몇몇 지역에서 저마다의 방식으로 발전했다. 딤섬은 점심식사 대용품으로 보통 오전 10시 30분에서 오후 2시까지만 판매한다. 둥근 대나무 찜기에 갓 쪄낸 다양한 딤섬이 제공된다. 음식점 복도에서 점원들이 찜기로 채워진 카트를 바쁘게 밀고 다니면 사람들이 덥석 잡아채서 먹는다. 지나가는 점원을 불러 세워 카트에 어떤 음식이 있는지 볼 수 있다. 인기 있는 딤섬은 차샤오바오叉燒包(찐 돼지고기 빵), 펑자오鳳爪(닭발), 파이구排骨(돼지갈비찜), 샤자오蝦餃(새우 만두), 춘좐春卷(춘권) 등이다.

간식, 가벼운 식사, 길거리 음식

- **뉴러우몐牛肉面(우육면)**: 어디서나 찾을 수 있는 이 맛있는

요리는 맛과 내용물, 국수의 종류가 다양하다. 누가 최고의 우육면을 만드는지를 두고 매년 경연이 열리며, 싱가포르와 홍콩 방문객들이 맛보고 싶어 하는 타이완 음식 목록에서 항상 상위권에 속한다. 국물은 걸쭉한 홍샤오와 맑은 칭뚠, 크게 두 종류가 있으며 소 힘줄牛腱子(뉴젠쯔)이 들어간 것도 있다. 면은 손으로 쳐서 만든 라멘(라면)과 칼로 썰어내는 다오샤오멘(도삭면) 등이 있다.

- **만두와 고기 빵:** 수천 년의 역사가 있는 완탕은 타이완에서 다양한 종류를 맛볼 수 있다. 대체로 돼지고기와 채소를 섞은 소를 채워(새우와 채소를 섞은 소도 있다) 다양한 방식으로 조리한다. 찐만두인 정자오蒸餃, 교자만두 자오쯔餃子, 군만두 궈티에鍋貼, 물만두국 훈툰餛飩 또는 윈툰雲吞, 고추기름 소스를 끼얹어 먹는 물만두 차오서우抄手 등이 있다. 아침과 점심, 간식 시간에는 간 고기와 채소를 채운 찐빵 바오쯔包子를 흔히 즐긴다. 덜 흔하지만 조개 모양의 찐빵에 얇게 썬 돼지 조림과 고수, 땅콩 가루를 넣은 거바오割包도 있다.
- **굴전(커쯔젠蚵仔煎):** 작은 생굴과 고수, 소스, 달걀로 만든 오믈렛이 유명하다.
- **돼지고기 요리:** 타이완은 돼지고기가 유명하다. 타이완을 상징하는 인기 길거리 음식으로는 돼지갈비 파이구排骨, 돼지고기를 저며서 찐 요리 커우러우扣肉, 대만식 돼지고기 덮밥 루러우판滷肉飯 등이 있다.
- **춘권:** 음식점에서 바삭하게 튀긴 춘권을 흔히 찾을 수 있다. 길거리에서는 부드러운 크레페처럼 생긴 피를 그 자리에서 말아서 만든 춘권을 맛보게 될 것이다. 양배추 채

돼지고기 찐빵과 차 한 잔은 타이완의 대표적인 간식이다.

와 얇게 썬 구운 돼지고기, 땅콩 가루로 속을 채우고 설탕과 진한 간장 소스를 발라서 피가 떨어지지 않게 붙인다.

- **판퇀**飯糰 : 러우쑹과 절인 무, 바삭한 도넛 부스러기를 속에 채운 주먹밥을 아침식사로 먹는다. 이것을 비닐 랩으로 말아서 건네주면 바나나처럼 랩을 벗겨가며 먹는다.
- **전병:** 충유빙蔥油餅 또는 충좌빙蔥抓餅이라고 알려져 있다. 좀 더 든든한 아침식사를 원한다면 추가로 달걀을 얹어 조리해달라고 주문해도 된다. 진한 간장 소스나 칠리 소스를 빵에 바른 뒤 돌돌 말아서 건네줄 것이다.

지역 특산물

타이완을 여행하다 보면 지역마다 맛보거나 기념으로 사올 만한 지역 특산 음식이 있다. 요즘은 교통이 발달해 이런 특산물을 어디서나 구할 수 있게 되었지만 현지에서 직접 사서 타이완이나 본국에 있는 친구들에게 선물하면 좋을 것이다. 당신의 '인정미'를 보여줄 기회이며, 또한 여행 중에 경험한 것과 중국 음식에 관해 자연스럽게 이야기를 나눌 계기도 된다.

- **타이양빙**太陽餠 : 여러 겹으로 이루어진 동글납작한 빵으로 타이중 특산물이다. 중심에 달콤한 시럽이 발려 있다. 낱개 또는 박스로 구입할 수 있다.
- **단단멘**担担面 : 타이난 지역의 특산물로 주로 노점에서 먹는다. 삶은 노란색 면에 향긋하게 조린 간 고기와 신선한 고수를 얹어 제공된다. 달걀 장조림 루딴도 넣어달라고 하자.
- **우롱차:** 세계 최고 수준의 우롱차가 타이완에서 재배된다. 동정산에서 재배되는 우롱차가 대표적인데 둥딩우룽凍頂烏龍이라고 부른다.
- **리샨의 신선한 사과와 배**는 특히 품질이 좋다.
- **땅콩과 땅콩사탕**은 신주 특산물이다.
- **말린 죽순:** 시토우에서 찾을 수 있다. 집에 가져와서 불렸다가 졸이면 훌륭한 전채 음식이 된다.
- **관차이반**棺材板 : 속을 파낸 두꺼운 토스트 빵에 고기 소스를 담고 '뚜껑'을 덮어서 먹는 타이난의 길거리 음식이다.

국제 요리

세계적으로 타이완 여행이 증가하면서 문화 간 교류 확대로 국제 요리도 훨씬 다양해졌다. 30년 전만 해도 타이완에서 피자는 햄버거 빵 반쪽에 스팸 한 조각과 미국 치즈, 케첩을 뿌려 구워내는 정도의 음식이었지만 지금은 피자헛과 도미노피자 같은 국제적인 패스트푸드 체인은 물론이고 이탈리아에서 수입한 밀가루로 만들어 화덕에서 구워내는 수제 피자 전문점까지 있어 다양하게 골라 먹을 수 있다. 각종 패스트푸드가 타이완에 들어와 있어서 외국인들도 별로 아쉽지 않을 것이다. 그리스 요리와 이탈리아 요리, 프랑스 요리, 스페인 요리, 멕시코 요리, 미국 요리, 심지어 영국 요리를 제공하는 레스토랑까지 찾을 수 있다. 가격이 비쌀 수 있지만 다음과 같은 요리는 비교적 적당한 가격에 먹을 수 있다.

- **일본 음식:** 50년 동안 일본의 식민 통치를 받았던 타이완 사람들은 일본 요리를 만들고 즐기는 법을 배웠다. 여기에 일본과의 무역 및 관광이 활발해지면서 스시와 사시미에서부터 야끼니꾸, 데판야끼, 뎀뿌라, 우동에 이르기까지 정통 일본 음식을 쉽게 만날 수 있게 되었다.
- **태국, 인도네시아, 베트남 음식:** 다양한 지역의 재외 중국인들이 타이완에 와서 음식점을 차렸다. 또한 타이완에 시집 온 많은 베트남 여성들이 베트남 음식점을 차렸다. 이런 음식들은 양념 맛이 강하고 가격이 합리적이다.
- **이탈리아 파스타:** 마르코 폴로는 중국에 왔다가 이탈리아로 국수를 가져갔다고 알려져 있다. 그러니 타이완에서 파스타가 아주 인기 있고 가격도 적당한 것은 당연한 일인지 모른다. 많은 작은 음식점들(주로 이탈리아 국기로 식별할 수 있는)이 토마토 소스나 크림 소스, 화이트와인 소스에 해물이나 베이컨, 소고기, 게, 야채 등을 넣어서 만든 파스타를 판매한다. 빵과 수프, 음료까지 포함해 제

대로 된 식사를 해도 식대가 250타이완달러 정도다.

- **커피숍, 버블티와 주스 가판대:** 한때 일본 커피 체인이 독점했고 부유한 젊은 연인들의 전유물이었던 커피숍을 이제는 타이완 도처에서 찾을 수 있다. 전 세계적으로 유명한 스타벅스 외에도 바리스타, 단테, 맥카페, 미스트 브라운, 그리고 현지인들이 좋아하는 저렴한 커피숍 85℃와 루이자 등에서도 자바산 커피를 즐길 수 있다. 커피와 차 외에 케이크와 타르트, 샌드위치도 판매한다. 버블티는 30여 년 전 타이중에서 개발된 뒤 전 세계로 퍼져나간 타이완의 고유한 음료다. 진한 홍차에 우유와 얼음, 달콤한 타피오카 펄을 섞어서 만든다. 녹차와 큰 펄, 작은 펄, 얌 조각을 넣은 변형들도 성행하고 있다. 차 가판대에서는 차와 주스를 섞은 음료와 그냥 주스도 판매한다. 가판대에 가면 어느 정도의 얼음과 단맛을 원하는지 물을 것이다. 개인적으로 얼음은 줄이고(샤오빙) '단맛을 반'(반탕)으로 먹을 것을 권한다.

엽기적인 음식, 스태미나 음식, 불법 음식

어느 나라에나 특이한 스태미나 음식은 있다. 미국의 프레리오이스터(송아지 고환 요리), 필리핀의 발룻(부화 직전의 오리알), 일본의 복어가 그렇다. 도교 이론으로 해석하면 이런 음식들은 양기가 강하거나 많은 원기를 생산한다. 남자들과 밤 외출을 했을 때 먹게 될 가능성이 높다.

- **해삼과 해파리:** 타이완에서는 이 음식들이 특이한 스태

미나 음식이라고 여기지 않는다. 젤라틴이 많고 독성이 없는 해삼은 걸쭉한 소스에 조려 먹는 경우가 많다. 무엇을 넣고 조리해도 특유의 풍미가 난다. 해파리는 주로 칠리와 참깨, 식초 양념에 버무려 냉채로 먹는다.

- **다양한 버섯류:** 일반적으로 약성이 좋고 영양 가치가 있다고 여겨지는 목이버섯과 흰목이를 다른 채소들과 함께 조리해서 먹는다.
- **통째로 내오는 생선 또는 가금류:** 타이완에서 어류와 가금류는 통째로 테이블에 오르는 경우가 많다. 볏과 머리, 눈, 발(또는 지느러미)까지 그대로 달린 채 요리된다는 뜻이다. 물론 내장은 제거한다. 이렇게 하는 이유는 그래야 더 풍미가 좋아진다고 여기기 때문이다. 식사 초대자가 당신에게 생선 아가미 살을 떼어주면 영광으로 알아야 한다. 가장 맛있기로 유명한 부위다.
- **부스러진 뼈:** 중국인 요리사들은 조리 전이나 후에 닭고기나 돼지고기 뼈를 토막 낸다. 이렇게 하면 음식의 향취와 영양이 풍부해진다고 생각하기 때문이다. 뼈를 들고 빨아먹는 타이완 사람들을 자주 볼 수 있을 것이다. 하지만 그렇다 보니 음식에 날카로운 뼛조각이 섞여 있을 수 있으므로 주의해야 한다. 혹시 뼛조각이 입에 걸리면 젓가락으로 빼내거나 접시에 뱉는다. 일행이 하는 대로 따라하도록 한다.
- **황소 남근 또는 수탉과 수컷 칠면조의 음부 찜:** 무슨 말이 더 필요할까!
- **뱀의 피로 만든 수프:** 주로 뱀 골목에서 구할 수 있다. 코브라를 비롯한 독사에서 독을 빼내고 해부해 피와 점액

을 짜낸다. 이것을 독한 고량주와 섞어서 칵테일로 마시기도 한다. 아니면 뱀 고기와 함께 수프로 끓여낼 수도 있다.

- **곰발바닥:** 곰이 동면에 들어갈 때 겨울을 나기 위해 발바닥에 영양소를 저장한다고 한다. 행복하게 잠을 자면서 발바닥을 핥으며 서서히 영양을 공급받는다는 것이다. 그 결과 중국인들은 비타민과 미네랄이 풍부한 곰발바닥이 훌륭한 보양식이라고 믿게 되었다. 그러나 곰은 세계적으로 멸종위기종이며 이 요리는 값도 비싸기 때문에 여러모로 피하는 것이 좋다. 누군가 곰발바닥을 먹겠냐고 물으면 한의사가 보양식으로 곰은 피하고 장어만 먹으라고 했다고 대답하시라.
- **거북이 피 칵테일:** 이 역시 뱀 골목에서 구할 수 있다. 영화 〈패왕별희〉에서도 거북이 피를 먹는 장면이 나온다. 거북이는 장수하는(뱀 골목에서는 그렇지 않지만) 동물인 데다 머리가 남근 모양이어서 양기가 아주 많다고 여겨진다. 칵테일을 만들기 위해 거북이 머리를 등껍질 밖으로 뽑아 잘라낸 뒤, 등껍질을 살짝 벗겨내고(다리가 아직 움직인다) 고량주를 안에 부어서 섞은 다음 피와 함께 따른다. 그런 다음 원샷이다!
- **개고기:** 표준중국어로 샹러우(香肉, 향기로운 고기)라고 부르는 개고기는 타이완에서 판매가 금지된 음식이다. 그러나 애완견들이 여전히 실종되고 있으며 길거리에서 '개고기 판매'라는 표지도 가끔씩 보인다. 웬일인지 중국인들은 개고기를 '몸에 열을 내주는' 보양식으로 여겨 겨울에 먹는 반면, 한국에서 개고기는 여름 보양식이다. 어

느 쪽이 더 근거 있는 믿음인지는 모르겠다. 아무튼 이런 식습관 때문에 패티 테이지의 노래 제목 'How much is that doggy in the window'(진열장에 있는 강아지가 얼마죠?)가 여기서는 다른 의미로 해석될 수 있을 것 같다.

- **빈랑나무 열매:** 담배처럼 씹어 먹어 '중국 껌'이라고 불리기도 한다. 전통적으로 길거리 노점에서 팔았지만 요즘은 에어컨이 달려 있고 환하게 불 밝힌 가판대에서 노출이 심한 옷을 입은 매력적인 젊은 여성들이 판다. 빈랑나무 열매는 석회를 바른 베틀후추 잎에 싸서 씹어 먹는다. 씹다 보면 입안에 핏빛 액체가 고이고, 이것을 씹다가 보도에 침을 뱉으면 마치 결핵 환자의 가래침처럼 보인다. 이 열매에서 나오는 즙은 마약 같은 효과가 약간 있지만 불법은 아니다. 중독자들은 누렇게 변한 치아와 핏빛으로 붉어진 입 때문에 금세 알아볼 수 있다.

티타임

차를 마시는 것은 중국 사회에서 그 자체로 하나의 문화다. 특히 타이완에는 훌륭한 우롱차와 재스민차, 홍차, 국화차, 철관음차가 있다. 전 세계 모든 언어에서 이 음료를 가리키는 단어는 단 두 개에서 유래했는데, 두 단어 모두 중국어라는 사실이 흥미롭다. '차'는 표준중국어이며 한국과 일본으로 넘어가서 차 또는 오차, 인도로 넘어가서 차이, 포르투갈에서 샤chá가 되었다. '떼'는 푸젠성과 타이완 방언으로, 영국으로 넘어가 티tea가 되고, 프랑스로 넘어가 떼thé, 스페인에서 떼té가 되었다.

타이완에는 차를 즐길 수 있는 장소가 많으며 예법도 다양하다. 사업상 만남에서 상대의 권유로 차를 마실 일이 있을 것이다. 서양식 찻잔에 잎의 흔적이 없이 담겨 나온다면 그것은 티백을 우린 차다. 그러나 뚜껑이 있는 긴 컵에 담겨 나오면 아마도 찻잎이 뜨거운 물에 우려지고 있을 것이다. 이럴 때 적절한 예법은 한 손으로 잔을 잡고 다른 한 손으로 뚜껑을 살짝 열어서 컵 위에 대고 한 바퀴 돌리며 뚜껑에 맺힌 찻물을 떨어뜨린다. 그런 다음 잔을 코로 가져가서 뚜껑을 들어 차의 향을 음미한다. 마지막으로 물의 표면을 본다. 찻잎이 여전히 동동 떠 있다면 조금 더 기다린다. 앞서 말한 과정을 반복한 뒤, 차를 부드럽게 불어내거나 뚜껑으로 찻잎을 막으며 마신다.

당신이 누리게 될 수도 있는 또 다른 기회는 찻집이나 친구의 집에 가서 라오런차老人茶(노인들의 차)를 즐기는 것이다. 이런 이름이 붙은 이유는 중국 노인들이 친구들과 둘러앉아 차를 홀짝이며 간식과 잡담을 즐기는 것을 좋아하기 때문이다. 초대자는 다음과 같은 절차로 차를 준비할 것이다. 우선 작은 찻주전자에 찻잎을 넣고 작은 잔들과 함께 넓적한 붉은 질그릇에 담는다. 방금 끓인 물을 주전자 위에 부어 찻잎을 '활성화시킨' 다음, 남은 물을 잔들 위로 부어 잔을 데운다. 잔들을 뜨거운 물속에서 이리저리 굴린 뒤 대나무 핀셋으로 꺼내서 일렬로 세운다.

찻주전자에 물을 채우고 찻잎이 우려지면 차를 잔에 따른다. 초대자가 격식을 갖춰 당신에게 잔을 건넬 것이다. 시간을 가지고 차의 향을 음미한다. 불어낼 찻잎은 없을 테니 한 모금 머금고 혀를 굴려 맛을 음미한다. 질 좋은 우롱차를 마시고 있다면 향기 뒤에 살짝 쓴맛이 나고 다 삼킨 후에는 입에 남은

침에서 달콤한 맛이 날 것이다. 중국인들은 우롱차를 마시면 기를 강화하는 데 도움이 된다고 믿는다.

차를 우리고 음미하는 과정은 질 좋은 차의 경우 10회에서 12회 정도 반복하는데 우려낼 때마다 차맛이 달라진다. 차맛과 대화의 흐름을 방해하지 않을 정도로 중간 중간에 다과를 즐긴다.

중국차에 익숙해지는 것은 즐겁고 가치 있는 일이다. 차는 타이완 사람들에게 자신감의 원천이며, 어색한 분위기를 깨고 서로를 알게 될 많은 기회를 제공한다. 중국차는 어쩌면 당신이 평생 좋아할 기호식품이 될 수도 있다.

외식

초대

타이완 사람들은 대체로 형식적이 아니라 마음에서 우러나와서 사람을 초대하는데 그 초대가 다소 충동적인 경향이 있다. 비공식적인 식사 초대를 일주일 전에 할 거라고 기대하지 마시라. 오후 세 시에 타이완 친구와 통화하다가 갑자기 그날 저녁에 식사를 하자는 초대를 받을 수 있다. 만일 시간이 있다면 초대에 기꺼이 응하고 말과 목소리에 진심으로 반기는 마음을 담아 전하도록 한다. 예를 들어 "그거 멋지겠네요. 그 식당에 가본 적이 없는데 고마워요."라고 말하는 것이다. 그리고 꼭 시간과 장소를 제대로 적어둔다. 약속 장소를 찾기 힘들 것 같으면 좀 더 잘 알려진 장소에서 만나자고 청하라.

시간이 없을 경우 그냥 "고맙지만 안 되겠는데요."라고 대답하는 것은 좋지 않다. 그런 대답은 인정미가 없어 보인다.

상대가 체면을 잃지 않을 만한 분명한 이유를 대는 것이 좋다. 여러 사람이 있던 가운데 개인적으로 초대를 받은 경우라면 이것은 특히 중요하다. 예를 들어 당신이 사업상 동료에게 저녁 초대를 받았는데 이미 계획된 다른 사업상 약속이 있다고 가정하자. 그럴 경우 "죄송하지만 제가 Z사의 Y씨와 선약이 있습니다."라고 말하면 관계가 냉랭해질 수 있다. 그런 말은 'Y씨가 당신보다 중요하다'는 의미로 읽힐 수 있기 때문이다. 그보다는 이런 식으로 말하는 편이 좋다. "저도 가고 싶지만 제 딸이 출연하는 연극표를 사놨지 뭡니까/시험 감독을 해야 해서 학교를 떠날 수가 없네요/사장님과 화상회의를 위해 호텔에서 대기해야 합니다."

많은 초대가 충동적으로 이루어지기 때문에 거절하는 상황에 "다음 주에 가면 어떨까요?"라고 덧붙이는 것은 적절하지 않다. 그보다는 "하지만 제가 월요일 저녁에는 시간이 있는데 그때 당신을 저녁식사에 초대하고 싶습니다."라고 말하는 편이 좋다. 아마도 상대가 초대를 거절하겠지만 그렇게 함으로써 다음 기회에 대한 여지를 남길 수 있다. 또한 인정미와 진정성을 중시하는 타이완 사람들은 누군가를 초대할 때 끈기 있는 자세로 임하기 때문에 섣부른 핑계는 통하지 않는다는 사실을 알아둬야 한다. 예를 들어 당신이 골프를 치자는 초대를 받았는데 골프화가 없다는 이유로 거절하면 그들은 "골프장에서 골프화를 빌릴 수 있습니다."라고 말할 것이다. 그러니 초대를 거절할 때는 납득할 만한 이유를 생각해내야 한다.

결혼식이나 만웨 · 만수이 잔치, 회사 신년회가 있는 경우에는 초대장을 사전에 보낸다. 결혼식 청첩장은 주로 붉은색 바탕에 금색 글씨가 적혀 있다. 반면에 회사 연회 초대는 대체로 입으로 전달한다.

편안한 식사

일반적인 사업상의 점심식사에 대한 내용은 제9장에 설명되어 있다. 카페테리아보다 한 단계 위에 속하는 어떤 중국음식점에서도 똑같은 상황일 것이다. 주문은 주로 메뉴판을 보고 한다. 타이완 사람들과 함께 있다면 본인이 직접 주문하고 싶은 충동을 떨쳐버리자. 타이완에 오래 살아서 그 음식점의 메뉴를 꿰고 있지 않다면 설령 당신이 초대자라도(아니, 초대자라면 특히 더) 타이완 친구들에게 주문을 부탁해야 한다. 그들은 예의상 당신에게 주문하라고 말하겠지만 그래도 재차 주문해달라고 정중하게 청하자. 이때 당신이 메뉴판을 들여다보면 메뉴에 대해 뭔가 할 말이 있는 것으로 비춰질 수 있으니 메뉴판을 아예 보지도 말고 '가장 중요한 사람'에게 넘기도록 한다.

왜 그래야 하냐고? 그들은 틀림없이 그 집의 대표 요리를 알 것이기 때문이다. 또한 주문할 음식의 적절한 양과 조합도 알 것이다. 뿐만 아니라 상대에게 선택권을 넘기는 것은 상대를 신뢰한다는 뜻이기 때문에 그의 체면을 세워주는 셈이 된다. 그리고 당신이 초대자라면 상대에게 주문을 맡김으로써 그가 좋아하는 음식을 시키게 할 수 있다. 또한 당신이 요리를 너무 조금 시키거나 '싸구려' 음식만 잔뜩 주문하는 민망한 상황도 피할 수 있다. 지금까지 우리는 타이완 친구들이 이러한 신뢰를 악용해 지나치게 비싼 음식을 주문하는 것을 본 적이 없다. 그리고 무엇보다 그것은 당신이 인정미 점수를 딸 수 있는 기회다.

오늘날 타이페이에서는 다양한 형태의 친환경 건축물을 구경할 수 있다. 사진은 건물 내에 2만여 그루의 나무를 심어 이산화탄소를 잡는다는 에코 빌딩, 타오주 인 위앤(Tao Zhu Yin Yuan).

타이완 여행의 진미는 미식과 쇼핑, 오락을 두루 충족시키는 야시장 나들이에 있다.

© TungCheung

찻잎을 발효한 중국차.

다양한 재료가 들어간 타이완식 디저트.

굴 오믈렛, 거쯔젠.

우육면, 뉴러우몐.

딤섬.

튀긴 두부와 돼지고기 볶음이 올라간 덮밥.

국민 간식으로 즐겨 먹는 두부와 오리알.

타이난의 길거리 음식, 관차이반

야시장에서는 실로 다양한 메뉴를 만날 수 있다. 사진은 백골뱅이 구이.

닭이나 오리 등 가금류는 항상 머리가 달린 것을 판다.

© Chansak Joe

핀둥 현 서남쪽 바다에 떠 있는 섬, 샤오류추. 일대가 다이빙 명소로 알려져 있다.

허우 샤오시엔 감독의 〈비정성시〉에 등장했던 조용한 산간 마을 주펀. 지금은 타이완에서 가장 인기 있는 관광지가 되었다.

혹시 당신이 특별히 피하고 싶은 음식이 있다면 그들에게 주문을 부탁할 때 미리 말해두는 것이 좋다. 예를 들어 당신이 해파리에 알레르기가 있는데 혹시 그 음식점이 해파리 요리를 잘하는 집일지 누가 알겠는가? 그들에게 어떤 요리를 주문했는지 묻고 요리가 나올 때마다 살펴보는 것은 전혀 문제될 것이 없다. 각각의 요리마다 뒷이야기가 있으며 이것은 식사 중에 나눌 수 있는 흥미로운 화젯거리다.

타이완 사람들은 음식을 어떻게 주문할까? 그들은 주로 육류와 채소 요리 몇 가지에 수프와 밥 또는 국수를 주문해서 나눠 먹는다. 일반적으로 주문하는 양은 1인당 요리 한 접시 정도이며, 비슷한 요리를 중복해서 주문하지 않는다. 예를 들어 새콤달콤한 요리를 두 접시 주문하거나 새우 요리를 두 접시 주문하지 않는다. 타이완 사람들은 또한 각자 먹을 음식을 개별적으로 주문하지 않는다. 항상 가족이 함께 모여 식사를 했던 관습에서 비롯된 특징이다. 도시락을 먹을 때가 아니면 거의 모든 경우에 요리를 나눠 먹는다.

마음에 드는 요리에는 열렬하게 반응하고 그 이유를 말하라. 마찬가지로 마음에 들지 않는 음식은 당신 취향이 아니라고 말한다. 그러나 그렇게 말하기 전에 일단 몇 입 먹어보기는 해야 한다. 어차피 사람들은 당신의 표정과 반응을 보고 그 음식이 입에 맞지 않는다는 것을 눈치 챌 것이다. 그러니 솔직함이 최선이다.

식사 예절

식사 중에 초대자나 옆자리에 앉은 사람이 당신의 개인 접시에 음식을 덜어줄 수 있다. 아마도 서빙스푼이나 공용 젓가락을 사용할 것이다. 결핵과 간염의 확산을 막기 위해 15년 전부터 정부가 권장하는 방식이다. 이 도구를 쓰고 나면 원래 있던 자리에 되돌려 놓아야 한다. 아니면 그들은 자신의 젓가락을 뒤집어서 뒤쪽 끝을 이용해 덜어줄 것이다. 이때 그들의 친절에 감사를 표하도록 한다. 상대가 기대하지 않겠지만, 나중에 다른 요리가 나왔을 때 당신도 똑같이 공용 젓가락으로 음식을 덜어주고 젓가락을 원래 자리로 되돌려 놓아도 좋다. 하지만 젓가락 사용이 서툴다면 공연히 상대방 자리에 음식을 흘리는 위험을 감수하기보다 가만히 있는 편이 낫다.

본인의 접시에 음식을 덜 때도 공용 젓가락이나 서빙스푼을 이용한다. 그런 도구가 제공되지 않았다면 종업원에게 가져다 달라고 부탁한다. 당신의 친구들은 이것을 유난스럽다고 여기지 않을 것이고, 오히려 타이완의 관습을 알고 있는 것을 칭찬할지 모른다. 그러나 이때 당신이 원하는 것을 찾기 위해 젓가락으로 음식을 헤집는 것은 금물이다. 맛있는 새우를 집으려

타이완 사람들은 다양한 메뉴를 주문해 함께 조금씩 덜어서 먹는다.

고 접시의 반대편으로 젓가락을 가져가서도 안 된다. 그런 행동은 이기적이고 탐욕스럽게 보일 것이다.

젓가락으로 테이블을 두드리거나 밥에 젓가락을 꽂는 것도 금물이다. 제사를 지낼 때 밥그릇에 꽂는 향을 연상시키기 때문이다. 식사 중에 트림을 하는 것은 일행이 누구냐에 따라 무례하다고 여겨질 수도, 아무렇지도 않게 여겨질 수도 있다. 타이완 사람들은 때때로 공중 장소에서 거리낌 없이 트림을 하고 말하는 중간에 트림을 하는 경우도 있다.

이쑤시개는 테이블에 준비되어 있거나 아니면 식사가 끝난 후에, 때로는 과일에 꽂혀서 나올 것이다. 중국인들은 이 쑤시는 것을 좋아한다. 그러나 사람들이 남의 목구멍을 보고 싶지는 않을 테니 입을 벌리고 이를 쑤시지는 말자. 타이완 사람들은 보통 왼손으로 입을 가리고 오른손으로 이를 쑤신다.

계산 실랑이

타이완 사람들과 식사를 하는 자리에서는 비록 초대를 한 쪽이 당신이라도 계산서를 두고 한바탕 실랑이가 벌어진다. 화기애애한 식사 자리에서 갑자기 언성이 높아지고 손을 이리저리 휘두르는 감정적인 장면이 연출된다. 그러나 놀랄 필요는 없다. 이것은 일종의 게임이다. 당신이 초대한 것이 분명한 상황이라면 반드시 게임에서 이겨야 한다. 상대에게 계산서를 빼앗기고 "좋아요. 감사합니다."라고 말해서는 안 된다. 만일 상대가 당신을 초대했다면 계산서를 잡는 시늉을 하다가 결국 초대자에게 넘겨주도록 한다. 그렇지 않으면 상대가 체면을 잃게 된다.

때로는 초대하는 순간부터 실랑이가 시작된다. 예를 들어 당신이 몇몇 친구를 저녁식사에 초대하는 상황을 생각해보자. 그들은 전에 당신에게 식사 대접을 한 적이 있다. 그런데 그들 중 한 명이 당신을 초대하겠다고 우긴다. 이럴 때 자주 이용되는 책략은 "여긴 우리나라예요. 내가 당신 나라에 가면 그때 초대해주세요."라고 말하는 것이다. 이에 대한 최선의 대답은 지난번에 이미 대접을 받았다고 유쾌하게 말하거나, 타이완에 오래 있었으니 당신에게 이곳은 이미 제2의 고향이라고 주장하거나, 그들이 당신 나라에 온다면 당연히 대접하겠지만 지금 그들을 초대하는 것은 꼭 그러고 싶어서라고 주장하는 것이다.

당신이 계산해야 하는 경우, 이 실랑이에서 이기는 한 가지 전략은 식사 전이나 도중에 계산원에게 미리 카드를 맡기는 것이다. 계산서가 나오면 모두들 그것을 잡기 위해 손을 뻗겠지만 곧 너무 늦었다는 것을 깨닫고 당신의 책략을 칭찬할 것이다. 그러면 당신은 초대에 응해줘서 고맙다는 인사를 한다.

연회

축하 연회나 많은 사람이 모여 식사를 하는 자리에 초대 받았다면 선물을 가져가는 것이 좋다. 위스키 정도가 합리적인 선물이다. 이 위스키는 연회 중에 개봉해 모두가 즐기게 되겠지만 일단은 선물을 초대자에게 건네야 한다.

연회석은 항상 둥글고 12명이 앉도록 되어 있는데 대체로 개별 룸에 마련되어 있다. 주빈은 항상 출입문을 마주보고 벽을 등지는 방향으로 초대자의 오른쪽 의자에 앉는다. 이는 무사들 간의 예절에서 유래한 전통이다. 뒤쪽으로 출입구가 없고 적들을 눈앞에서 볼 수 있는 자리가 가장 안전한 자리였기 때문이다. 당신이 주빈이 아닐 때는 좌석을 안내해줄 때까지 기다린다.

각각의 좌석에 다음과 같은 도구가 놓여 있을 것이다.

- 수프 그릇
- 작은 접시
- 젓가락 받침과 숟가락 받침
- 젓가락(때로는 포장된 소독저)
- 금속 서빙스푼
- 도자기 수프 숟가락
- 냅킨 또는 차가운 수건
- 찻잔
- 작은 술잔
- 주스/맥주잔

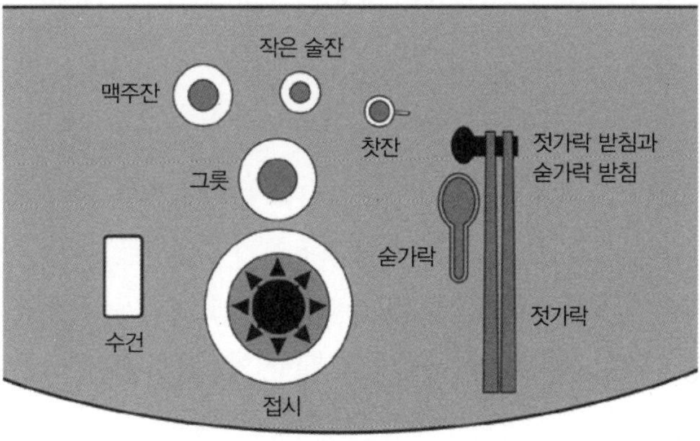

테이블에는 보통 테이블보가 깔려 있고 중앙에 회전판이 있어서 멀리 있는 요리에도 접근할 수 있다. 회전판으로 장난을 치거나 너무 빨리 돌리지 않도록 한다. 식당에 도착했을 때 이미 땅콩이나 말린 수박씨 같은 몇 가지 간단한 먹을 것은 차려져 있을 것이다. 타이완 사람들을 보고 음식을 언제 먹기 시작할지 파악한다. 아마 주빈이나 초대자, 또는 다른 주요 인물이 도착할 때까지 기다려야 할 것이다. 주빈이 늦어지면 친구들과 잡담을 나누고 연회의 규칙에 대해 물어보며 시간을 보낸다. 주빈이 너무 늦어져서 다른 손님들이 불평하지 않는 한 그 문제에 대해 언급하지 않는 것이 좋다.

주빈이 도착하면 첫 번째 요리가 나올 텐데, 주로 냉채 요리다. 어떤 음식점에서는 음식이 나올 때마다 각자의 개별 접시에 덜어주고 어떤 곳에서는 직접 덜어서 먹게 한다. 그냥 흐름에 따라가면 된다. 총 10~12가지의 요리와 수프가 제공되니 주위를 살피며 먹는 속도를 조절하라. 배가 고프다고 초반에 나오는 음식을 허겁지겁 먹으면 나머지 음식을 먹을 여력이 없어진다.

마지막 메인 요리는 주로 밥이나 볶음밥, 면 요리다. 타이완 문화에 관한 다른 안내서들에서는 이 음식을 먹지 말라고 하던데 우리 생각은 그렇지 않다. 실제로 보면 사람들이 마지막 음식을 많이 먹는다. 그러나 아무리 맛이 좋아도 자신의 몫을 바닥이 날 때까지 먹거나 더 청해서 먹는 것은 예의 없는 행동으로 여겨진다. 이는 당신이 여전히 배가 고프다는 뜻으로 해석될 소지가 있으며, 그것은 곧 초대자가 음식을 충분히 대접하지 않았음을 의미하기 때문에 초대자에게 창피를 주는 행동이다.

식사 후에는 보통 신선한 과일이 나온다. 일부 중국 북부식 연회에서는 찹쌀과 과일 등으로 달콤하게 만든 팔보반이나 달콤한 팥소가 든 팬케이크가 나오기도 한다. 다른 디저트를 기대하거나 요청하지는 말라.

당신이 주빈이라면 언제 자리를 떠야 할지 아는 것이 중요하다. 나머지 사람들이 당신의 신호를 기다릴 것이다. 마지막 요리와 과일이 나온 뒤 15분에서 20분 이상 지체하면 곤란하다. 그 때가 되면 초대자에게 이렇게 훌륭한 음식을 대접해주고 연회 내내 관심과 우정을 보여준 것에 대해 아낌없이 감사를 표한다. 분위기가 좋고 마음이 동하면 초대자에게 2차로 술집이나 노래방에 가자고 초대해도 좋지만 간식이나 케이크 등의 음식을 먹자고 제안하는 것은 금물이다.

연회 음주

연회의 성격에 따라 다른 방식으로 건배를 한다. 결혼식과 만웨, 만수이 같은 가족 행사의 경우, 초대자가 각각의 테이블을 돌며 건배를 제의할 것이다. 주종은 보통 맥주나 소흥주다. 중국어로 사오싱주紹興酒라고 발음되는 소흥주는 주로 잔에 얼음사탕이나 말린 자두를 넣어 따뜻하게 또는 상온으로 마시는 호박색 중국 곡주다.

회사 연회에서는 사장 또는 최고 상사가 각 테이블을 돌며 건배를 제의한다. 같은 테이블에 앉은 사람들끼리도 건배를 한다. 실제로 건배를 하지 않고 술을 마시는 것은 예의가 없다고 여겨진다. 테이블 맞은편에 앉은 사람이 당신을 향해 잔을 든다면 당신에게 경의를 표하는 의미다. 당신도 잔을 들어 경의를 표하지 않는다면 상상도 못할 실례가 될 것이다. 일반적인 건배 인사말은 "간베이乾杯!"로, 직역하면 잔을 마르게 한다는 뜻이다. 식사를 하는 동안 누군가 당신에게 건배를 제의하면 당신도 그에게 답례로 건배를 제의해야 한다. 그러니까 아홉 명이 당신에게 건배를 제의하고 당신이 답례로 건배를 제의하면 총 열여덟 잔의 술을 마시는 셈이다. 게다가 다른 테이블에 앉은 사람이 와서 외국인인 당신에게 특별히 건배를 제의할 수도 있다.

타이완 사람들, 특히 남자들은 술 마시는 것을 좋아하고 대체로 잘 마신다. 실제로 그들은 일본인들보다 술이 세지만 일본인들과 똑같이 유전적으로 첫잔에 얼굴이 빨개지는 경향이 있다. 그들은 외국인과 술 마시는 것을 좋아하고, 외국인에게 지역 술을 소개하고 싶어 하며, 술 잘 마시는 사람을 높이 평가한다. 술을 적당히 마시는 여성들도 있지만 술을 너무 많이 마시는 여자는 대체로 '나쁜' 여자라는 인식이 있다. 도덕적으로 느슨하거나 헤픈 여자라고 여기기도 한다. 반면에 술을 잘 마시는 외국 여성에게는 현지 여성과 다른 기준이 적용되며 흥미롭고 매력적인 존재로 인식될 수 있다. 그럼에도 부정적인 인상을 남기지 않으리라 장담할 수 없으므로 지나친 음주는 자제하는 것이 좋다.

7

타이완 즐기기

타이완 도보여행은 용기 없는 사람들에게는 적합하지 않다.
중앙 산맥은 거칠고 험준하며 상당 부분이 울창한 숲으로 덮여 있다.
갑자기 여름 뇌우가 닥치고
기온이 영하 이하로 떨어지며 휴식 시설도 흔치 않다.
그러나 장비만 잘 챙겨간다면 아시아에서
가장 아름다운 풍경 속을 걸을 수 있다.

– 브랜트 하논, 《타이완에서의 하이킹》 중에서

당신이 타이완에 휴가를 보내러 왔건, 살려고 왔건, 아니면 일하러 왔건, 이곳 사람들에 대해 알려고 시도할 필요가 있다. 타이완을 많이 여행할수록 다양한 지역 요리를 맛보고 다양한 경험을 즐기고 다양한 사람들과 교류할 기회가 더 많아질 것이다. 또한 타이완은 경험할 것과 구경할 것, 먹을 것, 즐길 것이 워낙 많아서 외롭거나 한가하게 시간을 보낼 일이 없다.

타이완 사람들은 낮에는 열심히 일하고 밤에는 열심히 논다. 식사를 할 때와 마찬가지로 타이완의 오락과 여흥은 '러나오', 즉 시끌벅적함이 핵심이다. 어디를 가나 요란하고 왁자지껄하다. 길거리에서 옷이나 소시지, 과일, 찻주전자 따위를 파는 행상인들, 수백 대의 오토바이가 뿜어내는 굉음, 어두운 밤을 환하게 밝히는 끝없는 상점 간판들…. 타이완 사람들은 영화도 시끌벅적한 것을 좋아한다. 쿵푸 영화나 〈분노의 질주〉, 제이슨 스타뎀의 액션 영화 같은 것 말이다. 영화관에서 옆자리에 앉은 연인이 소리를 내가며 프라이드치킨이나 말린 오징어를 먹거나 큰 소리로 웃거나 계속 잡담을 해도 놀라지 마시라. 그들은 영화뿐 아니라 그 순간을 즐기고 있는 것이다.

이런 식의 행동은 1920년대에 중국에서 경극을 공연하던 시절로 거슬러 올라간다. 구경거리의 절반은 사실 관객에게 있었다. 공연 중에 과자와 차, 뜨거운 물수건이 배달되었고, 사용한 수건은 다시 수건 소년에게 공중으로 던져졌다.

대부분의 종교의식도 시끌벅적하다. 화려한 행사와 구경거리, 다채로운 색깔과 감정, 그리고 대규모 사람들이 즐기는 소리. 이런 것이 모두 러나오다. 어떤 외국인은 "왜 이곳에서는 이런 삶의 소음에서 잠시라도 벗어나 조용하게 쉴 수 없는 거지?"라고 한탄한다. 그러나 타이완 사람들에게 이런 삶의 소음에서 벗어나는 것은 곧 죽음을 뜻한다. 그들은 서두르지 않는다. 그들과 함께 그들의 방식대로 삶을 즐기려고 노력해보라. 특히 그들이 당신을 초대한다면 말이다.

즐길거리

사방에 즐비하게 늘어선 다양한 음식점을 둘러보며 당신은 어쩌면 타이완에서 즐길 거리라고는 음식뿐이라는 인상을 받을지도 모른다. 그렇다면 당신은 절반을 놓치고 있는 것이다.

온천

어차피 환태평양 지진대에서 살고 있다면 그런 곳에 사는 특권을 만끽하는 편이 좋다. 타이완의 온천은 지금으로부터 약 100년 전 일본이 베이터우 구 언덕에 휴양지를 건설했을 때부터 유명해졌고, 베트남전쟁 당시에는 미군의 휴양지로 악명 높았다. 오늘날에는 다양한 방식으로 온천을 즐길 수 있다.

타이베이와 화롄, 타이둥을 포함한 여러 도시들이 수준 높은 온천을 자랑한다. 시골 휴양지의 온천과 전통적인 산골 목욕탕, 그리고 매혹적인 톈상天上 휴양지에서 한 시간쯤 등산로를 오르면 만날 수 있는 협곡에 숨은 온천처럼 자연 그대로의 온천도 존재한다. 최근 몇 년에 걸쳐서 타이베이 교외 티엔무에 고급음식점을 겸한 온천이 우후죽순으로 생겨났다. 여기서

© Sanga Park

환태평양 지진대에 속하는 타이완에는 온천으로 이름난 명소들이 많다.

는 훌륭한 중국식, 타이완식, 일식 요리를 먹을 수 있으며 식대를 포함한 합리적인 가격으로 호화로운 개인 오두막에서 목욕을 즐길 수 있다. 수건은 제공된다. 한편 부유층 사람들은 산을 넘어서 세계적인 수준의 노천온천이 있는 티엔라이 리조트와 온천을 찾기도 한다.

온천에서는 은이나 순도가 낮은 금 보석류는 변색될 수 있으니 빼고 들어갈 것을 권한다.

영화관

타이완에서 영화는 인기 있는 오락거리다. 영미권 영화는 주로 중국어 자막과 함께 영어로 상영된다. 그러나 유럽 영화는 영어 자막 없이 원어 그대로 상영될 수도 있으니 표를 사기 전에 미리 확인하도록 한다. 중국 영화는 보통 중국어 자막과 영어 자막이 모두 있다.

중국 영화는 몇 가지 범주로 나뉜다. 드물긴 하지만 수준 높은 진지한 드라마와 경찰, 전쟁, 무술, 쿵푸 등을 테마로 하는 액션 영화, 평범한 코미디, 그리고 신파조의 가족 드라마다.

1980년대 초에는 허우 샤오시엔 감독의 〈비정성시〉와 에드워드 양의 〈타이페이 스토리〉 같은 영화가 발표되면서 작가주의 영화가 뿌리를 내렸다. 1990년대에는 리안과 차이밍량이 제1세대 타이완 영화를 계승해 가장 인정받는 작가로 떠올랐다. 타이베이영화제는 타이완에서 열리는 가장 큰 국제영화제로 국내외 신예 감독과 기성 감독들의 신작 영화를 상영한다. 초여름에 열리는 이 영화제에서 상영되는 영화는 표가 빨리 매진되므로 한참 전에 예약해야 한다. 당대의 예술 영화들은 스팟 타이베이 필름 하우스에서 정기적으로 상영된다.

영화관은 타이베이 전역에서 찾을 수 있다. 타이베이의 타임스퀘어 격인 시먼딩에는 열 곳 이상의 극장과 대여섯 곳의 백화점이 모두 걸어서 10분 거리에 모여 있다. 그리고 과거 뉴욕의 타임스퀘어와 마찬가지로, 시먼딩은 밑바닥 생활과 매춘과 약물로도 악명 높으니 조심하기 바란다.

뷰쇼Vieshow와 우비Wowie 같은 현대적인 복합상영관 체인들은 온라인 예매와 사전 예매 시스템을 갖추고 있다. 지방에 있거나 오래된 극장들은 여전히 예전의 관습을 고수해 영화 상영 한 시간 전부터 현장 매표만 가능한 경우도 있다. 때가 되면 매표창구의 커튼이 열리고 판매원이 당신에게 원하는 좌석을 고르게 할 것이다. 한 사람이 창구에서 한 번에 살 수 있는 영화표는 최대 네 장이다. 그러니 단체나 가족 전체가 영화를 보려면 필요한 표를 사기 위해 여러 사람이 줄을 서야 한다. 이런 매표 방식은 문제를 낳아 블록버스터 영화가 상영될 때마

영화로 보는 타이완

다음은 타이완의 역사와 문화, 과거와 현재를 엿보게 하는 영화들이다.

- **〈사이더커 바라이〉**: 제작비가 많이 든 2011년 영화로, 한 타이완 원주민 부족이 1930년 일본 식민주의자에 반대해 일으킨 우서 봉기에 대해 그린다. 이 영화는 2부로 상영되었고 〈라스트 모히칸〉과 비교된다.
- **〈하이자오 7번지〉**: 컨딩을 배경으로 펼쳐지는 이 잔잔한 로맨틱 코미디는 우편배달부로 일하게 된 실패한 로큰롤 음악가에 관한 현대적인 이야기로 포장되어 있지만 사실은 타이완의 이전 통치자인 일본에 대한 일종의 연서다.
- **〈비정성시〉**: 1948년에 발생한 2 · 28사태의 참혹함을 공개적으로 묘사한 최초의 영화였다.
- **〈하나 그리고 둘〉**: 타이베이를 배경으로 한 중산층 가족의 3세대에 걸친 드라마.
- **〈오브아, 타이페이〉**: 오늘날의 타이베이를 배경으로 서점에서 만난 소녀에게 빠진 젊은이의 불운을 다룬 로맨틱 코미디다.
- **〈만생회가〉**: 식민지 시대에 타이완에서 태어난 일본인들과 그들의 타이완 사랑, 강제로 일본에 돌아가게 되었을 때 그들이 느낀 방황과 혼란을 다룬 다큐멘터리. 이들이 나이가 들어서 예전에 살던 동네와 어린 시절 타이완 친구들을 보기 위해 타이완을 다시 찾는 이야기다.
- **〈달려라, 그랜드 라이더스!〉**: 양로원을 박차고 나와 타이완에서 마지막 오토바이 모험을 감행하기로 한 17명의 70대 노인들에 대한 가슴 따뜻한 다큐멘터리.

다 어김없이 암표상들이 나타났다. 중국어로 '황유(황소)'라고 불리는 그들은 팀을 이뤄 좌석이 매진될 때까지 번갈아가며 줄을 서서 표를 샀다. 다행히 요즘은 온라인 매표 덕분에 이런 문제가 많이 줄었다.

클럽과 선술집

타이완의 야간 오락거리는 백과사전을 방불케 할 만큼 종류가 다양하고 광범위하다. 타이베이 101 지구에 있는 벨벳로프

댄스클럽에서부터 대학가에 있는 벽면 전체가 거울인 당구장에 이르기까지, 모든 취향을 충족시킨다. 스포츠를 관람하는 술집과 수제 맥주집, 재즈클럽, 게이바와 아일랜드식 선술집도 있다. 구글 검색을 해보면 많은 추천과 최고 인기 장소 목록을 찾을 수 있을 것이다.

KTV/노래방

KTV는 '가라오케 텔레비전'에서 나온 말로 노래방 시스템을 뜻한다. 거리에서 KTV라고 쓰인 간판을 많이 보게 될 텐데 가족이나 친구, 사업 관계자들과 함께 갈 수 있는 곳이다. 방음이 된 비교적 사적인 공간에서 간단한 음식을 즐기며 노래를 부를 수 있다. 노래 연주와 함께 화면에 노랫말과 영상이 뜬다. 보통은 팝송과 중국 노래, 타이완 노래가 준비되어 있다. 방에 들어가기 전에 노래 한 곡과 간식거리에 대한 요금을 미리 확인하도록 하라. 그렇지 않으면 나갈 때 깜짝 놀랄 수도 있다. 최근에는 KTV와 성인용 룸살롱이 합쳐진 곳도 생기기 시작했으니 아이들을 데려가려면 미리 장소를 확인해야 한다. 또한 노래방 장치가 있는 술집도 있는데 여기서는 룸이 아니라 술 취한 낯선 이들 앞에서 노래를 해야 한다. 선택은 당신의 몫이다.

골프

타이완 전역에 다양한 골프 코스가 있다. 클럽 회원권은 값이 비싸고 나중에 프리미엄을 붙여 팔 수 있기 때문에 타이완 사업가들에게 투자 대상으로 여겨진다. 당신이 타이완인과 사업상 접촉할 일이 있을 때 상대에게 골프에 관심이 있음을 알리면 아마도 초대를 받을 것이다. 골프를 치고 나서는 보통 온천이나 자쿠지, 사우나, 마사지, 식사 등을 즐긴다.

가벼운 도박

타이완에서는 도박이 불법이지만 특정 형태의 도박은 경찰이 모른 척해준다. 마작이 그 예다. 마작은 규칙이 카드놀이와 비슷하지만 카드 대신 플라스틱 타일로 한다. 중화문화권에는 마작을 중심으로 한 도박 예법이 있으며 마작 도박왕들의 기량을 찬미하는 영화도 많다. 어떤 사람들은 큰돈을 걸고 오밤중까지 앉아서 이 중독성 있는 게임을 즐긴다.

타이완 정부는 독특하고 실용적인 목적으로 독창적인 복권 제도를 자체적으로 운영하고 있다. 대부분 나라에서 그렇듯 타이완 사업가들도 세금을 내기 싫어한다. 그래서 예전에는 이중장부를 만들어 매출을 축소해 신고하곤 했다. 이에 정부는 통합세금계산서 제도를 도입해 모든 사업체가 매월 번호가 붙은 세금계산서 양식을 구입해 사용하게 했다. 그리고 매월 이 세금계산서 번호를 추첨해 경품을 지급함으로써 대중이 물건을 살 때 영수증을 꼭 챙기도록 유도하고 있다. 당첨번호는 신문에 게재된다.

어떤 거리에서는 자전거 뒤에 화로와 파친코 판을 싣고 다니는 노인을 볼 수 있다. 화로 위에서는 통통하고 육즙 가득한 타이완 소시지를 굽는다. 이런 곳에서 재미삼아 운을 시험해 보는 것도 나쁘지 않다. 비용은 1회에 10타이완달러 정도. 크리스는 한 번도 소시지를 따지 못했지만 항상 마지막에 노인에게 소시지를 팔아달라고 부탁하곤 했다.

도박으로 여겨지진 않지만 카드놀이도 구세대들 사이에서

인기다. 아메리칸클럽에서 매주 카드 게임이 있다.

문화 애호가들을 위하여

타이완에서는 일주일 내내 문화 행사가 있다. 훌륭한 무용단들이 독창적이고 고전적인 작품을 공연한다. 타이완에 있는 동안 특히 '지반 클라우드 게이트 댄스시어터'의 현대무용 공연을 관람해볼 것을 권한다.

지방 특성이 반영된 전통극도 공연된다. 예전에는 축제 중에 뒷길 한복판에 며칠간 무대가 세워져 타이완 전통극과 인형극을 공연했다. 여전히 그런 광경을 가끔 볼 수 있지만 그보다는 도로에 영사막을 쳐놓고 동네 주민 전체에게 영화를 보여주는 경우가 더 많다. 경극(베이징 오페라)은 극장에서 공연된다. 대사를 이해할 수는 없겠지만 음악과 색상, 곡예, 동작만으로도 충분히 흥미로운 볼거리다.

서양의 유명한 팝 공연자들이 타이완에 오는 경우도 많아지고 있다. 블록버스터 콘서트 티켓은 값이 비싸고 빠르게 매진된다. 책 애호가라면 타이완의 대표적인 서점 체인인 에스리트에 가보라. 전국 40여 곳에 지점이 있는데 모두 편안하고 책이 잘 구비되어 있고(중국어와 영어) 커피숍도 딸려 있다. 그중 신이 구에 있는 지점이 타이완에서 제일 큰 서점이다. 던난 서점은 24시간 영업한다.

축제와 공휴일

우리는 이미 타이완 사람들이 시끌벅적한 것을 좋아한다는 점을 강조했다. 축제와 휴일만큼 이를 분명하게 볼 수 있는 기회는 없다. 다양한 연중행사와 축제는 타이완을 한층 더 시끌벅적하고 떠들썩하게 즐길 수 있는 기회를 제공한다. 축제와 휴일은 종교적이거나 문화적인 것, 그리고 정치적인 것이 있다. 전자는 음력 날짜로, 후자는 양력 날짜로 정한다.

공화국의 날

편의상 새해 첫날에 기념하는 이 휴일은 1912년 1월 청왕조가 멸망하고 중화민국이 건국된 것을 기념한다.

음력설

음력설은 보통 1월 10일에서 2월 19일 사이에 온다. 매년 달라지는 날짜에 3일간의 공식 휴일이 주어진다. 음력설을 포함한 긴 명절을 춘제春節(춘절)라고 부르며, 음력 마지막 달 8일부터 이듬해 첫째 달 15일까지 총 6주간에 걸쳐서 기념한다. 춘제는 새로운 희망의 시간인 새해의 시작과 다가올 봄을 기념하는 기간으로, 전 세계에 있는 모든 중국인이 나이와 성별, 결혼 여부에 따라 다양한 방식으로 이를 기념한다. 당신이 얼마나 외향적인 사람이냐에 따라, 그리고 당신에게 타이완 친구들이 있느냐에 따라, 아주 화려하고 문화적으로 풍요로운 시간을 보낼 수도, 아니면 타이완에서 보내는 가장 외로운 시간이 될 수도 있다.

신년이 되기 전에 사람들은 모두 결산을 하느라 분주하다. 새해가 올 때 부채가 남아 있으면 재수가 없다고 여겨지기 때문에 현금을 융통하려는 사람이 많아 전당포도 덩달아 바빠진다. 또한 이 시기는 1년 중 지출이 가장 많아지는 때여서 받아야 할 돈을 회수하는 것도 중요하다.

국경일

중화민국 정부는 장제스나 국민당과 관련한 많은 국경일을 없앴다. 2018년 현재 공휴일은 다음과 같다.

1월	공화국의 날/새해 첫날
2월	음력설(음력 1월 1일)
2월 28일	평화기념일
4월 4일	어린이날
4월 5일	청명절
6월	단오절(음력 5월 5일)
9월	중추절(음력 8월 15일)
10월 10일	쌍십절(중화민국 건국기념일)

이 시기에 사업체는 보통 연회를 연다. 중간 규모 기업의 경우 연회 비용이 수만 달러에 달할 수 있다. 연회에서는 보통 경품 추첨이 있다. 경품은 회사에서 지급한 보조금으로 마련하거나 소유주 또는 주요 공급업체에서 기부받는다. 당신의 회사가 다른 회사의 연회에 선물을 기부하도록 요청받았다면 적어도 3000~1만 타이완달러를 지출할 예상을 해야 한다. 경품으로는 카메라, 가전제품, 상품권 정도가 적절하다. 직원들은 신년 상여금도 받는데 액수는 최소 1개월 치 임금 이상이다. 또 다른 직원 혜택으로 새해 전후에 단체여행을 계획하는 회사들도 있다. 중간 규모 기업들도 전 직원을 위해 방콕이나 홍콩 또는 적어도 타이완 남부 휴양 도시인 컨딩 여행을 예약하곤 한다.

새해에는 개인적인 지출도 많아진다. 신년전야에는 가족 전체가 집에 모여 풍성한 만찬을 즐긴다. 결혼하지 않은 자녀들은 복돈을 넣은 홍바오(붉은 봉투)를 받는다. 또한 친척집을 방문해 인사를 올리고 "복 많이 받으세요! 홍바오 주세요!"라고 공손하게 청하는 풍속이 있다. 이 시기에 타이완 친구들을 만나려면 주머니에 홍바오를 두둑하게 채워가야 한다. 친구 아이들이 다가올 때에 대비해 봉투당 100타이완달러 지폐 한 장씩을 넣어두는 것이 좋다. 아이들이 수줍어서 다가오지 못하면 "왜 홍바오를 받으러 오지 않니?"라고 묻는 것이 인정미 있는 행동이다. 또한 예의상 과일 바구니를 가져가는 것이 좋은데, 특히 금빛이 나는 만다린 오렌지가 좋다. 이렇게 가져간 과일은 밤샘 파티를 하는 동안 사람들이 먹는다.

이 시기에는 집안이나 사무실 벽면에 검은색이나 금색으로 글씨를 쓴 붉은 종이가 붙어 있는 것을 볼 수 있다. 눈치 빠른 사람은 그것이 봄 춘春 자를 거꾸로 붙인 것임을 알아차릴 것이다. 중국어로는 '봄이 뒤집어졌다'가 '봄이 왔다'와 비슷한 소리를 내기 때문이다. 복福이라는 글자도 같은 방식으로 붙여놓는다. 또한 물고기(특히 황금색 물고기) 그림을 어디서나 볼 수 있는데 중국어로 물고기를 뜻하는 '위魚'의 발음이 중국식 풍요로움을 뜻하는 '위裕'와 비슷하기 때문이다. 이런 식으로 단어를 비틀어서 말하는 새해 인사가 많다.

신년전야 자정에는 새해를 환영하고 악귀를 몰아내기 위해 폭죽을 터뜨린다. 천둥처럼 요란한 폭죽 소리가 도시 전체에 울려 퍼져 새벽 세 시까지 잠을 설칠 것이다.

새해 첫날은 보통 가족 모두가 새 옷을 차려입고 친척집을 방문해 음식을 먹고 가벼운 도박이나 마작을 한다. 어린아이들도 게임에 참여할 수 있다. 주사위 게임과 포커을 하며 나이 많은 형제들이 동생들의 복돈을 따곤 한다. 이날은 어디서나 2층 창문에서 흘러나오는 마작 패 소리를 들을 수 있다.

새해 둘째 날에는 아내를 친정에 보내는 전통이 있다. 옛날에는 아내가 사실상 남편의 소유물로 취급되었고 지독한 시어머니 밑에서의 고된 시집살이가 전설적이었지만, 그래도 이날 하루만큼은 아내가 자유롭게 친정에 갈 수 있었다. 요즘은 타이완 아내들의 삶이 예전처럼 고되지 않지만 여전히 이 관습이 계속되고 있다. 극장가에는 신년에 개봉한 블록버스터 영화를 보려는 수천만 명의 관객들이 몰려 들고, 당신도 이 무리에 합류할 수 있을 것이다. 이 때 줄을 선 사람들 틈에 소매치기가 끼어 있을 수 있으니 유의한다.

새해 셋째 날에는 집안에 머물면 복이 온다고 여겨진다. 아침부터 밤까지 TV 방송국에서 신년 스페셜을 방송하는데, 방송사마다 내용이 대동소이하고 작년에 방송한 것과도 크게 다르지 않다. 어디서건 "꽁시, 꽁시, 꽁시 니아!(축하, 축하, 축하합니다!)"라는 후렴구를 물리도록 듣게 될 것이다.

명절 동안 상점과 음식점, 기타 사업체의 문을 여느냐 마느냐는 주인의 선택이다. 많은 소규모 상점이 2주 정도 문을 닫기 때문에 냉장고가 텅 비어 있거나 빨래를 세탁소에 맡겨두었다면 낭패를 볼 수 있다. 단골집이 명절에 쉴 것인지를 미리 물어보도록 한다. 편의점과 영화관, 대부분의 백화점은 문을 열지만 은행과 관공서는 공식 휴일 3일간 문을 닫는다. 이 기간에는 재래시장 물가가 15~25퍼센트 올라간다. 택시도 평소보다 드물어서 미터기 요금이 아니라 부르는 게 값일 수도 있다. 만약 당신이 명절에 타이베이나 타이완을 떠나려 한다면 한참 전부터 교통편을 예약해야 한다. 6개월 전도 그리 빠른 게 아니다. 또한 많은 휴양지에서 성수기 요금을 요구할 수 있다.

위안샤오제元宵節(원소절)는 춘제의 마지막 날인 음력 1월 15일(한국의 정월 대보름날에 해당한다)에 열리는 축제다. 고대 중국에서 이날은 고결한 젊은 처녀들이 아름다운 종이등을 들고 저녁에 혼자 외출할 수 있는 유일한 날이었으며, 황금빛 등불 아래에서 어느 총각의 눈에 띄어 청혼을 받게 될 수도 있는 날이었다. 오늘날 위안샤오제는 국경일이 아니라 그냥 신년 기간의 일부로 젊은 남녀들이 배터리로 작동하는 갖가지 모양의 플라스틱 등을 들고 나와서 기념한다. 용산사와 관두궁에서는 여전히 전통적인 등불 축제가 열린다.

평화기념일

평화기념일은 2월 28일이며, 2 · 28 사태 때 사망한 타이완 사람들과 국민당 통치 하의 정치범들을 기념하는 날이다.

청명절

청명절은 4월 5일이며 국경일이다. 우리는 이 책의 제4장 장례식을 다룬 부분에서 타이완 사람들이 가족의 매장지로 상서롭고 좋은 장소를 찾기 위해 얼마나 공을 들이는지 살펴보았다. 타이완에서는 가족 묘지를 서양에서처럼 매년 관리비를 내고 관리하지 않는다. 그래서 대부분의 묘지에 풀과 잡초가 무성하게 자라 있다. 청명절이 되면 온 가족이 긴 풀숲과 다른 무덤들 사이로 나 있는 호젓한 오솔길을 따라 산으로 올라가서 가족의 무덤을 찾는 것이 연례 의식이다. 일단 묘지에 도착하면 가족들이 벌초와 청소를 한다. 그런 다음 향을 피우고 음식을 차려 제를 지낸 뒤 무덤에 설치된 작은 굴뚝에 종이돈을 태운다.

위안샤오제에 천등을 날리며 소원을 비는 사람들. 이 즈음에는 타이베이 근교에서 천등 날리기 행사가 종종 열린다.

노동절

타이완에서 노동절은 5월 1일이며, 공공 부문 근로자들에게만 공휴일이다.

베이깡 마주 축제

1년에 한 번(음력 3월 23일) 마주 여신 탄신일에 타이중에 있는 베이깡 사원에서 열리는 축제로 놓치면 안 될 볼거리다. 전국 각지에서 신도들이 가마에 지역 신을 모시고 와서 행사에 참여하는데, 수백 대의 가마가 모인다. 그들이 사원으로 접근할 때 폭죽을 터뜨려 악귀를 쫓아낸다. 청회색 연무가 공기를 가득 메우고, 사람들은 발목까지 쌓인 폭죽 종이를 헤치며 걷는다. 산더미 같은 종이돈과 향이 불태워진다. 밤이 되면 신들린 상태에서 칼과 못이 박힌 몽둥이로 자신의 몸을 채찍질하는 퉁지(童乩, 도교 술사)를 볼 수 있다.

단오절

음력 5월 5일에 열리는 이 축제에는 한 익사한 관료를 기념해 열리게 된 스포츠 행사가 포함된다. 아마도 이런 스포츠 행사는 세계에서 하나뿐일 것이다. 기원전 221년 초나라의 유명한 시인이자 학자이며 왕의 상담역을 맡았던 정치가 굴원은 전국시대에 가장 강력한 나라였던 진나라에 저항하는 정책을 펼칠 것을 주장했다. 그러나 그 의견은 받아들여지지 않고 정적들이 그를 모함하기 시작했다. 굴원은 이에 대한 저항으로 물에 빠져 자결했다. 사람들은 그의 충정에 감동해 찹쌀을 댓잎에 작게 싸서 찐 '쫑쯔粽子'를 강에 던져서 물고기들이 그의 시신 대신 먹게 했다.

오늘날 사람들은 용선 경기로 단오절을 기념한다. 중국인이 정착한 많은 나라에서 이 경주를 볼 수 있다. 용선 경기는 굴원을 구출하는 노력을 상징한다. 타이완에서 이 경기는 상당히 조직화된 행사로 자리잡았고, 멀리는 호주와 미국에서 온 참가자들이 함께 경주를 펼친다. 이때 쫑쯔도 먹는다.

백중

음력 7월 1일에 지옥의 문이 열리고 지옥으로 가야 할 영혼들이 도망칠 기회가 생긴다는 믿음이 있다. 앞부분에서 우리는 영혼들이 산 자들의 세계에 미치는 영향과 먹을 것과 돈을 바쳐서 그들을 달래는 것의 중요성에 대해 설명했다. 조심성이 많은 중국인들은 이 기간 동안 결혼식을 하지 않고 새로운 사업도 시작하지 않는 등 매사에 조심한다. 같은 달 15일에는 집에서 영혼들을 위한 잔치를 준비한다. 테이블을 준비하고 회전판에 음식을 차린 뒤 향을 피우고 종이돈을 태운다. 영혼들이 배를 채우도록 한동안 기다렸다가 가족들이 앉아서 '남은 음식'을 먹는다.

공자 탄신일

유명한 학자이자 철학자인 공자의 탄신일(2월 28일)을 축제로 기념한다. 공자를 모시는 사원에서는 전통적인 의상을 입고 전통적인 음악에 맞춰 특별하고 경건한 의식을 거행한다. 참가하려면 표를 예매해야 한다.

중추절

전통적으로 대다수 중국인은 농부였다. 중국인들은 씨뿌리기에서 수확에 이르기까지 여름 농사의 행복한 끝을 축제로 기념한다. 명절 당일은 음력 8월 15일이다. 이 즈음이면 곡물의 건조와 저장을 마치고 다가올 겨울을 위한 만반의 준비가 끝난다. 중추절은 길고 추운 겨울이 오기 전에 마음껏 즐기는 시간이며 새해가 오기 전의 마지막 축제다.

오늘날 중추절에는 가족들이 함께 외출해 보름달을 보고 중국차를 마시고 각종 달콤한 소와 견과류, 절인 달걀노른자가 채워진 월병을 먹는다. 아이들에게는 폭죽 놀이도 인기다.

건국기념일 및 '정치적' 기념일들

타이완의 건국기념일은 10월 10일이어서 '쌍십절'이라고도 부른다. 공식적인 공휴일이며 중화민국의 건국으로 이어진 청 왕조의 몰락을 기념한다. 이날은 타이베이 시내의 총통부 청사 앞에서 행진 악대와 장식 차들, 의장대가 동원된 대규모 퍼레이드를 총통이 사열한다.

취미생활

이 책 전체에 걸쳐서 우리는 중국과 타이완 문화의 다양한 측면들에 대해 이야기했다. 그중에 당신의 흥미를 끄는 부분이 있다면 좀 더 깊이 들어가보라. 취미를 시작하는 것은 문화 충격을 극복하고 현지인을 좀 더 잘 알아가기 위한 괜찮은 방법 중 하나다. 다음은 외국인에게도 인기 있는 취미들이다.

무술

많은 사람이 아침에는 공원에서, 밤에는 도장에서 소림 무술과 도교 무술(무당파)을 연마한다. 유파별 수업을 지켜보면서 원하는 방식을 찾아 참여해보라. 검도, 합기도, 유도 같은 일본 무술도 있으며, 중화민국 군대가 훈련을 위해 채택한 한국의 태권도도 인기가 높다. 최근 몇 년 사이 브라질의 주짓수와 종합격투기, 카포에이라, 필리핀의 아르니스, 인도네시아의 실랏, 서양의 권투, 그리고 심지어 중국 무술을 가르치는 외국인까지 등장했다.

등산

타이완에는 기분전환 삼아 당일에 다녀올 수 있는 산들과 완주에 일주일씩 걸리는 높고 험준한 산들이 공존한다. 또한 강물과 냇물을 헤치며 걸어야 접근할 수 있는 오지가 많기 때문에 강 트래킹도 인기를 끌고 있다. 탐험 코스와 날짜는 온라인 정보를 확인한다.

서핑

계엄령 하에서는 통제되었던 서핑이 요즘 인기를 끌고 있다. 최고의 서핑 장소는 북부와 동부 해안이지만 서해안의 신주 부근에도 서핑하기 좋은 곳들이 있다.

스쿠버 다이빙

북부 해안과 동부 해안, 타이완 동쪽의 뤼다오와 남쪽의 란위다오가 훌륭한 다이빙 장소다. 우리가 발견한 바에 따르면 광고가 많이 되는 컨딩의 조건은 그다지 인상적이지 않다, 타이완 해협의 다이빙 조건은 펑후 제도의 작은 섬들을 제외하면 대체로 탁하다.

래프팅

타이완 동부 해안 도시 화롄에서 예약할 수 있다.

낚시

바다낚시는 대부분 던질낚시나 부두낚시 또는 연안낚시다. 전국 각지에서 미끼를 던져 운을 시험하는 낚시꾼들을 볼 수 있다. 특히 자오시에서 타이둥 사이에 있는 동해안에서는 깊은 바다(태평양)로 나가는 전세 낚싯배도 운영한다. 이 전통적인 취미는 요즘 한층 더 발전했다. 전국 교외 지역에 산재한 낚시터에 가면 물고기나 새우 등을 풀어놓은 수조에서 시간당 요금을 내고 운을 시험해볼 수 있다. 낚시터에 주방이 있어 잡은 물고기나 새우를 바로 조리해서 먹을 수도 있다.

볼링

볼링은 나이에 관계없이 비교적 저렴하게 즐길 수 있는 실내 스포츠다. 대부분의 대도시와 교외 지역의 현대식 건물에서 볼링장을 찾을 수 있다. 볼링화는 대여해준다.

연 날리기

중국인들은 수천 년 동안 연을 날려왔다. 운이 좋다면 30미터짜리 대형 용 모양 연들이 하늘에 솟아오른 광경을 볼 수 있을 것이다. 직접 연 날리기를 배울 수도 있다.

서예와 그림

중국인들은 수천 년 동안 붓과 먹으로 문자를 그리고 써왔다. 스승을 찾는 것은 어렵지 않으며 이 기술을 배우는 것은 중국어 공부와도 직결된다.

골동품 수집

먼저 고궁박물관에서 '좋은 물건'을 보는 눈을 기른 뒤 골동품 상점들을 다니며 직접 소장품을 모아보라. 사려는 물건이 투자할 가치가 있는 골동품이 아닐 가능성도 있으므로 철저하게 흥정해 정말로 마음에 드는 물건만 구입하도록 한다. 자오허딩昭和町 문물시장과 푸허차오福和橋 벼룩시장, 그리고 젠궈建國 고가도로 아래쪽의 타이베이 주말 옥시장 같은 곳도 방문할 가치가 있다.

영어 안내를 받고 에어컨이 있는 안락한 환경에서 물건을 보고 싶다면 티엔무에 있는 바이윈골동품 같은 번듯한 상점들에 가보라. 반면에 합리적인 가격에 복제 골동품 가구를 구입하고 싶다면 환허베이루 2돤에 나란히 모여 있는 상점 세 곳을 방문하면 좋다.

요리

지역자치회와 동호회에서 현지 요리 교실을 자주 연다. 현지인들이 어떻게 주방에서 마술을 부리는지 배울 수 있는 기회다.

타이완의 명소와 꼭 봐야 할 것들

용산사龍山寺 지역

타이베이의 전통이 고스란히 담겨 있는 지역으로, 타이베이 국정 중심지의 남서부에 있다. 완화萬華(1만 개의 영광)라고 불리기도 하는 이 지역에서 가장 큰 흥미로운 장소는 용산사(룽산쓰)다. 1738년에 설립된 이래 화재와 지진, 폭격 등으로 파손돼 여러 차례 복원되었지만 여전히 전통적인 멋이 남아 있다. 이 사찰은 수세기 동안 문화적, 사회적 중심으로 기능했기 때문에 일대가 북적이는 상업 지역이 되었다. 지금은 합법적인 윤락촌이 있는 곳으로 유명하다. 또한 한 블록 거리에 뱀 골목이 있어서 밤만 되면 거북이와 뱀을 잡는 광경을 보러 온 관광객과 식객들, 구경꾼들로 북적인다.

런아이루仁愛路와 중샤오둥루忠孝東路

이 지역은 지난 10년 사이에 크게 발전했다. 30년 전만 해도 이곳은 파파야와 망고 과수원뿐이었는데 지금은 고층 건물과 아파트, 호텔, 기념관, 부티크들이 즐비하다.

총통부 청사에서 동쪽으로 이동하면 장제스를 기리는 중정기념당中正紀念堂의 북서쪽 모퉁이를 만나게 된다. 안으로 들어가서 중국 근대사의 한 획을 그은 이 중요한 인물에 대해 자세히 알아보고 나오면 런아이루가 이어진다. 이 길과 둔화루敦化路에 크고 아름다운 가로수가 늘어서 있는 데는 그럴만한 이유가 있다. 이곳은 과거에 미국 정치인들이 그들 나라가 원조한 돈이 어떻게 투자되고 있는지를 시찰하기 위해 내방할 때 쑹산 공항에서 총통부 건물로 가는 길목에 있었다.

호텔과 부티크들을 지나쳐 한참을 걷다보면 쑨원을 기리는 국립국부기념관이 나올 것이다. 런아이루는 지룽루基隆路와 만나는 지점에서 끝나고 여기서 오른쪽으로 돌면 그랜드하얏트 호텔과 세계무역센터의 인상적인 분홍색 대리석 정면이 보인다. 무역센터에서 개최 중인 박람회가 있다면 '해외 바이어'로 들어가서 타이완에서 수출하고 있는 광범위한 제품들을 살펴 봐도 좋다. 무역센터 바로 뒤로 높이 솟은 타이베이 101 타워가 보인다. 지룽루에서 북쪽으로 걸어서 중샤오루忠孝路의 도심부를 향해 돌아오면 딩하오頂好 야시장을 지나치게 된다. 이 길에는 수십 개의 부티크와 술집, 패스트푸드 레스토랑, 보석 상점, 서점이 즐비하다.

타이다 지역

'타이다'는 타이완에서 최고 명문 대학인 국립타이완대학의 약어다. 타이완의 우수 학생들이 입시를 뚫고 이 학교에 입학해 법, 의학, 과학 등을 공부한다. 타이다 부근에는 교사를 양성하는 국립타이완사범대학도 있다. 이렇게 학교들이 모여 있다 보니 타이베이 문화의 중심지가 되었다.

대학을 마주하고 있는 허핑둥루和平東路에는 중국차와 다과를 즐길 수 있는 독특한 찻집들이 있다. 여기서 조금 떨어진 루즈벨트로Roosevelt Road와 평행 방향으로 딩저우루汀州路가 있는데, 이곳에는 저렴한 비용으로 태국, 미얀마, 인도네시아, 베트남의 음식을 맛볼 수 있는 국제 식당들이 모여 있다.

국립고궁박물관

타이베이 주변에는 반나절이나 한나절 정도면 둘러볼 수 있는 장소가 많다. 타이베이 북쪽으로 30분 거리에 있는 국립고궁박물관은 그 자체로 놓쳐서는 안 될 당일 여행지다. 중국 베이징의 자금성에 소장되어 있던 60만여 점의 유물이 이곳에 옮겨와 있다. 중국에서 공산당과의 기나긴 싸움 끝에 장제스 군대가 타이완으로 가져온 유물들을 한동안 지하 벙커에 보관

중정기념관은 타이베이에서 가장 유명한 명소 중 하나다.

하다가 박물관을 지어서 옮겼다. 현재 이 박물관은 세계에서 가장 중요한 중국 미술품의 보고로 꼽힌다. 최고 수준의 도자기와 옥, 청동, 족자들이 1년 내내 상설 전시된다.

관두關渡와 관인산觀音山

관두는 타이베이에서 북서쪽으로 약 30분 거리인 관인산 기슭에 자리잡고 있다. 저녁에 해가 넘어갈 때 마치 관세음보살의 누운 옆얼굴 같은 이 산의 실루엣을 타이베이에서 볼 수 있다. 산비탈과 정상에 수천 개의 전통 묘지가 있어서 청명절에는 산을 오르내리는 사람들로 북적인다.

양밍산陽明山

자동차를 타고 타이베이 북쪽으로 기분 좋게 달리다 보면 양밍산에 이른다. 부유한 타이완 사람들과 외국 기업에서 일하는 외국인들이 사는 빌라와 저택들이 늘어서 있고 중국문화대학도 이 지역에 있다. 양밍산국립공원까지 차를 몰고 가서 잠시 쉬었다 가자. 등산로와 작은 폭포들, 시냇물이 있어서 소풍을 즐기기 좋은 곳이다.

계속해서 차를 몰아 마차오馬槽까지 올라간다. 굽이진 길을 따라 오르다 보면 멋진 풍경이 눈앞에 펼쳐지면서 불과 45분 전까지 사람들로 북적이는 오염된 도심지에 있었다는 사실을 까맣게 잊게 된다. 산고개에 이르면 도로 옆으로 차밭과 채소밭이 나타나고, 고개를 넘으면 다시 굽이진 길을 따라 내리막길이 시작된다. 날씨가 맑은 날에는 여기서 타이완 북쪽의 금빛 해변이 내려다보인다. 이 길은 한때 시골 온천탕들이 있던 자리를 지나친다. 지금도 다리 옆 도로에 주차를 하고 몇 분만 걸어가면 노란 유황 연기를 뿜어내는 갈라진 틈에서 물이 끓어 오르는 모습을 볼 수 있다.

마차오에서 산을 계속 내려오다 보면 진산金山 해변 휴양지가 나오고 여기서 지룽基隆으로 갈 수 있다. 고속도로를 타고 타이베이로 돌아갈 수 있고, 아니면 왔던 길로 되돌아갈 수도 있으며, 아니면 양밍산 공원에서 베이터우로 이어지는 옆길로 빠질 수 있다. 온천 명소인 베이터우는 전쟁 중에는 일본군의 휴양지, 전쟁 후에는 미군 휴양지로 유명했지만 이제 과거의 오명은 거의 사라졌다.

진산과 푸룽福隆 해변

타이베이에서 자동차로 한 시간 거리에 진산과 푸룽 해변이 있다. 가는 길에 타이완의 유명한 조각가 주밍이 세운 야외조각공원 주밍미술관朱銘美術館에 들를 수 있다. 일광욕을 하면서 보드 없이 가볍게 파도타기를 하고 싶다면 진산과 푸룽 해변

© PhotonCatcher

타이베이에서 차로 한 시간 거리에 있는 푸룽 해변.

이 더없이 좋은 장소다. 진산은 또한 바다가 보이는 독특한 온천이 있는 곳이다. 해변에서 해안길을 따라 계속 달려서 산간 지역으로 들어가면 한때 일본인들의 휴양지였던 주펀九份이 나온다. 동맹군 전쟁 포로들이 강제노역에 동원되어 이곳의 금광에서 금을 캤다. 태평양 위로 높이 솟은 언덕에 자리 잡은 주펀에는 박물관과 커피숍, 작은 식당, 여관 등이 있으며 멋진 일몰 풍광을 자랑한다.

마오콩貓空

타이베이 남쪽 끝에는 주요 차 재배지인 산들이 솟아 있다. 무자역木柵站에서 곤돌라를 타면 차 농장과 찻집들이 있는 산속으로 들어갈 수 있다. 아시아에서 차를 가장 싸게 살 수 있는 곳 중 하나다.

중 · 동부 타이완

주말 관광을 떠날 생각이라면 자동차나 버스를 이용해 지룽의 북동부 해안을 따라 다양한 형태의 암석층으로 유명한 예류지질공원野柳地質公園에 가보라. 바다와 육지가 만나는 곳에서 수천 년간 바람과 물에 깎여 신비한 형상으로 굳어진 기암괴석을 구경할 수 있다. '여왕 머리' 바위를 도난당하는 사건이 있었지만 나중에 범인이 후회하며 반환했고 지금은 시멘트로 고정해놓았다.

오늘날 타이베이 남동부와 자오시礁溪 사이에는 길이 12킬로미터가 넘는 터널과 새로운 고속도로가 뚫려서 주중 이동시간이 40분 이하로 단축되었다. 그러나 주말에는 두 시간까지 예상해야 한다. 자오시에서 터널들이 나타나는 지점에서 바로 북쪽에 건축학적으로 인상적인 난양박물관蘭陽博物館이 있다. 타이완 동해안의 지리와 야생, 민족지학과 농업을 잘 보여주는 곳으로, 인근 부두에서 터틀아일랜드로의 보트 여행과 고래 관찰 여행을 예약할 수 있다.

타이완이 세계적으로 유명한 위스키의 생산지이며 그것이 이란宜蘭市에서 생산된다는 사실을 아는가? 킹카 그룹이 설립한 위스키 증류소에서 생산되는 싱글몰트 위스키, 카발란은 승승장구하며 많은 경연대회에서 우승을 차지했다. 무료로 공장 견학을 하며 시음할 수 있는 프로그램이 있다.

계속 차를 몰고 쑤아오蘇澳를 지나 내륙으로 방향을 틀면 아름다운 타이루거 협곡太魯閣峽谷에 이른다. 차가운 급류 위로 가파른 절벽이 솟아 있다. 인근에 있는 사찰에 들러 경치를 즐기기에 좋다.

이곳을 지나 톈상天上으로 향한다. 톈상은 매우 한적한 곳으로 주중에는 관광객이 많지 않다. 푸르른 협곡 깊숙이 자리 잡은 이곳에서는 별빛이 가득한 청명한 밤하늘을 보며 조용하고 여유로운 저녁 시간을 즐길 수 있다. 새벽에는 주도로를 따라 걷거나 차를 타고 1.2킬로미터쯤 서쪽으로 가서 급류로 조심조심 내려가면 현수교가 나온다. 이 다리를 건너 돌길을 따라 물가로 내려가면 야외 자연 온천인 원산 온천文山溫泉이 얼음처럼 차가운 계곡물과 섞이는 진기한 장면을 볼 수 있다. 시내로 돌아가는 길에 멋진 계곡물과 숨 막히게 아름다운 바이양 폭포白陽瀑布의 절경을 볼 수 있는 '터널 산책'도 놓치지 말자.

불행히도 10년 전 발생한 태풍으로 톈상에서 리산梨山으로 통하는 도로가 끊겨버렸고 이 책을 쓰는 현재까지 재개통되지 않았다. 리산은 이제 서해안의 몇몇 지점을 통해서만 갈 수 있

타이루거 협곡. 가파른 절벽과 어우러진 장대한 물길을 볼 수 있다.

는 진기한 과수원 마을이다. 시간이 좀 더 있다면 동해안을 따라 남쪽으로 좀 더 내려가서 타이둥台東으로 가거나 여객선을 타고 뤼다오까지 갈 수 있다.

당신이 등산 애호가라면 타이완에 아주 훌륭한 등산로가 많다는 사실에 기뻐하게 될 것이다. 당신을 올바른 방향으로 이끌어줄 다양한 등산 동호회와 단체들이 있다. 타이완은 텐트와 등산화를 포함해 각종 등산 장비를 생산하고 있으니 현지에서 필요한 장비를 모두 구할 수 있다. 등산장비 전문점은 타이베이 철도역 근처인 중산베이루中山北路와 중샤오시루忠孝西路의 교차로 북서쪽에 있다.

타이난臺南

타이난은 타이완에서 가장 오랜 역사를 가진 도시이며 정성공이 묻혀 있는 곳이다. 타이완에서 가장 아름다운 사찰들을 방문할 수 있고 샤오베이 야시장成功夜市과 차이나타운에서 유명한 먹거리를 맛볼 수도 있다. 또한 치메이 박물관奇美博物館에 방문해보자. 플라스틱과 전자제품을 생산하는 치메이 그룹의 창업주들은 골동품과 미술품, 고악기 수집을 즐겼는데 다양하고 수준 높은 소장품이 이곳에서 전시되어 있다.

컨딩墾丁

쌀쌀한 겨울 아침에 따뜻한 햇살과 모래사장이 그립다면 컨딩으로 여행을 떠나보자. 타이베이에서 차를 몰고 5시간 동안 달리거나 항공기나 버스로 갈 수 있다. 타이완 남단에 위치한 이곳은 국제적 수준의 휴양시설과 수중공원, 등산로, 해변을 갖추고 있다.

8

타이완의 언어

문자의 모양이 미학을 염두에 두고 만들어진다는 것은
중국인의 문화생활에서 바탕이 되는 요소다.
이들은 불균형적으로 보이는 문자를 쓰는 것을 몸서리치게 싫어한다.
강도는 다소 덜할지 모르지만 똑같은 감수성이
서양에도 존재했으며 최근에 재등장했다.
내가 대중문화 역사가라면
서예를 문화적 수련의 구현이라고 말하겠다.

– 안소니 지, 《구름 삼키기: 중국 문화와 언어, 요리로의 재미있는 여행》

타이완 주재 외국인에게 있어 피할 수 없는 가장 큰 결정 중 하나는 '중국어를 말하고 읽고 쓰는 법을 배울 것인가'이다. 물론 여러 해 동안 기본적인 중국어 몇 마디를 하는 것 외의 언어 실력을 키우지 않고 타이완에서 사는 것도 가능하다. 실제로 그런 사람들을 우리는 많이 알고 있다. 그러나 그들은 아메리칸클럽이나 다른 외국인 지원 조직, 또는 회사 동료나 비서의 도움을 받고 있다. 그런 도움이 없이 현지인에게 뭔가를 설명하려면 온갖 손동작과 몸동작을 동원해야 한다.

중국어를 배우겠다는 결정은 쉽게 내릴 수 있는 것이 아니지만 노력에 대한 대가는 충분히 따를 것이다. 언어를 배우면 문화적 이해를 넓힐 수 있고 현지인들과 깊은 우정을 쌓을 수 있으며, 자칫 복잡하고 답답한 상황들을 쉽게 헤쳐 나갈 수 있다. 어떤 결정을 하건 중국어와 타이완 사람들의 관계에 대한 기본 지식은 필수다.

계엄 통치 시절에 국민당은 타이완 국민이 표준중국어를 말하는 언어적 단일체라고 믿었다. 그러나 사실은 그렇지 않다. 푸젠성 사람들이 정착해서 살다가 1895년 시모노세키 조약에 따라 일본에 넘어가고 1945년에야 다시 중국에 반환된 섬에서 어떻게 그것이 가능하겠는가? 그럼에도 1945년 이후 현지 주민들을 정치적으로 세뇌시키는 과정에서 언어는 중요한 도구였다. 계엄 통치 시절에는 학교에서 민난어(푸젠성 방언)를 가르치는 것이 금지되었고 민난어 텔레비전 방송도 심하게 제한되었다. 국민당은 타이완을 언어적으로 중국 본토에 묶어두는 것이 긴급한 과제라고 느꼈다.

이와 동시에 중국 본토의 공산주의 교육자들이 개발한 간체(단순화된 문자) 대신 번체(전통적인 중국 문자) 사용을 강조했다. 간체를 쓰는 것은 중국 문화를 유린하는 것으로 취급했으며 최근까지도 교사, 학생, 출판인, 광고인들의 간체 사용을 금지했다. 그러나 결국 절충점을 찾아 특정 문자에 대해서는 간체 사용을 허용한다. 예를 들어 '타이'를 14획으로 된 번체 '臺' 대신 5획으로 된 간체 '台'로 쓸 수 있도록 했다.

문자언어와 음성언어의 구분은 문화적으로 중요하다. 중국 문명은 4000년 이상 지속되었는데, 이 기나긴 역사에 걸쳐서 모든 중국인을 묶어준 것은 문화적 자긍심과 문자언어였다. 지방마다 각각의 방언을 쓰는 음성언어로는 광범위한 의사소통이 불가능하지만 문자언어는 한족들이 사는 모든 지역에서 대체로 통용된다.

이를 보다 잘 이해하려면 유럽의 로망스어를 생각해보면 된다. 불어와 이탈리아어, 스페인어는 모두 라틴어에서 유래했고 같은 알파벳을 사용하지만 서로 다른 언어를 사용하는 사람들끼리는 문자언어로든 음성언어로든 의사소통이 안 된다. 반면에 중국어 방언은 로망스어 못지않게 발음의 차이가 많지만 문자언어는 공통분모다. 문자언어에 대해서는 아래에서 자세히 얘기하기로 하고 우선 음성언어부터 살펴보겠다.

표준중국어(만다린어)

표준중국어는 서구에서 만다린어로 통한다. 만다린은 만주족 관리를 뜻하는 만다린滿大人에서 유래했다. 만주족이 통치하던 청나라 관리들이 쓰던 언어(관화)를 만다린어라 부른 것이다. 타이완에서는 이 언어를 궈위国语, 즉 국어라고 부르는데 그 명칭에서 국민당이 중국인들의 언어적 단일성에 부여한 정치적 중요성을 짐작할 수 있다. 이 언어는 어휘의 차이를 제외하면 현재 중국에서 사용되는 공용어와 동일하다.

성조

중국어는 성조언어다. 단어마다 발음할 때 성조, 즉 음의 고저와 강세가 동반된다는 뜻이다. 성조가 변하면 의미도 변한다. 네 가지 성조(4성)와 중립적 성조(경성)가 있다.

성조	이름	높낮이	성조 표시
1성	음평성	높고 평탄한 소리	ˉ
2성	양평성	상승하는 소리	ˊ
3성	상성	하강했다가 다시 상승하는 소리	ˇ
4성	거성	하강하는 소리	ˋ
성조 없음	경성	강세 없이 가볍고 짧은 음	없음

문법

중국어 문법은 대부분의 인도유럽어 학생들을 좌절하게 만드는 복잡한 활용형과 격변화가 없다는 점에서 비교적 단순하다. 문장을 과거시제로 만들려면 동사 뒤나 문장 끝에 동작의 완료를 나타내는 러了를 붙이고, 미래시제로 하려면 동사 앞에 '~할 거다'를 뜻하는 야오要 또는 '~할 수 있다'를 뜻하는 후이會를 붙인다. 부정어의 경우 현재부정은 부不를, 과거부정은 메이沒를 동사 앞에 붙인다. 의문문을 만들려면 끝에 마嗎를 붙인다. 물론 이것은 지나친 단순화이며, 중국어는 중국어 책과 선생님에게 배우는 것이 가장 좋다.

니 취 샹강. 你去香港	너는 홍콩에 간다.
니 취 샹강마? 你去香港嗎?	너 홍콩에 갈 거니?
니 취러 샹강. 你去了香港	너는 홍콩에 갔다.
니 야오 취 샹강. 你要去香港	너는 홍콩에 갈 것이다.
니 부 취 샹강. 你不去香港	너는 홍콩에 가지 않을 것이다.
니 메이 취 샹강. 你沒去香港	너는 홍콩에 가지 않았다.

타이완어

타이완어는 타이완 인구의 과반수가 학교 밖에서 쓰는 모국어다. 대부분의 타이완 사람들은 표준중국어와 타이완어에 모두 능통하며 두 언어를 번갈아 쓴다. 타이완어는 푸젠어, 민난어라고도 불린다. 푸젠성의 민강 남쪽에서 온 이주민들이 쓰던 방언으로, 푸젠성의 다른 지역에서 쓰는 방언들과는 구분된다.

타이완어는 성조가 풍부하고 음의 고저가 복잡해서 노점상이나 야당 정치인들의 열정적인 연설에 잘 어울린다. 이 언어를 배우기 힘든 한 가지 요인은 여섯 가지로 변화무쌍한 성조다. 표준중국어의 4성조는 제한된 방식으로만 변하는 반면, 타이완어는 같은 단어도 문장 내 위치에 따라 성조가 변할 수 있어서 이를 암기하기가 훨씬 더 어렵다. 타이베이와 타이난, 가오슝에서 쓰는 타이완어도 약간씩 차이가 있지만 서로 의사소통이 어렵지는 않다.

어떤 언어를 배워야 할까

그렇다면 표준중국어를 배워야 할까, 타이완어를 배워야 할까? 중국인이 아닌 타이완인의 정체성 문제가 떠오르면서 이것은 더욱 대답하기 어려운 질문이 되었다. 1997년까지 사람들은 표준중국어를 구사하는 크리스에게 "국어를 잘하네요."라고 말했는데 이제는 "베이징 방언을 잘하네요."라고 말한다.

타이완어로 대화할 수 있다면 타이완 사람들에게 인기가 많겠지만 표준중국어 사용자들은 혼란스럽고 불만스러워 할 것이다. 반면에 외국인이 표준중국어에 능통하다면 모두에게 좋은 인상을 줄 수 있으며 타이완을 넘어 중화문화권 전체에서 사용할 수 있다는 이점이 있다. 또한 배우기도 더 쉽다. 다만 이 두 언어가 나란히 존재한다는 사실을 아는 것은 중요하다.

어떻게 배울 것인가

외국인들에게 중국어의 기본 사항을 빠르게 가르치는 단기 집중 코스가 있다. 빠르게 시작하고 싶다면 이 방법을 적극 권장한다. 하지만 그 후에 학습의 여세를 유지해나가는 것이 중요하다. 주당 대여섯 시간 정도는 교습을 받고 기회가 될 때마다 중국어를 이용하라.

중국어를 배우는 데는 네 가지 기본적인 방법이 있다.

- 귀로 듣고 들리는 대로 따라하되 소리를 적는 연습을 하지 않는다.
- 로마자로 표기된 텍스트를 이용한다.
- 중국어 주음부호가 표시된 텍스트를 이용한다.
- 한자로만 쓰인 텍스트를 이용한다.

언어에 특별한 재능이 있지 않는 한, 첫 번째 방법은 비효율적이고 잘못된 발음을 익히기 쉽다. 네 번째 방법은 피학적인 사람이나 시간이 아주 많은 사람에게 적합하다. 두 번째와 세 번째 방법이 권장할 만하다.

로마자 표기

중국어를 로마자로 표기하는 방법은 여러 가지가 있으며, 어떤 방법이 표준으로 받아들여지느냐를 두고 1세기에 걸쳐 각축전이 벌어졌다. 이 싸움에서 중국 본토에서 만든 한어병음 방식이 승리했다고 말할 수 있다. 타이완에서는 계엄령 당시에 웨이드-자일스 방식과 '국어라마자'라는 방식으로 표기했지만, 2009년부터 한어병음이 로마자 표기의 공식 표준이 되어 전국의 도시들이 서서히 도로 표지판과 사무실에서 이 방식을 받아들였다.

주음부호

로마자 표기 외에 '주음부호'라고 하는 중국어 발음기호를 이용해 중국어를 배울 수 있다. 주음부호는 37개의 기호로 이루어져 있으며, 이 기호들을 조합해 중국어의 모든 소리를 나타낸다. 타이완 유치원과 초등학교에서 이 방법을 가르치며, 현지 일간신문 〈궈위르바오國語日報〉는 모든 한자 옆에 주음부호를 병기한다. 아이들이 배우는 방식으로 기본적인 구성요소부터 배운다면 중국어를 올바르게 발음하게 될 가능성이 훨씬 높다. 그러나 불행히도 주음부호를 이용해 수업을 한다고 확실하게 알려진 곳은 궈위르바오의 어학 수업뿐이다. 필요하다면 어학원에 등록할 때 주음부호를 이용하는지 확인해보라(하지만 주음부호는 타이완 밖에서는 볼 수 없다).

다음은 중국의 주음부호 체계들이다.

주음부호	한어병음	웨이드-자일스식	한글 발음
ㄅ	b	p	ㅂ
ㄆ	p	p′	ㅍ
ㄇ	m	m	ㅁ
ㄈ	f	f	ㅍ
ㄉ	d	t	ㄷ
ㄊ	t	t′	ㅌ
ㄋ	n	n	ㄴ
ㄌ	l	l	ㄹ
ㄍ	g	k	ㄱ
ㄎ	k	k′	ㅋ
ㄏ	h	h	ㅎ
ㄐ	j	ch	ㅈ
ㄑ	q	ch′	ㅊ
ㄒ	x	hs	ㅅ
ㄓ	zh(i)	ch′(ih)	ㅈ(즈)
ㄔ	ch(i]	ch′(ih)	ㅊ(츠)
ㄕ	sh(i)	sh(ih)	ㅅ(스)
ㄖ	r(i)	j(ih)	ㄹ(르)
ㄗ	z(i)	ts	ㅉ(쯔)
ㄘ	c(i)	tzu	ㅊ(츠)
ㄙ	s(i)	sz, ss	ㅆ(쓰)
ㄚ	a	a	아
ㄛ	o	o	오
ㄜ	e	ê	어
ㄝ	ê	eh	에
ㄞ	ai	ai	아이
ㄟ	ei	ei	에이
ㄠ	ao	ao	아오
ㄡ	ou	ou	어우

ㄢ	an	an	안
ㄣ	en	en	언
ㄤ	ang	ang	앙
ㄥ	eng	êng	엉
ㄦ	er	êrh	얼
ㄧ	(y)i	i	이
ㄨ	(w)u	(w)u	우
ㄩ	(y)u	(y)ü	위

노래로 배우기

크리스의 경험에 따르면, 일단 기본적인 언어를 익힌 뒤에 어휘를 늘리고 유창한 언어구사력을 키우기 위한 가장 빠른 방법은 인기 있는 노래를 배우는 것이다. 라디오에서 귀에 쏙 들어오는 노래가 들리면 유튜브에서 찾거나 CD를 구입한 뒤 사전에서 노랫말의 단어들을 찾아보며 배운다. 그것은 수수께끼를 푸는 것과 같다. 좋아하는 멜로디가 있는데 노랫말을 모른다면 가수의 감정은 느낄 수 있지만 무슨 내용인지 알 수 없다. 그러다가 노랫말을 번역하면 이야기가 펼쳐진다. 가장 좋은 점은 일단 노래를 배우면 그 노래를 반복해서 부르며 어휘를 되새길 수 있다는 것이다. 그렇게 하면 기억하기가 훨씬 쉽다. 또한 노래에서 익힌 세련되고 생생한 어휘를 대화에 이용할 수 있다. 현지 대중가요를 알고 있으면 노래방에 가서 어색함을 깨는 데도 도움이 된다.

이동통신 기기로 배우기

이동통신 기기는 중국어를 배우고 실시간으로 정보를 확인하고 모르는 것을 찾아보는 데 큰 도움을 주는 도구다. 개인용 컴퓨터와 소프트웨어 역시 유용한 학습 기회를 제공한다. 중국어와 타이완어 학습을 위한 온라인 또는 CD 형태의 소프트웨어 프로그램이 시중에 나와 있다.

마이크로소프트 워드는 한어병음 입력이나 한자입력 또는 주음부호를 이용해 텍스트를 작성할 수 있다(한자입력은 터치패드에 손가락으로 써야 하고, 주음부호는 대부분의 키보드에 로마자와 함께 표시되어 있다). 창힐수입법이라는 입력 방법도 있는데, 이는 한자를 이미 읽고 쓸 줄 아는 사람들만 이용하기 때문에 초심자에게는 적합하지 않다.

구글 번역은 개별 단어나 문장 번역에는 도움이 되지만 긴 글에 대한 정확한 번역을 기대할 수 없다. 이밖에 앱 기반 사전들도 많다. 우리가 찾은 가장 좋은 앱은 아이폰과 안드로이드용으로 나온 무료 앱, 플레코Pleco인데 불행히도 윈도우 용은 나와 있지 않다. 사용하기 쉽고 정확하고 간체와 번체가 모두 포함된 데다 읽기 기능까지 있다. 저렴한 비용으로 플래시카드 라이브러리 구성이나 OCR(광학적 문자인식) 기능을 추가하면 더 편리하게 이용할 수 있다. 예를 들어 휴대전화기에 한자로 된 PDF 파일이 있을 때 OCR 기능으로 텍스트를 디지털화해 읽고 한자를 찾아볼 수 있다.

한시

중국은 길고 훌륭한 시를 쓰는 전통을 가지고 있다. 당나라(618~907년)의 시는 초등학교 국어 수업에서 중요한 부분이며 학생들은 잘 알려진 한시를 암송하는 법을 배운다. 길이가 짧은 한시가 많아서 중국어를 배우는 외국인 학생도 쉽게 접근할 수 있다. 한시를 통해 중국 문화와 인류의 보편적 공감대를 좀 더 깊이 있게 이해할 수 있을 것이다.

성어

역사적으로 중국인들은 아주 오랫동안 함축적인 표현을 써왔다. 노자와 공자를 비롯한 많은 학자들의 글은 문체가 간소하고 모호하다. 그렇기 때문에 그 글을 번역한 책들의 수준과 내용에 차이가 크다.

많은 사자성어가 고전과 역사적 이야기에서 나왔다. 중국의 성어를 배워두면 문화적 견지에서 좋고, 전통적인 언어에 취미를 붙일 수 있으며, 다른 사람들의 대화를 이해하는 데도 도움이 된다. 그러나 맥락을 정확히 아는 상황이 아니라면 조심해서 써야 한다.

농담

코미디 영화와 TV 프로그램으로 판단하면, 타이완 사람들은 다소 유치하고 왁자지껄한 유머를 좋아한다. 타이완에는 스탠드업 코미디와 만담의 오랜 전통이 있지만 중국인들은 다른 문화권 사람들과 달리 농담을 크게 즐기지 않는 것 같다. 친구들끼리 모이면 약간의 과장을 섞어가며 본인에 대한 우스운 얘기를 가끔 하지만 일상적으로 온갖 농담을 풀어놓지는 않는다. 타이완에서는 자기비하식 유머가 잘 통하며, 인기 코미디언들은 대체로 뚱뚱하거나 깡말랐거나 다른 면에서 과장된 측면이 있다.

타이완에서 농담을 하고 싶다면 주의할 것이 있다. 말장난에 의존하거나 말로 머릿속에 우스운 이미지를 만들어내는 방식의 외국 유머를 중국어로 번역하면 제대로 전달되기 어렵다. 또한 남녀가 섞인 점잖은 모임에서 성적인 암시가 깃든 농담은 피해야 한다.

욕설

타이완 사람들이 가장 잘 쓰는 욕은 타마더他媽的로, '제길' '젠장' 정도로 해석할 수 있다. 입이 거친 사람들은 입만 벌리면 모든 문장에 타마더를 붙인다. 또한 사람을 개라고 부르는 식의 욕설이 많다.

보디랭귀지

중국인들은 속을 헤아리기 어렵기로 유명하지만 그것이 보디랭귀지 때문은 아니다. 가슴 앞으로 팔짱을 낀다든가(나는 동의하지 않는다) 하품을 한다든가(지루하다) 같은 보편적으로 통용되는 많은 보디랭귀지가 타이완에서도 통한다.

어려운 부분은 무언의 규칙들이다. 타이완 사람 두 명이 대화를 시작할 때 그들은 대부분 서로의 상호관계와 그 관계의 규칙을 잘 알고 있다. 외국인으로서 당신은 그런 관계도 규칙도 잘 모르는 채로 대화에 끼어들게 된다. 그들이 스스로 당신보다 우월하다고 여기는 경우에는 당신이 잘난 척하는 것처럼 보일 수 있으며, 혹은 그 반대가 될 수도 있다. 모두를 동등하게 대하는 서구적인 성향도 이곳에서는 자칫 오해를 살 수 있다. 만일 어떤 사람이 당신이 그 사람의 아랫사람을 자신과 똑같이 대하는 것을 본다면 불쾌하게 느낄 수 있다.

당신에겐 타이완 사람들의 신체적 접촉이 불편하게 느껴질 수 있다. 타이완 사람들은 누군가의 옆에 바싹 붙어 앉는 것을 꺼리지 않고, 동성친구들끼리 손을 잡거나 팔짱을 끼기도 한다. 그러나 놀랄 것 없다. 그것은 꼭 동성애적 접근이 아니며 상대방을 그만큼 편하고 가깝게 느낀다는 의미다.

한편 다른 문화권과 마찬가지로 타이완 사람들은 의사소통의 수단으로 가끔 손동작을 이용한다. 몇 가지를 살펴보자.

- 상대에게 먼저 가라고 하려면, 팔을 앞으로 뻗고 손바닥을 아래로 향한 채로 손가락을 본인 쪽으로 흔든다.
- 자신을 가리킬 때는 검지로 자신의 코를 가리킨다.
- 누군가 검지를 뺨에 대고 위아래로 문지르면 체면을 잃었다는 표현이다.
- 주먹을 들고 방아쇠를 당기듯 검지를 두세 번 당기는 것은 누군가 죽거나 뭔가가 끝났음을 뜻한다.
- 타이완 사람들은 '가운데손가락'을 이용하지도 그 의미를 이해하지도 못한다. 그러나 당신이 화가 나서 누군가에게 주먹을 흔든다면 그에 상응하는 반응이 있을 것이다.
- 손가락으로 숫자를 표시하는 방법은 좀 특이하다. 1에서부터 5까지는 비슷하지만, 중국인들은 6과 8, 10을 표시하는 특별한 신호를 고안했다. 6은 주먹을 쥐고 손바닥을 위로 하여 엄지와 새끼손가락을 편다. 8은 주먹을 쥐고 손바닥을 아래로 하여 엄지와 새끼손가락을 펴서 八자 모양을 만든다. 10은 왼손 검지와 오른손 검지를 교차시켜 十자 모양을 만든다.

문자언어

5만 자가 넘는 한자는 중국어를 배우는 데 있어서 가장 어려운 부분이다. 한자는 아주 오래 전 중국인들이 필수적인 삶의 요소들을 그렸던 그림에서 발전한 상형문자다. 수천 년에 걸쳐 이 조잡한 그림들이 일정한 양식에 맞춰지고 단순화되고 변경되고 부호화되면서 문자가 되었다. 지금도 어떤 한자에서는 그것이 애초에 어떤 요소에서 유래했는지 흔적이 엿보인다.

한자는 주로 두 가지 부수와 성부로 이루어진다. 부수는 보통 문자의 의미 또는 적어도 단어의 범주(동물, 식물, 신체 부위, 행동, 감정 등)를 나타낸다. 성부는 부수의 위나 아래, 또는 옆에 쓰여서 문자가 어떻게 발음되는지를 암시한다.

필순

단어를 기억하는 것만으로는 충분치 않다. 문자언어를 안다고 주장하려면 문자를 쓸 때 올바른 필순을 기억해야 한다. 타이완에 막 도착한 외국인들은 여러가지 방식으로 문자를 보이는 대로 쓰겠지만 올바른 방식은 단 하나뿐이다. 당신이 필순을 실수하는 것을 중국인 친구가 본다면 그냥 넘어가지 않고 꼭 일러줄 것이다. 시중에 초급자를 위한 연습서가 많이 나와 있으니 한자 쓰는 법을 배우고 싶다면 여기서부터 시작하는 게 좋다.

서예

한자 학습의 절정에 이르려면 뭐니 뭐니 해도 손에 붓을 잡고 전통적인 서예를 배워야 한다. 그것은 예술이며 삶의 방식이고 개인적인 표현의 형식이다. 달리 말해, 서예는 지극히 미학적이고 주관적이며 짧은 순간, 또는 평생에 걸쳐서 열중할 수 있는 일이다. 서예는 일종의 명상적인 예술이며, 우수한 서예 실력은 가장 높은 수준의 교양을 보여준다고 여겨진다.

이름

중국 이름은 성이 앞에 오고 이름이 뒤에 온다. 중국에는 수백 가지 성이 있다. 그중에 가장 흔한 성은 리Lee, 첸Chen, 린Lin, 마Ma, 왕Wang, 황Hwang, 구Guo, 채Tsai, 수Su 등이다.

이름과 호칭은 타이완 사람들에게 중요하다. 이름은 가족의 혈통을 보여주고 가족 내에서의 위상을 알려주기도 한다. 예를 들어 셴성先生이라는 호칭은 문자 그대로 '먼저 태어났음'을 뜻하며, 집안 내에서 장남에게 부여된 중요성을 보여준다. 마찬가지로 타이타이太太는 아내 또는 부인을 뜻하지만 문자 그대로 번역하면 '궁극적이고 궁극적인'이 된다. 즉 첩이 아닌 본부인을 뜻한다.

자녀의 이름을 지을 때는 생년월일과 띠, 이름 전체에 포함되는 글자의 적절한 획수를 따져서 공들여 짓는다. 또한 많은 가정에서 이름 두 글자 중에 첫 글자는 가계 내에서 그 사람이 속한 세대를 나타낸다. 예를 들어 우 링리의 자매들은 링유, 링메이, 링란이다.

이름 부르기

타이완 친구나 지인을 어떻게 불러야 하는지는 그들과의 관계에 따라, 그리고 영어로 말하느냐 중국어로 말하느냐에 따라 달라진다. 당신이 중국어를 배우고 있다고 가정해보자. 특정한 사람과 첫 번째 사업상 접촉을 할 때는 명함에 표시된 성 바로 뒤에 직함을 붙여서 부르는 것이 바람직하다. 예를 들어 'Lee Kuo-tsai, Factory Manager(공장장)'라고 적혀 있다면 "리 창장"이라고 부른다. 이렇게 하면 그들이 자부심을 갖는 직함에 주목할 수 있다. 영어로 말하는 경우에는 미스터, 미시즈,

미스, 마담, 미즈 뒤에 성을 붙인다. 좀 더 친해지면 상대방이 영어 이름을 불러달라고 할 수도 있다. 타이완에서는 친한 친구들끼리도 이름보다 별명을 부르는 경우가 더 많다. 예를 들어 "라오 첸"(첸 옹)처럼, 노인의 성 앞에 라오老라는 호칭을 붙이는 경우도 흔하다.

도장

도장은 개인적인 인장이며 중국 사회에서 필수적인 물건으로 여겨진다. 타이완과 일본, 한국 등에서 도장은 서명에 해당한다. 타이완 사람들은 도장을 인감등록하고 수표와 계약서 및 기타 법률 문서에 사용한다. 박물관에 전시된 옥새의 엄청난 크기와 화려한 장식에는 도장의 역사적 중요성이 반영되어 있다.

외국인의 경우 회사를 경영하거나 이사가 아닌 이상 인감도장을 가질 필요가 없지만 원한다면 거의 모든 동네에서 도장을 만들 수 있다. 나무나 플라스틱 도장은 저렴하고 돌로 만든 도장은 좀 더 크고 화려하다. 돌 도장을 만들 때는 장식으로 자신이 태어난 해에 해당하는 십이간지 동물을 새겨 넣기도 한다.

9

타이완에서 일하기

타이완의 비즈니스 사회는 원칙적이지 않다.
스펙트럼의 한쪽 끝에 독일의 원칙주의 접근법이 있고
다른 한쪽 끝에 태국의 '어쩌겠어' 접근법이 있다면,
타이완은 태국 쪽에 더 가깝다.
타이완 사업가들은 딱히 불법으로 규정된 것이 아니면
어떤 것도 장려하는 분위기다.

케빈 채임버스, 《사업에서 성공하기: 타이완》

타이완은 제조업 부문에서 비록 작지만 유연하고 적응력 있는 주자로서 세계적인 경제강국이 되었다. 제1장에서 언급한 것처럼 타이완은 한국과 홍콩, 싱가포르와 함께 소위 '아시아의 네 마리 호랑이' 중 하나로 꼽힌다. 타이완은 한국에서처럼 학생 시위와 파업 같은 문제를 겪지 않았고 홍콩과 싱가포르보다 인구와 땅덩어리가 커서 고급 인력이 더 많고 뻗어나갈 공간도 많다. 2016년 타이완은 미화로 500억 달러의 무역흑자를 기록했다. 2002년 무렵의 전성기보다는 많이 감소했지만 그래도 여전히 1인당 무역흑자가 2272달러인 셈이다. 또한 외환보유고로 따져볼 때 미화 4400억 달러로 세계 5위를 점해 세계에서 가장 부유한 나라에 속하게 되었다. 타이완은 또한 많은 국가와의 교역에서 흑자를 기록해 상대국들, 특히 중국과 미국으로부터 견제를 받고 있다.

그렇다면 인구가 2000만 명에 불과한 이 작고 외교적으로 고립된 섬나라가 과연 어떻게 세계 10대 무역강국의 반열에 오를 수 있었을까? 우선 교육과 토지개혁, 투자장려 정책으로 토대를 마련하고 외국의 원조와 투자, 기술이전이라는 비료가 더해졌다. 무엇보다 씨앗이 튼실해야 하는데 여기에는 타이완 사람들의 신념과 문화적 전통이 크게 한몫을 했다. 체면과 가족을 중시하는 문화로 인해 사람들은 서로 긍정적인 영향을 주고받으며 성공에 대한 강한 의지를 다지고 가족의 미래를 위해 현재의 안락함을 희생할 수 있었다.

중국어로 사업을 뜻하는 셩이生意의 문자 그대로의 뜻은 '삶의 의미'다. 대부분의 타이완 사람들에게 존재에 대한 궁극적인 보상은 하늘이나 깨달음에 있는 것이 아니라 가족을 위한 부의 축적에 있다. 사실 사업은 불교, 유교, 도교에 버금가는 중요성을 갖는 타이완의 문화 전통의 네 번째 측면으로 볼 수 있다. 당신이 고용하거나 거래하는 사람들이 사업에 대해 이처럼 진지한 태도를 갖고 있다는 사실을 이해한다면 그들을 상대하기 위한 길에서 큰 걸음을 내딛는 것이다.

앞선 내용들을 읽으면서 당신은 어쩌면 타이완 사업가들이 '가정적인 사람'이라는 의미로 이해할지도 모르겠다. 심지어 '가족사랑'이라는 공통분모를 보여주기 위해 그들을 집으로 초대해 당신이 자녀들과 얼마나 잘 지내며 자녀가 원하는 것을 얼마나 잘 마련하는지를 보여주려 할지도 모른다. 그러나 초대받은 타이완 사업가는 당신의 열두 살짜리 아들을 보고 도대체 이 아이가 왜 공부는 하지 않고 음악을 듣거나 자전거를 타거나 비디오를 보는지 이해하지 못할 수 있다. 타이완 사업가가 부를 축적하는 이유가 꼭 자녀들을 안락하게 해주기 위함은 아니다. 자신과 배우자가 노후에 의지할 수 있도록 자녀를 생산적인 사람으로 키우고 그들이 스스로 부를 창출할 수 있는 환경과 도구를 제공하기 위해서다.

이제 전후戰後 타이완의 사업과 관련한 역사를 살펴본 다음, 전형적인 타이완 사업체와 그런 사업체를 어떤 방식으로 상대해야 하는지를 좀 더 자세히 살펴보겠다.

타이완의 경제

타이완의 기본적인 인프라는 일본 강점기에 구축되었다. 사람들은 (비록 일본어로였지만) 적절한 교육을 받았고, 제2차 세계대전이 끝난 후 중국에 반환되어 아시아의 전후 '기적'을 위한 토대가 마련되었다. 처음에 다소 우왕좌왕하던 국민당은 정신을 차리고 1950년대에 영농 교육과 농작물 연구, 농지 소유권을 농민에게 분배하는 토지개혁을 추진했다. 당시 타이완의 노동력은 대부분 농업에 종사했다. 정부는 타이완전력공사와 중국석유공사, 차이나스틸, 중화항공, RSEA(은퇴한 정비공을 고용하는 건설회사) 같은 많은 공기업을 설립했다. 이 회사들은 몇 가지 측면에서 타이완 경제에 활력을 불어넣었다. 중국 본토에서 대규모 이민자가 유입된 시점에 고용을 증가시키고, 물가의 안정과 통제를 가져오고, 이런 대기업에 도구와 물품, 원료, 서비스를 납품하는 수백 개의 중소기업에 일거리를 제공했다.

경제는 점점 농업 기반에서 벗어났다. 오늘날 전체 고용에서 서비스업과 제조업이 차지하는 비율은 각각 59, 36퍼센트로 증가한 반면 농업은 5퍼센트로 떨어졌다. 섬유와 의류, 전자, 가공식품, 화학, 철강, 선박, 플라스틱이 주요 생산품이다.

1960년대와 70년대에는 제조업이 외국인 투자에 의존하거나 외국 제조업체를 위한 위탁생산을 하는 형태를 띠었다. 당시에 성장한 또 하나의 산업은 제한된 시장에 저급한 상품을 공급하는 모조품과 복제품 생산이었다. 중국과 타이완은 지적재산권 보호의 역사가 없다. 사실 중국의 예술품과 공예품을 보면 예부터 명인들의 작품을 연구하고 모방하면서 배우는 것이 전통이었고, 표현력을 키우기보다 전통을 익히는 쪽으로 발전해왔다. 중국이 역사적으로 과학자와 발명가들의 발견을 제대로 활용하지 못한 것도 일정 부분 지적재산을 보호하는 방식의 부재 때문이라는 주장도 있다. 누군가 무엇을 발명해도 개인적인 필요를 충족하는 것 외에 다른 보상은 없었다.

1980년대에는 정치·경제적 변화의 물결들이 한 점에 모이기 시작했다. 중국이 '네 마리 호랑이'를 대신할 믿을 수 있는 경제적 대안으로 떠오르기 시작했다. 서양 국가들과 특히 미국은 타이완에 무역불균형을 시정하라는 압력을 가했다. 냉전이 종식되고 공산주의와의 오랜 대치가 끝나자 미국은 1당 독재 정권들에 대한 그동안의 지지를 적극적으로 철회하기 시작했다.

이런 거대한 흐름 속에서 타이완도 엄청난 변화를 겪었다. 미화 1달러에 대한 타이완달러의 가치가 40타이완달러에서 25타이완달러로 평가절상되었고, 중국이 사업하기에 점점 더 매력적인 대안으로 떠오름에 따라 외국 제조업체들이 타이완을 떠나기 시작했다. 크리스는 1980년대 중반에 아메리칸클럽에 갈 때마다 외국 사업가들이 타이완에서 공장을 철수하는 문제에 대해 얘기하는 것을 들었다고 한다.

타이완의 산업은 신속하게 기어 변속을 해야 했다. 제조업체들이 취할 수 있는 방식은 둘 중 하나였다. 상상력이 부족한 쪽은 외국 업체들을 따라 타이완에서 공장을 철수해 태국과 말레이시아, 중국으로 이전했다. 그들의 목적은 값싼 노동력을 바탕으로 자체적인 디자인과 브랜드를 가진 다른 회사들을 위해 그저 그런 품질의 제품과 부품을 계속해서 위탁생산하는 것이었다. 반면에 좀 더 대담한 업체들은 특별한 고급 제품군을 만들어 브랜드 이미지를 높이는 데 투자하고 자체 브랜드로 판로를 개척했다. 에이서, HTC, 자이언트 같은 회사들이 이 범주에 속한다. 그들은 타이완 산업이 장기적으로 생존할 수 있는 유일한 방법은 선진 산업국가의 주요 기업들을 벤치마킹해 독자적인 기업 정체성을 개발하고 홍보하고 유지하는 것이라고 느끼고 있다.

장충머우(모리스 창)가 설립한 타이완반도체제조회사(TSMC)는 타이완의 기업 문화에 관한 많은 교훈을 압축적으로 보여주는 성공 스토리가 있다. 그는 어떻게 위탁생산 모델에서 벗어나 엄청난 규모의 세계적 기업을 일궜는가? 중국에서 태어났지만 전쟁 중에 부모님과 타이완으로 피난을 온 장충머우는 일찍이 해외로 나가서 고등교육을 받았다. MIT에서 석사학위를 받고 실바니아를 거쳐 텍사스인스트루먼트(TI)에서 일하며 미국의 초기 반도체 업계에서 경험을 쌓았고, 그 과정에서 박사학위를 취득했다. TI가 자체 설계한 반도체 칩의 생산을 IBM에 맡겼을 때 그는 초기 위탁생산의 예를 목격했다. 그는 잠시 제너럴인스트루먼트의 CEO로 일하다가 타이완으로 돌아와서 정부가 후원하는 싱크탱크 ITRI의 원장이 되었다. 그곳에 있는 동안 타이완을 칩 생산 허브로 만든다는 구상을 하고 1987년 TSMC를 설립했다. 오늘날 TSMC는 세계에서 가장 큰 반도체 칩 전문회사로서 고객의 설계에 따라 가장 발전된 형식의 칩을 생산해 미화 290억 달러가 넘는 수익을 올리고 있다. 장충머우는 남들이 실패할 때 기술 동향에 대한 올바른 판단을 내림으로써 TSMC를 강화해왔다. 전 세계 반도체의 수요와 공급에서 타이완이 차지하는 비중이 워낙 크기 때문에 타이완에 대지진이 일어나서 공급에 차질이 생기면 세계 시장이 흔들릴 정도다.

첨단 기술 사업으로의 점진적 이행과 함께 지적재산권을 보호해야 한다는 목소리도 터져 나와 1980년대 후반에는 불법 복제 활동에 대한 조사와 처벌을 강화하는 법이 제정되었다. TSMC는 지적재산권을 보호하고 그것을 침해하는 자들을 뒤쫓는 활동에 앞장서 왔으며 그동안 큰 성공을 거두었다.

타이완은 한국이나 일본과 달리 대기업 위주의 성장 모델이 자리잡지 못했다. 공기업들이 서서히 민영화되고 있지만 타이완의 대기업이라고 하면 포르모사플라스틱과 에버그린해운을 포함해 고작 한손에 꼽을 정도다. 오늘날 대기업으로 성장한 이 업체들도 처음에는 개인사업체로 출발했다. 실제로 타이완 경제의 상당 부분을 담당하는 것은 수만 개에 달하는 중소기업들이다. 이런 기업들이 물건을 제조하고 서비스를 제공하고 수출과 수입을 하고 무역을 한다. 그들은 유행을 재빠르게 반영하고 재현할 수 있는 유연한 생산자들과 '틈새' 주자들의 네트워크를 창조했다.

© VTT Studio

타이완 경제의 활발함을 느낄 수 있는 타이베이 중심가.

기업가의 땅

중국인들이 자영업을 많이 하는 이유는 문화적 특징 때문이다. 우리는 그것이 유교적인 가족주의에서 나왔다고 생각한다. 그들은 아마도 이렇게 생각할 것이다. "내가 왜 나의 지식과 기술과 자원을 회사에 바쳐야 하지? 우리 가족이 가장 큰 혜택을 볼 수 있는데 말이야." 핵심 사업에서 충분한 지식을 얻고 나면 회사를 떠나서 주로 인척들이 출자한 종자돈으로 자기 사업을 시작한다. 또한 이들이 사업을 많이 하는 데는 또 다른 이유도 있다. 개인사업은 자신의 개성을 마음껏 표현하고 펼칠 수 있는 수단이 된다는 점이다. 우리가 회사와 가족을 위해 일할 때는 외적인 전망에만 연연하지만 나만의 회사를 세우면 독특한 전망을 창조하고 그에 대한 통제력을 최대한 행사할 수 있다.

물론 모든 타이완 사람들이 일자리를 박차고 나가서 자기 사업체를 꾸리는 것은 아니지만 그것이 중요한 문화적인 특징인 것은 분명하다. 성공적인 중소기업들은 '금 수갑'으로 최고 관리자들의 이탈을 막으려 하고, 실리콘밸리식 스톡옵션을 이용해 핵심 직원을 유지하려는 첨단 기술 기업들도 갈수록 많아지고 있다.

모든 것이 가족 안에서

중소기업이 많다 보니 또 하나의 현상이 생겨났다. 바로 족벌주의다. 이 말은 서양에서는 주로 부정적인 표현으로 쓰이지만 타이완에서는 자연스럽고 필요한 것으로 여겨진다. 사업가들은 이렇게 생각한다. '가족 말고 누구를 믿을 수 있겠어?

게다가 내가 왜 굳이 다른 가족을 이롭게 해야 하지?' 타이완에서는 아내가 경리부장이나 재무 관리자로 일하고, 형이 대준 돈으로 해외에서 MBA 공부를 마친 동생이 영업부장을 맡고 있는 회사를 흔히 볼 수 있다.

이런 상황에서는 탈세를 위해 이중장부를 기록하는 등의 부정행위가 일어나기 쉽다. 그러므로 당신이 함께 일하려는 공급업체의 신용상태를 조사하고 싶다면 일단 해당 회사에 자체적인 회계 기록을 달라고 요청하라. 그런 다음 신용평가기관에도 회계 기록을 요청해서 두 기록을 비교한 뒤 불일치하는 부분이 있으면 기탄없이 질문을 하도록 한다.

타이완에서 회사를 운영하고 있다면 직원들의 친인척 고용을 금지하는 것이 좋다. 회사의 이익보다 가족의 이익을 도모할 가능성을 애초에 줄이는 조치다. 그렇게 하지 않으면 채용이나 계약 승인, 회계 부정, 재고 소실, 고객정보 유출과 같은 족벌주의의 영향을 보게 될 수 있다. 친인척 관계에 있는 직원들이 회사 정보를 입수한 뒤 집단으로 퇴사해 경쟁사를 꾸리는 상황을 방지하기 위해서도 그러는 편이 좋다.

중소기업의 전형적인 문화

우리는 타이완 경제가 엄청난 중소기업들을 양산했다고 언급했다. 중소기업들은 서로를 지탱하고 외국의 구매 업체와 타이완 대기업들을 지탱한다. 기업은 보통 이전 직장에서 경험을 쌓은 한 사람 또는 부부가 소자본으로 소박하게 시작하지만, 장시간 열심히 일하며 서서히 규모를 키워간다. 남다른 포부가 있거나 회사를 매각하려는 것이 아니라면 소규모 기업이 기업체 로고나 번듯한 사무실을 갖추고 있는 경우는 드물다. 당신은 물론 호화롭고 서구적인 환경을 갖춘 대기업을 방문하게 될 수도 있겠지만 그런 기업의 공급업체를 또 방문하게 된다면 아래에 묘사된 전형적인 중소기업의 모습을 보게 될 것이다.

마중

당신이 홀섬구디스라는 업체의 대표 첸 씨를 만나기로 약속했다고 가정하자. 첸 씨는 당신이 외진 곳에 있는 사무실을 찾지 못할까봐 호텔로 직접 마중을 나온다. 교통량이 많은 시내를 70분이나 달려왔는데도 겨우 10분밖에 늦지 않았다. 호텔 접객원이 당신이 누구인지 알려주니 첸 씨는 환하게 미소를 지으며 다가와서 악수를 청하고 영어로 자기소개를 하며 명함을 건넨다. 당신은 명함을 양손으로 받아 꼼꼼히 살펴보고 감사를 표한 뒤 자신의 명함을 건넨다. 그가 직접 마중 나옴으로서 당신의 체면을 살려줬으니 과분한 관심에 고맙다고 말해야 한다.

유럽식 오픈카를 타고 온 첸 씨는 반팔 셔츠에 정장 바지, 흠집이 난 가죽 구두 차림이다(먼지와 습기가 많은 타이완에서 구두를 깨끗이 유지하기란 불가능하다). 그는 휴대전화와 묵직한 열쇠꾸러미를 가지고 있다. 그가 대기 중인 자동차로 인도한다. 그의 BMW 525 앞좌석에 앉자 시원한 에어컨 바람이 즉시 셔츠 안으로 파고들어 서늘해진다. 첸 씨는 외제 CD 플레이어로 클래식 음악을 듣고 있다.

차가 도로에 진입하자 그는 당신에게 타이완 방문이 처음인지, 타이완 음식을 어떻게 생각하는지 따위를 묻는다. 사무실까지 한 시간가량 이동하는 동안 차 안에서 이루어지는 대화는 주로 사교적인 것들이다. 첸 씨는 당신에 대해 알고 싶어 한다. 그러니 당신도 이 기회에 첸 씨에 대해 알아두는 것이 좋다. 그가 당신에게 묻는 것들을 당신도 부담 없이 되물어보라. 스포츠, 여행, 가족, 그리고 어떻게 당신과 당신의 회사, 당신의 일정을 알게 되었는지 등 어떤 질문도 괜찮다.

마침내 그가 높은 콘크리트 담장에 붙어 있는 붉은색 철제문을 통과한다. 담벼락에는 이곳이 '홀섬구디스'라고 선언하듯 페인트로 칠한 회사 간판이 달려 있다.

건물

유리 슬라이딩 도어를 통과해 건물로 들어간다. 1층에는 20평 남짓한 공간에 여덟 개의 책상이 배열되어 있다. 콘크리트와 돌조각을 섞어 만든 회색 바닥은 반짝반짝 윤이 난다. 먼지 낀 파란색 날개가 달린 벽걸이형 선풍기가 회전하며 바람을 사무실 전체로 보낸다. 사방의 벽면에는 서류함이며 카탈로그 선반, 팩스기, 복사기, 큰 물고기가 든 어항, 정수기 등이 자리 잡고 있다. 책상 네 개에는 여직원들이 앉아 컴퓨터로 바쁘게 일하고 있다. 책상 두 개는 비어 있고, 나머지 두 개는 넥타이를 맨 젊은 남자들이 차지하고 앉아 신문을 읽고 있다.

첸 씨가 당신을 2층에 있는 사장실로 안내한다. 2층 바닥에는 사람들이 많이 오간 흔적을 보여주는 카펫이 깔려 있다. 첸 씨가 커피 테이블과 낮은 소파가 있는 작은 회의실에 당신을 남겨두고 잠시 자리를 비운다.

곧 실내가 시원해지고 당신은 주변을 둘러본다. 벽면에는 일본 공급업체가 보내준 오색찬란한 달력이 걸려 있다. 맞은

편 벽면 위엔 금박 한자가 새겨진 검은색 나무판이 걸려 있다. 오래 전 회사를 설립한 날, 행운을 기원하는 선물로 받은 것이다. 커피 테이블 위에는 가위며 스테이플러, 매직펜 등의 사무용품이 잘 정돈되어 있고 테이블 밑에는 업계 잡지와 카탈로그가 꽂혀 있다.

여비서가 들어와서 커피와 차 중에 어느 것을 마시겠는지 묻는다. 당신이 선택하고 그녀가 나간다. 첸 씨가 돌아와서 통화를 하느라 자리를 비운 것을 사과한다. 비서가 음료를 가져왔다가 나가고 다시 사장과 둘만 남는다.

면담

당신과 그가 몸담은 사업의 성격에 따라 면담은 다양한 방향으로 진행될 수 있다. 첸 씨가 부하직원을 당신에게 소개하고 당신이 당신의 회사와 전망에 대해 상세히 이야기하는 식으로 진행될 가능성이 아주 높다.

만약 첸 씨에게 공장이 있고 그 공장이 가까운 곳에 있다면 아마도 당신에게 보여줄 것이다. 이때 불가피하게 언어적 어려움이 따르겠지만 미소와 인내심이 있다면 모든 당사자가 말하려는 요지를 다른 방식으로 이해하게 된다.

면담 중에 회계사가 첸 씨의 결재가 필요한 서류를 가져온다. 첸 씨가 양해를 구한 뒤 모든 서류를 꼼꼼히 훑어보고 빨간 인주를 묻혀 도장을 찍는다. 첸의 부인도 회사에서 경리부장이나 회계 담당으로 일하고 있을 가능성이 높다.

첸 씨는 분명 '사장'이고 회사는 그를 중심으로 돌아간다. 그는 부하직원의 정보와 당신의 의견을 충분히 참고하겠지만 결정은 결국 혼자의 몫이다. 그에게 당신의 견해를 받아들여야 한다고 적극적으로 주장하는 것은 금물이다. 음료를 몇 모금 마시고 조용히 이야기를 경청한 뒤 그의 의견을 존중하지만 당신의 제안을 따르는 것이 그의 회사에 가장 유리할 것 같다고 말하는 편이 좋다.

점심과 낮잠

이야기를 마치고 나니 정오를 훌쩍 넘었다. 첸 씨는 당신과 점심을 함께 할 계획이라고 말한다. 그가 가장 믿는 부하직원을 부르고 세 사람은 아래층으로 향한다. 불이 꺼진 사무실에서 당신은 으스스한 광경을 목격한다. 책상마다 형체 없는 몸들이 늘어져 있다. 한 사람은 아예 코트를 머리 위로 뒤집어 쓰고 있다. 당신은 지금이 점심 후 낮잠 시간임을 알아차린다. 1시 30분이 되면 다시 불이 켜지고 사무실은 활기를 띨 것이다.

당신은 첸 씨에게 중국 음식을 좋아한다고 말했고, 그래서 사무실에서 멀지 않은 쾌적한 식당이 식사 장소로 낙점된다. 맥주가 나오지만 타이완 사람들은 저녁 시간이 아니면 본격적인 음주는 꺼리는 분위기다. 땅콩과 채 썬 당근과 샐러리를 넣은 건두부, 간장과 마늘, 고추로 맛을 낸 조개를 포함해 몇 가지 차가운 전채 요리가 빠르게 차려진다. 여기서는 일회용 나무젓가락을 쓴다. 첸 씨는 현대적인 사람이어서 웨이트리스에게 서빙스푼과 공용 젓가락을 가져다달라고 부탁한다. 몇 가지 따뜻한 해물과 육류, 채소 요리가 밥과 함께 테이블에 차려진다. 수프도 나온다. 과일 디저트가 뒤따른다.

식사가 끝난 후 첸 씨가 부하직원에게 당신을 호텔까지 데려다줄 것을 지시한다. 헤어지기 전에 첸 씨는 저녁에 시간이 있는지 묻는다. 당신은 시간이 있다고 답하며 첸 씨를 저녁식사에 초대하고 싶다고 말하지만, 첸 씨는 이번에도 자신이 당신을 모시겠다고 고집하며 저녁 전에 데리러갈 시간을 정한다. 당신은 미소를 지으며 감사 인사를 한 뒤 호텔로 돌아온다.

인맥 쌓기

그런데 애초에 당신은 어떻게 첸 씨와 연락이 닿았을까? 당신은 타이완에 왔는데 아는 사람이 아무도 없다. 이런 상황에서는 어떻게 시작해야 할까? 최대한 빨리 사람들을 알아가는 것이 아주 중요하다. 타이완은 철저한 인맥 사회이며 인맥의 출발점은 가족이다.

타이완 사회에서 인맥의 중요성은 아무리 강조해도 지나치지 않다. 그것을 관시關係라고 하며 말 그대로는 '관계'를 뜻한다. 물론 당신은 누구와도 '좋은 관계'를 유지해야 하지만 타이완에서 관시는 그런 의미가 아니다. 좋은 관시는 사회적으로나 사업 관계에서 당신과 위계가 같거나 높은 사람들과 맺는 관계를 뜻한다. 달리 말하면 뭔가를 지시하거나 막을 수 있고, 결정하거나 그만둘 수 있으며, 긍정하거나 부정할 수 있는 사람들과 맺는 관계다. 좋은 관시는 사업에 다양한 기회를 열어주고, 문제가 생겼을 때 원만히 해결하게 해주며, 인맥을 무한히 넓혀갈 수 있게 한다. 그것은 마치 뻗어나가는 거미줄과 같다. 거미가 항상 거미줄을 좋은 상태로 유지하고 관리하는 것처럼 인맥을 소홀히 하면 안 된다.

당신이 타이완에 온 목적에 따라 형성해야 할 인맥의 종류가 다를 것이다. 우선 본국의 상공회의소나 기업협회 같은 조직을 방문해 인맥 쌓기를 시작할 수 있다. 타이완해외무역개

발부(TAITRA)와 그밖의 무역단체를 통해 인맥을 형성해보라. 예를 들어 타이완안경제조업협회 같은 구체적인 산업협회들도 있다. 그러나 이런 종류의 협회에는 영어에 능통한 사람이 없을 가능성이 많고, 따라서 언어와 관련한 도움을 얻어야 할 것이다.

인터넷은 업계 동향이나 연락처에 관한 정보를 수집하기에 아주 유용하다. 온라인 현지 업계 뉴스를 샅샅이 뒤져서 해당 시장에서 영향력 있는 인물들의 이름을 알아보라. 조금 더 조사하면 그런 인물들과 접촉할 방법을 찾을 수도 있다. 무역박람회와 친구들, 자매회사 직원 등에게서 받은 명함도 유용한 실마리를 제공할 수 있다.

인맥은 구축하는 동시에 유지와 관리에 들어가야 한다. 당신을 다른 사람에게 소개해준 사람에게 감사 편지를 보내거나 진전 상황을 전화로 알리거나 저녁식사나 골프에 초대한다면 당신을 도울 마음이 더욱 커질 것이다. 진심어린 감사를 표하고 인정미 점수를 따라. 그 사람들이 당신에게 연락을 할 경우에는 무시하지 말고 꼭 답신을 준다. 어쩌면 그들이 당신에게 뭔가를 부탁할 수도 있는데, 이때 당신이 해줄 수 있는 것을 해주면 언젠가 보답을 받을 수 있고 그러면서 인맥이 더욱 강화된다.

타이완 사람들에게 호감을 주는 특정한 행동들이 있다. 옷차림은 정장을 하되 당신이 종사하는 업종에 맞게 입는다. 너무 자유롭게 입기보다는 다소 보수적으로 입는 편이 낫다.

명함

명함 교환은 단순하지만 소홀히 하지 말아야 할 의식이다.

타이완 사람들은 명함을 중시한다. 그것은 관시를 상기시키는 물리적 실체다. 중국에서 명함 교환은 새로운 것이 아니다. 중국인들이 자신의 지위나 권한이 적힌 문서를 사용한 것은 천년도 넘은 일이다(이 문서는 주로 정부 관료들이 작성했다). 다른 사람을 만나러 온 사람이 당신에게 명함을 주는 경우도 있을 텐데, 이런 식으로 관시가 점점 확대된다.

누군가 명함을 건네면 그것을 그 사람 대하듯 예의 있게 다루라. 명함을 자세히 살펴보며 이름과 직책을 숙지하고 회사의 기업 로고가 멋지다거나 참신하다는 식의 칭찬을 하면 좋다. 명함을 부족하지 않게 준비하는 것도 중요하다. 인맥 형성이나 영업 활동으로 바쁜 주에는 명함을 100장 이상 쓰게 되기 쉽다.

그들이 당신에게 기대하는 것

타이완 사업가는 외국인과의 관계에서 무엇을 기대할까? 당신이 판매자건 구매자건, 그들이 원하는 것을 중요도 순으로 다음과 같이 요약할 수 있다.

- **이익의 극대화:** 타이완 사업가는 당연히 당신과의 관계에서 이익을 극대화하려 한다. 당신이 판매자라면 그들은 가격이나 조건을 자신들에게 최대한 유리하게 맞추려 할 것이다. 그러니 당신이 팔려는 것에서 그들이 어떤 이익을 얻을 수 있는지, 그렇게 되기 위해 당신이 어떻게 할 것인지를 잘 설명하는 것이 좋다. 그들이 수익을 내려면 가격을 깎아야 한다고 주장할 경우, 충분한 배경 조사를 통해 그 주장이 타당한지를 확인하라. 그런 다음 상황

에 따라 당신의 회사 경영진에게 제안을 하거나 직접 결정을 내린다. 만일 당신이 구매자라면 애초에 상대가 약속했던 것보다 못한 물건을 약속한 날짜보다 한참 늦게 받게 될 수 있다.

- **적절한 서열에서의 거래:** 타이완 사람들은 위계를 무척 의식한다. 그들의 문화적 관점에 따르면 서열이 낮은 사람은 거래를 위한 매개자가 아니라 무능력한 존재나 걸림돌로 보인다. 처음에는 당신을 잘 모르기 때문에 일단 좋은 쪽으로 생각하려 하겠지만 당신에게 결정 권한이 없고 그들과 좋은 관계를 맺을 능력이 없다고 판단되면 당신을 피할 것이다. 물론 어쩌다 한번은 "본사에 확인해 봐야겠네요." 같은 말이 통하겠지만 계속은 안 된다. 상대의 요구를 미리 예측하고 대비하는 것, 그리고 그런 요구에 직접 대답할 권한을 갖는 것이 중요하다. 당신의 상사 역시 타이완의 사업 관계자가 연락해 오면 "모든 이야기는 제 부하직원과 하셔야 합니다. 하지만 전화 주셔서 감사합니다."라고 말할 필요가 있다.
- **장기적인 관계:** 타이완 사업 파트너는 당신과 일회성 관계가 아니라 장기적인 기회를 구축하려 할 것이다. 공급업체나 고객을 바꿀 경우 또 다시 낯선 외국인에 대해 파악해야 하는 번거로움을 피하기 위해서다. 또한 그래야 관시를 십분 활용할 수 있고 장기적인 현금 흐름을 예측하기도 수월하다.
- **우정:** 아마 몇 년의 시간이 걸리겠지만 타이완의 사업 파트너는 당신과 우정을 나누고 싶어 할 것이다. 타이완 사람들은 친절하고 느긋한 편이다. 많은 경험과 역경을 함

께하면 우정이 깊어질 것이다.

뇌물과 부패, 선물

타이완에는 '봉투'를 주는 문화가 여전히 존재한다. 그래서 뇌물 수수가 종종 일어나지만 반드시 필요한 것은 아니다. 혹자는 법의 테두리 안에서 회사를 운영하고 일체의 뇌물과 부패를 거부하는 외국 회사들이 오직 자신들의 제안과 가치만으로 일을 성사시킬 수 있다고 말한다. 그러나 글쎄, 우리는 그 말에 일면 동의하고 일면 동의하지 않는다.

여기서 약간의 선긋기를 해야 할 것 같다. 선물과 뇌물을 가르는 기준은 무엇인가? 뇌물은 어떤 일의 결과물을 보장받기 위해 상대에게 주는 것이다. 반면 선물은 우호적인 관계를 공고히 하고 진심을 표현하는 수단으로, 보통 어떤 일에 대한 알려진 결과물이 없는 상태에서 아무 청탁과 보장 없이 준다.

타이완 사람들은 감정적인 편이다. 만일 감정적으로 당신이나 당신의 회사가 마음에 들지 않는다면 당신의 제안을 받아들일 이유가 없다고 생각할 것이다. 일단은 당신과 당신의 회사가 거래하기에 적합한 상대라고 느끼게 해야 한다. 그 전에 잘못된 방식으로 선물을 주거나 하면 주지 않은 것만 못하다. 선물을 뇌물이나 유인책으로 쓰지 말라. 우선은 당신이 좋은 관계를 맺고 싶은 사람에 대해 알아보고 그에게 필요한 것이 무엇인지를 이해한 다음, 친구들 간에 선물을 주듯 부담 없이 건넨다. 회사에서 만든 펜이나 달력, 모자처럼 일과 관련된 선물을 주면 이상적이다.

일이 잘 성사되지 않은 경우엔 상대를 추궁할 것이 아니라 그를 다시 한 번 초대해 앞으로 당신의 제안을 어떻게 개선하는 것이 좋을지, 그리고 혹시 당신이 기대할 수 있는 다른 일거리가 있는지를 묻는 편이 현명하다. 그런 식으로 인맥을 강화해야 한다. 혹시 아는가? 그가 아직 상황이 완전히 종료된 것이 아니며 입찰을 재개할 용의가 있다고 말할지도 모를 일이다.

사업상의 안전장치

당신의 회사가 설계해서 특허를 받은 독특한 알람시계 라디오 50만 대를 다른 업체에 의뢰해 생산하려 한다고 가정해보자. 이 경우 특정한 안전장치를 마련할 필요가 있다. 타이완에는 중개업체가 많다. 일단 당신이 접촉한 업체에 혹시 중개업체냐고 물어본다. 만일 중개업체라면 그들이 요구하는 부가가치의 모든 측면을 샅샅이 검토하고 그들이 거래하는 다른 의뢰인의 연락처를 참고용으로 달라고 부탁한다. 그들이 중개업체가 아닌 제조업체라면 공장이 어디인지, 공장을 둘러볼 수 있는지 묻는다. 가급적 제조업체와 직접 접촉하는 것이 좋다. 당신이 거래하는 업체가 플라스틱 케이스만 만들고 인쇄회로기판은 외주로 내보낼 수도 있다. 이 경우 그의 공장에서 인쇄회로기판 제조업체도 함께 만나게 해달라고 요구한다.

당신이 공급자를 결정할 때는 디자인 저작권이나 특허와 관련해 스스로 권리를 보호할 필요가 있다. 예전처럼 불법복제가 판을 치지는 않지만 법적으로 가능한 대책들을 강구하도록 한다. 당신은 아마도 기술사양과 수익, 조건, 납품일자 등을 규정하는 계약서를 작성할 것이다. 계약서는 법적으로 유효하며 실사를 위해 꼭 필요하지만 더 중요한 것은 제대로 된 공급업체를 선택하는 것이다. 잘못된 공급업체를 선택하면 계약서에 아무 문제가 없어도 낭패를 보기 십상이다.

마지막으로 몇 차례의 제조 단계에서 제품을 검사할 수 있는 시설이나 본사 인력이 없다면 검사 서비스를 전문으로 하는 업체를 고용하도록 한다.

사교 및 접대

이제부터는 재미있는 부분을 이야기하겠다. 아시아 최고의 '호인들'과 함께 넥타이를 풀고 술을 마시거나 즐겁게 만찬을 즐기거나 광활한 초록색 필드에서 하얀 공을 치는 이야기 말이다. 타이완 사람들은 접대를 하는 것도, 받는 것도 좋아한다. 그들은 왁자지껄한 식당과 짓궂은 이야기를 좋아하고 술을 잘 마시는 남자에게 감탄한다. 불행히도 이런 것을 다 하려면 돈이 많이 든다. 당신의 회사에 접대 예산이 충분한지 확인해볼 필요가 있다. 회사 규모에 따라 총 매출의 몇 퍼센트 정도를 접대비로 잡아도 그리 크다고 볼 수 없다.

낮 시간 접대는 점심식사와 골프 정도로 제한된다. 골프를 잘 친다면 이를 십분 활용해 그린에서 사업을 할 수 있다. 게임 중에 사업 얘기를 하는 것은 적절하지 않지만 게임이 끝난 뒤 사우나나 커피숍, 저녁식사 자리에서 기회가 얼마든지 있다. 중요한 것은 함께 다양한 경험을 함으로써 사업 관계를 공고히 하는 것이다.

저녁에는 더 많은 접대 기회가 있다. 맥주나 중국술을 곁들인 만찬 후에 노래방에 가서 술을 좀 더 마시며 노래를 부르다가 자정 즈음 야식을 또 먹는 것이 일반적이다.

접대에서의 체면

당신이 접대를 하는 쪽이건 받는 쪽이건, 체면의 중요성을 잊지 말아야 한다. 받는 쪽이라면 당신이 즐기고 있음을 초대자에게 확실하게 표현해야 한다. 그렇지 않으면 고마워할 줄 모르는 사람으로 찍힐 뿐 아니라 상대가 체면을 구기게 된다. 당신이 상대방을 완전하게 믿고 서로 마음이 동한다면 필름이 끊길 만큼 함께 술을 마시는 것도 괜찮다. 상대방이 당신에게 이국적이고 특별한 경험을 선사했다고 느끼게 만든다면 둘 사이가 한층 더 가까워질 것이다.

접대를 하는 입장일 때도 체면을 기억하라. 당신이 손님을 중식당에 초대한 경우 그들에게 주문을 부탁하거나 현지인 직원에게 주문하도록 시킨다. 혹은 한식당으로 초대한 경우 그들이 메뉴판의 음식이나 특별한 식사 도구 또는 개인 식기의 배열에 익숙하지 않을 수도 있음을 염두에 두고 먼저 요리와 먹는 방법에 대해 설명을 해줘야 한다.

퇴폐 영업

타이완은 한때 출장 중에 잠자리 상대를 구하는 사업가들에게 '남성들의 천국'이라 여겨졌지만 더 이상은 그렇지 않다. 그러나 일본과 타이완 남성들은 여전히 여자를 찾는다. 《타이베이 생활Taipei Living》 뒤쪽에 실린 〈타이베이 A에서 Z까지 가이드〉는 이렇게 말한다. "타이베이에는 다양한 종류의 이발소가 있다. 아래에 나열된 곳들은 '이발만' 한다." 실제로 천수이볜이 타이베이 시장이 되기 전에는 지린루吉林路에 있는 수백 개의 이발소에서 2만 명의 여성이 일하고 있었다. 단순히 말하면 여성들은 이발도 했지만 밀실과 안락의자를 더 널리 이용했다. 도시정화작업이 시작되면서 이런 퇴폐영업이 단속을 피해 이리저리 옮겨다니거나 교외나 지방으로 옮겨갔다. 요컨대 타이완은 이런 곳들을 일소했고, 그것은 더 이상 사업의 필수 요소가 아니며 자주 이용되지도 않는다.

그러나 일부 노래방과 룸살롱에서는 여전히 접대부를 찾을 수 있다. 꼭 접대부를 동석시켜야 하는 것은 아니지만 동석시킬 경우 시간당 요금이 부과되며 그들의 술값도 지불해야 하므로 청구 금액이 순식간에 불어난다. 당신과 손님이 그런 자리를 특별히 좋아하지 않는 한 왁자지껄한 웃음과 다트 게임과 맥주가 있는 일반 선술집에서 접대하는 편이 더 나을 것이다.

10

타이완 속성 노트

중국과 타이완의 문제가 하루 빨리 해결되기를 바라는
전 세계 외교관과 기업들에게 전망은 그리 밝지 않다.
많은 여론조사에서 대다수의 타이완 국민들이 현재와 같이
독립을 선호하는 것으로 나타났다.

케빈 체임버스, 《사업에서 성공하기: 타이완》

• 타이완 국가 정보 •

공식 명칭 타이완, 중화민국(ROC)

수도 및 행정 중심 타이베이

국기 청천백일만지홍기. 12개의 삼각 광선을 발산하는 흰색 태양이 그려진 진청색 사각형이 왼쪽 상단을 차지하고 있는 붉은색 깃발.

시간 그리니치 표준시보다 8시간 빠름(GMT +0800). 우리나라보다 1시간 느림.

국토 중국의 남해안 연안에서 동중국해와 필리핀해, 남중국해, 타이완해협과 접해 있는 동아시아의 섬.

면적 **총면적:** 3만5980제곱킬로미터
육지: 3만2260제곱킬로미터
수계: 3720제곱킬로미터

최고봉 위산(3952미터)

주요 강 줘수이 강, 가오핑 강, 단수이 강, 다한 강, 다자 강, 쩡원 강

기후 열대, 해양성 기후, 남서계절풍 기간 동안 우기(6~8월. 이때가 태풍의 절정기이기도 하다). 1년 내내 흐린 날씨가 많다.

천연자원 석탄, 천연가스, 석회석, 대리석 소량 매장

인구 2350만 명(2017년 기준)

인종 집단 타이완인(하카족 포함), 중국 본토인, 원주민

종교 불교, 유교, 도교가 혼합된 형태, 애니미즘, 기독교 등

언어 표준중국어(공식어), 타이완어와 하카어, 원주민 언어

국가國歌 삼민주의

정부 형태 직선제로 선출된 총통과 단원제 의회가 이끄는 다당제 민주주의

행정구역 타이완은 타이완 섬과 중국 푸젠성에 인접한 작은 섬들을 포함하며 모두 13개 현과 3개 시, 6개 직할시로 나뉜다.

현: 난터우 현, 롄장 현, 먀오리 현, 신주 현, 윈린 현, 이란 현, 자이 현, 장화 현, 진먼 현, 타이둥 현, 펑후 현, 핑둥 현, 화롄 현
시: 신주 시, 자이 시, 지룽 시
직할시: 가오슝 시, 타이베이 시, 신베이 시, 타이중 시, 타이난 시, 타오위안 시

통화 신타이완달러(TWD 또는 NT$)

국내총생산(GDP)
명목: 미화 5350억 달러. 1인당 2만4000달러
구매력평가(PPP): 미화 1177조 달러. 1인당 5만 달러

농축산물 쌀, 옥수수, 빈랑나무 열매, 사탕수수, 채소류, 과일류, 차, 돼지, 가금류, 소, 우유, 어류

산업 전자, 반도체, 정유, 화학, 섬유, 철강, 기계, 시멘트, 식품가공

수출 컴퓨터, 반도체, 전기장비, 금속, 섬유, 플라스틱, 고무제품, 화학제품

수출 기계류와 전기장비, 광물, 정밀기기, 원유

항만 타이베이, 지룽, 화롄, 쑤아오, 가오슝

공항 총 18개 민간 공항(2017년 기준). 주요 국제공항으로는 타이베이 외곽의 타오위안 공항과 가오슝 공항, 타이베이 쑹산 공항, 타이중 공항, 타이난 공항, 화롄 공항이 있다.

타이완의 행정구역

타이베이와 근교

1 타이베이 시
2 신베이 시
3 지룽 시

타이완 북부

4 타오위안 시
5 신주 현
6 신주 시
7 먀오리 현

타이완 동부

8 이란 현
9 화롄 현
10 타이둥 현

타이완 중서부

11 타이중 시
12 장화 현
13 윈린 현
14 난터우 현

타이완 남부

15 자이 시
16 자이 현
17 타이난 시
18 가오슝 시
19 핑둥 현

기타

20 펑후 현 / 펑후다오
21 롄장 현 / 마쭈다오
22 진먼 현 / 진먼다오

*
롄장 현과 진먼 현은 타이완에 속한 군도지만 타이완 본섬에서 매우 멀고 중국 대륙에 거의 붙어 있어 지도상에 위치하지 못했다.

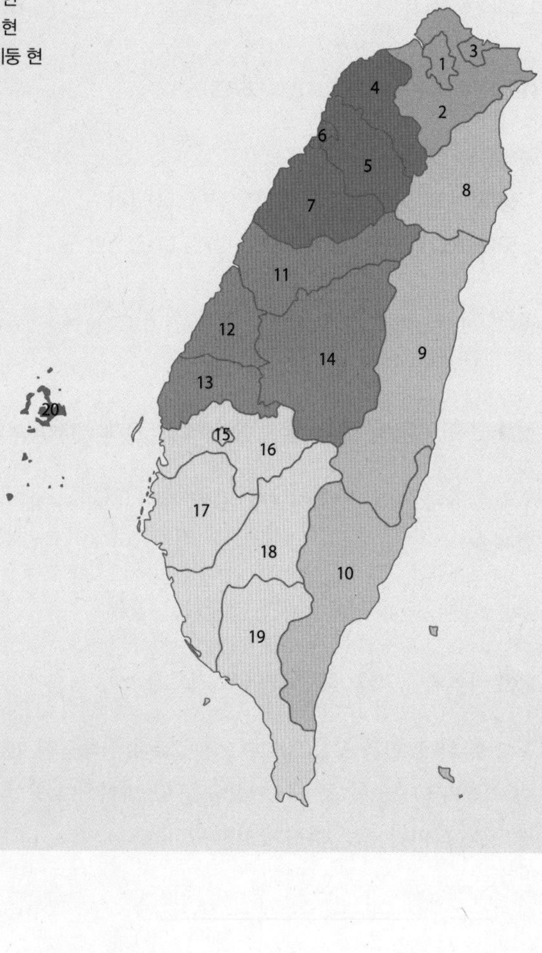

철도 총 2544킬로미터. 타이완철도청에서 관리한다.

• 타이완의 유명 인물 •

차이잉원 蔡英文

현 중화민국 총통. 천수이볜이 불명예를 안긴 민주진보당을 다시 영광으로 이끌었다. 런던정치경제대학교에서 법학박사 학위를 받았고 WTO 가입을 위한 타이완 협상가로 경력을 쌓았다.

천수이볜 陳水扁

타이난에서 출생한 천수이볜은 국민당 소속이 아닌 최초의 타이완 총통이었다. 퇴임 후 부패 혐의로 몇 년 동안 수감되었으며 현재 건강 악화로 가석방된 상태다.

장제스 蔣介石

중국의 군벌, 일본군, 공산당과 싸우다가 중국을 공산당에게 빼앗긴 뒤 군대를 이끌고 타이완으로 후퇴한 국민당의 장군. 총통으로서 타이완을 통치하며 경제개혁을 이끌었고 타이완에서 사망했다.

마잉주 馬英九

전 국민당 주석이자 천수이볜의 후임 총통. 중국의 시진핑 주석과 싱가포르에서 역사적인 정상회담을 갖는 등 중국에 대해 유화 정책을 펼쳤고 그 결과 차기 선거에서 민주진보당의 차이잉원에 패했다.

리덩후이 李登輝

최초의 타이완 본성인 출신 총통. 장제스의 아들 장징궈 총통 밑에서 부총통을 지내다가 장징궈 사망 이후 총통 자리를 이어받고, 이후 다시 선출되었다. 퇴임 후 타이완 독립 지지자가 되었다.

렌잔連戰

전 국민당 주석이자 부총통. 2005년 역사적인 중국 방문으로 1949년 이후 중국공산당 간부들을 공식적으로 만난 최초의 국민당 간부가 되었다.

뤼슈롄呂秀蓮

천수이벤 정권 당시 타이완의 부총통. 하버드 법대를 졸업한 거침없는 성격의 그녀는 공개적으로 타이완의 독립을 지지한다.

장충머우張忠謀 (모리스 창)

세계 최대의 반도체 생산업체 중 하나인 타이완반도체제조회사(TSMC)의 설립자이자 전 CEO, 현 회장.

왕융칭王永慶

포모사플라스틱 설립자이며 유명한 현지 기업인. 2008년 그의 사망 이후 열 명의 자녀들의 재산 다툼이 계속되고 있다.

왕쉐훙王雪紅

꾸준히 자신의 길을 걸어온 거침없고 독립적인 여성 기업인이며 HTC 설립자. 타이완 재벌 왕영경의 딸이기도 하다.

쉬원룽許文龍

세계 최대의 ABS 플라스틱 수지 생산업체, 치메이 그룹의 설립자로 한때 타이완의 독립과 천수이벤을 지지했다. 총통 보좌관 자리에서 물러난 뒤 중국에 큰 투자를 함으로써 현지인들로부터 '빨갱이가 되었다'는 비난을 샀다.

제리 양楊致遠

타이베이에서 출생한 인터넷 거물. 야후 공동설립자. 야후는 여전히 타이완에서 수익성 좋은 글로벌 대기업 중 하나다.

리위안저李遠哲

1986년 노벨화학상 수상자. 타이완에서 유일한 노벨상 수상자다.

리원허李文和

타이완 난터우에서 출생한 중국계 미국인 컴퓨터 과학자. 로스알라모스 국립연구소에서 일할 당시 미국 핵무기 기밀을 빼돌렸다는 스파이 혐의를 받았다. 나중에 기밀 정보를 부적절하게 다운로드했다는 혐의를 인정하고 스파이 혐의에서 벗어났다.

싱윈 대사星雲大師

존경받는 스님이자 대사. 가오슝에 있는 불광사의 설립자. 불광사는 타이완 전역에서 많은 자선활동을 벌이고 있다.

리안李安

〈와호장룡〉과 〈센스 앤 센서빌리티〉 〈헐크〉 〈브로크백 마운틴〉 〈라이프 오브 파이〉 같은 영화로 유명한 영화감독이자 제작자, 각본가. 세계에서 가장 주목할 만한 당대의 영화 제작자 중 한 명으로 여겨진다.

저스틴 린

미국에서 성장한 타이완 출신 영화감독. 〈분노의 질주〉(3-5)와 〈스타트랙 비욘드〉의 감독으로 유명해졌다.

장후이메이張惠妹

중국 본토에서도 인기 있는 타이완 원주민 출신 대중가수. 2000년 코카콜라는 중국에서 스프라이트 홍보에 그녀를 동원했다가 그녀가 천수이볜의 타이완 총통 취임식 때 노래를 한 이후 광고를 철회해야만 했다.

주밍朱銘

세계적으로 유명한 조각가로, 특히 태극 시리즈로 유명하다. 타이완 북쪽 해안에는 그의 작품을 모아놓은 훌륭한 야외 미술관이 있다.

린화이민林懷民

세계적으로 유명한 타이완 현대 무용단, 클라우드 게이트 무용단의 설립자.

리아오 李敖

급진적 저술가이자 정치 논객으로 유명한 인물. 현재 TV 토크쇼 진행자이자 국회의원으로 활동 중이다.

저우제룬 周杰倫 (주걸륜)

현재 가장 유명한 타이완 대중음악 작곡가이자 가수, 배우. 〈말할 수 없는 비밀〉 등 다수의 영화에 출연했으며 할리우드의 리메이크 영화 〈그린호넷〉에서 케이토 역할을 맡았다.

차이이린 蔡依林

유명한 여가수.

런셴치 任賢齊

타이완의 가수 겸 배우.

가네시로 다케시 金城武 (진청우)

일본인 아버지와 타이완인 어머니 사이에서 태어난 미남 배우. 〈연인〉 같은 중국 영화와 일본 영화에 출연했다(한국에서는 금성무로 알려져 있다).

수치 舒淇

전직 포르노 배우로 시작해 〈트랜스포터〉와 칭송받는 허우 샤오시엔 감독의 〈자객 섭은낭〉 같은 영화에서 평단의 찬사를 받으며 국제적인 스타로 발돋움한 여배우.

우바이 伍佰

타이완어 록음악의 선구자.

후과 胡瓜

인기 TV 진행자.

천원시 陳文茜

TV 토크쇼 진행자 겸 정치 논객.

문 · 화 · 퀴 · 즈

CULTURE QUIZ

당신은 이 책을 읽었다. 그렇다면 이제 현지인에게 문화적 결례를 범하지 않기 위해 당신의 지식을 시험할 준비가 되었는가? 각 장에서 배운 내용을 확인하기 위해 참/거짓 퀴즈를 풀어보자. 어떤 답들은 다소 의외로 느껴질 것이다. 또한 헷갈리게 만들기 위해 심어둔 함정도 있으니 주의하자. 점수가 좋지 않다면 관련 내용을 다시 읽어볼 것을 권한다.

◎ 질문

1. 타이완은 중국의 일부다.
2. 타이완은 열대 섬이기 때문에 1년 내내 날씨가 좋다.
3. 타이완에 도착하면 공항에서 기다려 비자를 받을 수 있다.
4. 타이베이에서는 교통 문제 때문에 목적지로 빠르게 데려다주는 '야생 닭' 택시를 탈 것을 권장한다.
5. 타이베이에 있는 많은 외국인이 티엔무나 양밍산 주변에 정착한다.
6. ICRT는 외국인에게 아주 유용한 영어로 진행되는 현지 라디오방송국이다.
7. 타이완의 부동산 중개업자들은 수수료를 당신에게만 받기 때문에 협상할 때 당신 편에 설 것이다.
8. 많은 상점에서 여전히 흥정이 가능하다.

9. '진(근)'은 중량 단위다.
10. 타이완은 서양에 많은 옷을 수출하기 때문에 모든 사이즈의 의류를 쉽게 구할 수 있다.
11. 타이완에서 운전하는 것은 악몽이지만 주차하기는 아주 좋다.
12. 타이완에서 영어만 말해도 지내는 데 어려움이 없다.
13. 외국인이 중국어를 배우는 것이 가능하다,
14. 유교, 불교, 도교는 타이완 사람들의 일상생활에 가장 지대한 철학적 영향을 끼쳤다.
15. 타이완은 일본 식민지였기 때문에 타이완 사람들은 문화적으로 일본인들과 아주 비슷하다.
16. 타이완 사람들은 외국인을 노련한 협상가로 보고 전적으로 존중한다.
17. 중국 문화는 체면을 중시한다.
18. '렌칭웨이'는 특별한 경우에만 제공되는 특별하고 이국적이고 에로틱하고 정력에 좋은 저녁 메뉴다.
19. 타이완 사람들에게 선물을 줄 때 중요한 것은 종류나 크기, 상표가 아니라 마음이다.
20. 타이완 사람들은 당신이 건강에 대해 관심을 표현하고 의료적인 조언을 해주면 고맙게 생각할 것이다.
21. 사람들은 결혼식에 상당한 돈을 쓴다.
22. '러나오'는 개고기를 뜻하는 중국어다.
23. 저녁 값은 식사를 한 사람끼리 나눠서 내는 것이 유교적 예법이다.
24. 타이완 사람들은 도박을 좋아한다.
25. 샹이(生意)는 문자 그대로는 '삶의 의미'로 번역되지만 사업을 뜻하는 일반명사다.
26. 타이완 사람들은 짧고 간결한 대답보다 길고 마음이 담긴 대답을 좋아한다.
27. 시계는 오랫동안 지속되는 연애를 상징하기 때문에 좋은 선물로 여겨진다.
28. 중국인들이 교육을 중시하는 전통은 몇 천 년 전으로 거슬러

올라간다.

29. 타이완 친구에게 병이 있는데 당신이 그의 건강에 대한 걱정을 대놓고 표현하며 같은 병을 앓고 있는 다른 사람에 대해 말한다면 그 친구가 고마워할 것이다.

30. 유교적 중용사상은 장례식은 조용하고 소박하고 간소하게 치러야 한다고 가르친다.

31. 타이베이에서 조용한 밤 외출을 위해서는 근사한 유럽식 레스토랑이 여전히 최고의 선택이다.

32. 타이완 사람들과 음식점에서 식사를 마친 후 당신이 계산할 차례라면, 식사 초대를 누가 했건 계산서를 상대가 집어 들지 못하게 하는 것이 중요하다.

33. 정식 중국 연회에서는 배가 충분히 부르다는 것을 표시하기 위해 마지막 요리(주로 밥이나 국수)를 그릇에 조금 남기는 것이 관례다.

34. '황소'는 암표상을 뜻한다.

35. 커뮤니티 서비스센터(The Center)는 깊은 산속에 있는 기독교 선교사 집단 거주지다.

36. 용선 경기는 아마도 물에 빠진 관료를 기리는 유일한 스포츠 행사일 것이다.

37. 조심성이 많은 타이완 사람들은 백중날 매사에 조심하고 결혼을 하거나 새로운 사업을 시작하지 않는다.

38. 타이완 최고 명문대인 국립타이완대학 주변 지역에서는 할인된 물건들과 저렴한 가격의 국제적인 식당을 찾을 수 있다.

39. 타이완 가족들은 일할 때 손발이 잘 맞는다. 따라서 당신의 회사도 직원들의 친인척을 고용하는 것이 좋다.

40. 점심식사 후에 사무실 직원들은 코트를 뒤집어쓰고 낮잠을 잔다.

41. 관시는 '인맥'과 비슷하지만 거기에 타이완 고유의 의미가 더해져 있다.

42. 명함을 받을 때는 상대의 체면을 세워주기 위해 격식을 갖추어 받는다.

43. 타이완 사람들이 당신을 초대해 이국적인 음식을 대접했으므로 당신도 보답으로 그들을 아주 이국적인 한식당으로 초대해야 한다.
44. 타이완 사람들은 수돗물을 마시지만 당신은 그러면 안 된다.
45. 태풍과 지진은 항상 대비해야 할 비상사태다.
46. 타이완은 경제가 튼튼하고 실업률이 0퍼센트이기 때문에 범죄가 거의 없다.

◎ 정답

1. 뭐라고 답하기 곤란한 문제다. 타이완은 정치적으로 특수한 상황이다. 1949년 국민당이 중국에서 도망쳐 타이완에 정부를 세운 이래로 중국은 타이완을 '이탈 지역(renegade province)'으로 간주해왔다.
2. 거짓.
3. 거짓. 당신이 소지한 여권이 어느 나라 것이냐에 따라 다르지만 타이완에 도착하기 전에 충분한 시간을 두고 여권과 비자를 신청해야 한다.
4. 거짓.
5. 참.
6. 한때는 그랬지만 지금은 경영진이 바뀌어 현지 언어 프로그램을 더 강조하고 있다.
7. 거짓. 부동산 중개업자는 양쪽 모두에게 수수료를 받는다.
8. 참이기도 하고 거짓이기도 하다. 과거만큼 흥정할 수 있는 상점이 많지 않지만 몇몇 상점과 장소에서는 아직도 흥정이 가능하다.
9. 참.
10. 거짓.
11. 거짓.
12. 거짓. 타이완에서 쉽게 생활하려면 기본적인 중국어를 배우려

고 노력해야 한다.

13. 참.
14. 참.
15. 참이기도 하고 거짓이기도 하다. 타이완은 일본 식민지였고 여전히 긴밀한 연관성이 있으며 많은 타이완 노인이 여전히 일본어를 할 수 있다. 그러나 타이완인은 일본인들과 문화적으로 뚜렷이 구분된다.
16. 거짓.
17. 참.
18. 거짓.
19. 거짓. 타이완 사람들은 위신을 세워주는 유명상표 제품을 선호한다.
20. 거짓.
21. 참.
22. 거짓.
23. 거짓.
24. 참.
25. 참.
26. 참.
27. 거짓.
28. 참.
29. 거짓.
30. 거짓. 오히려 그 반대다.
31. 참.
32. 거짓. 상대가 당신의 초대를 수락한 경우에는 당신이 지불해야 한다. 반면에 상대가 당신을 초대했다면 계산서를 두고 실랑이를 벌이게 되겠지만 결국 못 이기는 척 져주고 진심으로 고마움을 표현하도록 한다.
33. 참.
34. 참.
35. 거짓. 커뮤니티서비스센터(The Center)는 티엔무에 있으며, 타

이완에 거주하는 외국인 커뮤니티를 위해 적응훈련 프로그램과 상담 등을 제공한다.

36. 참.

37. 참.

38. 참.

39. 거짓. 가족끼리 일할 때 손발이 잘 맞기는 하지만 언어 문제를 비롯한 여러 가지 문제가 있는 데다 가족끼리 나가서 당신의 경쟁업체를 꾸릴 수 있으므로 좋지 않다.

40. 참.

41. 참.

42. 참.

43. 참이기도 하고 거짓이기도 하다. 상대방에게 화답하려는 것은 당연히 좋은 생각이지만 이 때 타이완 사람들의 입맛을 고려하고 그들이 즐길 만한 음식을 주문하도록 도와야 한다.

44. 거짓. 타이완의 수돗물은 WHO 기준을 충족하지만 일반적으로 타이완 사람들은 수돗물을 바로 마시지 않고 끓여서 마신다. 이런 관습을 따르거나 생수를 마시도록 하라.

45. 참.

46. 거짓. 많은 서양 국가들보다 폭력 범죄가 많지는 않지만 튼튼한 경제에도 불구하고 타이완은 여전히 절도범과 폭력배, 협잡꾼이 많다.

• 유용한 단어와 표현 •

사람		예의	
워(我)	나	칭(請)...	부탁합니다.
니(你)	너	셰셰(謝謝)	감사합니다.
타(他)	그/그녀	두이부치(對不起)	미안합니다.
워먼(我們)	우리	니하오(你好)	안녕하세요.
니먼(你們)	너희들	니하오마(你好嗎)?	어떻게 지내세요?
타먼(他們)	그들	칭원(請問)...?	여쭤봐도 될까요?
센셩(先生)	~ 선생. ~씨	짜오안(早安)?	안녕히 주무셨어요?
타이타이(太太)	~부인	완안(晩安)	안녕히 주무세요.
샤오제(小節)	~양	짜이젠(再見)	안녕히 계세요.
런(人)	사람		
더(的)	소유격		
워더(我的)	나의		

기본 동사		사물	
취(去)	가다	치처(汽車)	자동차
야오(要)	원하다	페이지(飛機)	비행기
라이(來)	오다	지청처(計程車)	택시
쩌우(走)	걷다	뎬화(電話)	전화
츠(吃)	먹다	먼(門)	문
칸(看)	읽다	싱리샹(行李箱)	여행가방
쭤(坐)	앉다	이쯔(椅子)	의자
마이(買)	사다	줘쯔(桌子)	탁자
셰(寫)	쓰다	수(書)	책
숴(說)	말하다	야오스(鑰匙)	열쇠
팅(聽)	듣다	콰이쯔(筷子)	젓가락
샹(想)	생각하다	완(碗)	주발

카이(開)	열다	베이쯔(杯子)	잔
관(關)	닫다	커러(可樂)	콜라
주(住)	살다	피주(啤酒)	맥주
스(是)	있다/이다	바이판(白飯)	밥
후이(會)	할 수 있다	수이(水)	물
하오(好)	좋다	궈위(國語)	국어/표준중국어
융(用)	사용하다	잉위(英語)	영어
유(有)	가지고 있다	중궈차이(中国菜)	중국요리
가오쑤(告訴)	말하다	시차이(西菜)	서양요리
즈다오(知道)	알다	차이스창(菜市場)	청과시장
…마(嗎)?	질문할 때 붙임		
러(了)	과거 시제 표시		
부/메이(不/没)	동사 부정		

방향		장소	
다오(到)	~에, ~로	지창(機場) 지창	공항
샤(下)	아래	다판뎬(大飯店)	호텔
상(上)	위	슈에샤오(學校)	학교
리멘(裡面)	안쪽	찬팅(餐廳)	식당
와이멘(外面)	바깥쪽	이위안(醫院)	병원
충(從)	~부터, ~에서	자(家)	가정, 집
짜이(在)	~에	뎬잉위안(電影院)	영화관
저거(這個)	이것	처쒀(廁所)	화장실
나거(那個)	저것	주바(酒吧)	바, 술집
저리(這裡)	여기	디샤톄다오(地下鉄道)	지하철
나리(那裡)	저기	루커우(入口)	입구
		추커우(出口)	출구
		바이훠궁쓰(百貨公司)	백화점
		징차쥐(警察局)	경찰서

숫자				
이	1		첸	천
얼	2		치첸	7천
싼	3		완	만
쓰	4		바이완	1백만
우	5		첸	돈
류	6		구이	비싸다
치	7		폔이	싸다
바	8	**의문사**		
주	9			
스	10	선머(什么)?		뭐죠?
스류	16	웨이선머(为什么)?		왜요?
얼스	20	전머(怎么)?		어떻게요?
싼스우	35	선머스허우(什么时候)?		언제요?
바이	백	둬샤오(多少)?		얼마예요?
싼바이	3백	나리(哪里)?		어디예요?

유용한 표현	
워 스 한궈런	저는 한국인입니다.
니 후이 장 잉위/궈위 마?	영어/표준중국어를 하십니까?
칭숴만이뎬	천천히 말해주세요.
칭짜이숴이볜	다시 말씀해주세요.
워야오샤처	내리고 싶습니다.
워야오자오링첸	잔돈을 거슬러주세요
워야오마이단	계산하고 싶습니다.
워야오칸빙	진찰 받고 싶습니다.

해야 할 것과 하지 말아야 할 것

DO'S AND DON'TS

Do »»

- 중국어를 배우려고 노력한다. 그런 소박한 노력이 현지인들에게 호감을 줄 것이다.
- 당신이 상대하는 사람들의 입장을 이해하려 애쓰고 항상 존중하는 모습을 보인다.
- 타이완 친구들이 식사나 술자리에 데려가면 나중에 보답하려고 한다.
- 누가 돈을 내야 할지 확실히 결정된 상황이 아니면 타이완 친구들과 외식할 때 본인이 계산하려 한다.
- 관계를 공고히 하기 위해 적절한 경우 선물을 한다.
- 컴퓨터와 가정용 렌탈용품, 맞춤옷 같은 값비싼 물건의 가격을 흥정한다.
- 사업을 운영할 때 신중을 기한다. 타이완에 온 지 얼마 되지 않고 중국어 실력이 신통치 않다면 결정에 도움이 될 중요한 단서와 관련 정보에 어두울 수 있다.

Don't »»

- 상대가 요청할 경우가 아니면 그가 쓰는 영어를 고쳐주지 않는다.
- 중국어를 배우는 데 관심이 없다고 말하지 않는다.
- 사람들이 당신에게 하는 칭찬을 곧이곧대로 믿지 않는다. 당신 체면을 살려주기 위한 과장일 수 있다.

- 계산서가 나왔을 때 나 몰라라 하지 않고 초대자에게는 감사 인사를 잊지 않는다.
- 타이완 친구들이 당신의 초대를 거절해도 정말로 오고 싶지 않은 것이라 여겨 곧바로 포기하지 않는다.
- 상거래를 할 때마다 값을 깎아야 한다고 생각하지 않는다. 모두가 당신에게 바가지를 씌우려는 것은 아니다.
- 기업 문화와 경영 방식을 주입시키기 전에는 직원들에게 책임을 위임하지 않는다.

응급 및 일반 전화번호

- 앰뷸런스와 화재 **119**
- 경찰 **110**

영어가 통용되는 경찰서

- (02) 2556-6007 (본부)
- (02) 2881-3853 (티엔무)
- (03) 524-2103 (신주)
- (06) 222-9704 (타이난)
- (07) 215-4342 (가오슝)

• 영어 전화번호 안내	(02) 2311-6796
• 국제 교환원	100
• 관광 정보 직통전화	(02) 2717-3737
• 행정원신문국	(02) 2322-8888 http://taiwan.gov.tw
• 타이완 내무부 이민서	(02) 0800-024-111 http://www.immigration.gov.tw

온라인 정보 제공

- English in Taiwan(EIT)
  타이완에서 영어를 가르치는 외국인들에게 정보를 제공하는 사이트로 금융과 의료, 운전, 문화충격, 취업, 오락 등과 관련한 유용한 정보를 담고 있다.
  www.englishintaiwan.com

- Forumosa
  관광객과 거주 외국인 모두가 관심을 가질 만한 다양한 타이완 관련 주제들에 대한 토론의 장.
  http://www.forumosa.com

- Taiwanese
  타이완 거주 외국인들이 만든 사이트로, 학부모와 보육원과의 토론회 등이 포함돼 있으며 아이폰 앱도 있다.
  https://taiwanease.com/directory

- Taiwan Ho!
  거주 외국인들을 위한 많은 최신 자료들.
  http://www.taiwanho.com

- Tealt
  '타이완에서 영어 가르치기와 생활하기(Teaching English and Living in Taiwan)' 웹사이트.
  http://www.tealit.com

- A Toddler in Taipei
  유아와 관련된 정보.
  http://www.atoddlerintaipei.com

- 타이완 관광청
  다국어로 제공되는 타이완 관광객을 위한 웹사이트.
  http://eng.taiwan.net.tw

어학원

다음과 같은 대학 부설 어학원이 있다. 또한 도시마다 표준중국어와 타이완어를 가르치는 사설 어학원도 많다.

- 중국문화대학, 표준중국어학원
  231 Jianguo South Road Sec 2, Taipei
  http://mlc.sce.pccu.edu.tw/

- 푸런가톨릭대학, 중국어학원
  510 Zhongzheng Road, New Taipei City
  http:// http://www.fju.edu.tw/#&panel1-1

- 국립정치대학, 중국어학원
  64 Zhinan Road Sec 2, Wenshan, Taipei
  http://nccuadmission.nccu.edu.tw/en/programs/CLC

- 국립쳉공대학, 문과대학, 중국어학원
  1 University Road, Tainan
  http:// http://web.ncku.edu.tw/bin/home.php

- 펑자대학, 중국어학원
  100 Wenhua Road, Taichung
  http://en.fcu.edu.tw/

- 동하이대학, 중국 어학원
  1727 Taiwan Boulevard Sec 4, Xitun, Taichung
  http://clc.thu.edu.tw/main.php

- 징이대학, 중국어교육원
  200 Taiwan Boulevard, Shalu, Taichung
  http://www.pu.edu.tw/english/

사업 정보

• 타이완 대외무역 관계 기구	http://www.taitra.org.tw
• 타이베이 국제비즈니스센터	25 Dunhua Road Sec 1, Taipei (02) 2577-4352
• 타이완 세계무역센터	5 Xinyi Road Sec 5, Taipei (02) 2725-1111
• 한국무역센터	http://www.kotra.or.kr

국제학교

- 모리슨 아카데미 타이베이 분교
  97 Tingzhou Road Sec 3, Taipei
  http://taipei.mca.org.tw

- 타이베이 예수 재림 미국인 학교(Taipei Adventist American School)
  64 Lane 80, Zhuangding Road, Taipei
  http://taas-taiwan.com

- 타이베이 미국인 학교
  800 Zhongshan North Road Sec 6, Taipei
  http://www.tas.edu.tw

- 타이베이 유럽인 학교
  99 Fuguo Road, Taipei
  31 Jianye Road, Taipei
  http://www.taipeieuropeanschool.com

세계를 읽다
타이완

초판 1쇄 발행 2019년 5월 25일

지은이 우 링리, 크리스 베이츠
옮긴이 정해영
펴낸이 박희선
디자인 디자인 잔
사진 Shutterstock

발행처 도서출판 가지
등록번호 제25100-2013-000094호
주소 서울 서대문구 거북골로 154, 103-1001
전화 070-8959-1513
팩스 070-4332-1513
전자우편 kindsbook@naver.com

ISBN 979-11-86440-48-3 (04900)
979-11-952016-5-5 (세트)

이 도서의 국립중앙도서관 출판예정도서목록(CIP)은 서지정보유통지원시스템 홈페이지(http://seoji.nl.go.kr)와 국가자료공동목록시스템(http://www.nl.go.kr/kolisnet)에서 이용하실 수 있습니다.(CIP제어번호: CIP2019018049)